몸이 철학을 말하다

인지적 전환과 체험주의의 물음

몸이 철학을 말하다

인지적 전환과 체험주의의 물음

노양진 지음

서광사

몸이 철학을 말하다

인지적 전환과 체험주의의 물음

노양진 지음

펴낸이 | 김신혁, 이숙
펴낸곳 | 도서출판 서광사
출판등록일 | 1977. 6. 30.
출판등록번호 | 제 406-2006-000010호

(413-756) 경기도 파주시 교하읍 문발리 534-1
대표전화 (031) 955-4331 팩시밀리 (031) 955-4336
E-mail: phil6161@chol.com
http://www.seokwangsa.co.kr | http://www.seokwangsa.kr

제1판 제1쇄 펴낸날 — 2013년 9월 30일
제1판 제3쇄 펴낸날 — 2018년 9월 20일

ISBN 978-89-306-1215-9 93160

| 지은이의 말 |

'체험주의'(experientialism)라는 낯선 철학적 이름이 등장한 것은 1980년대 초반의 일이다. 언어학자인 레이코프(G. Lakoff)와 철학자인 존슨(M. Johnson)이 주도하는 체험주의의 출발을 알린 것은 『삶으로서의 은유』(*Metaphors We Live By*, 1980)라는 작은 책이었다. '은유'에 대한 관심을 통해 이루어진 공동작업 과정에서 두 사람은 자신들의 새로운 은유 이론이 단순히 언어학의 문제에만 국한되지 않는다는 사실을 깨닫게 되었다. 『삶으로서의 은유』는 새로운 은유 이론의 구도와 함께 후반부에서 체험주의의 전반적 전망을 제시하고 있지만 그것은 철학적 시각의 체계적 서술이라기보다는 그 예비적 스케치에 가깝다.

체험주의의 본격적인 철학적 구도는 존슨의 『마음 속의 몸』(*The Body in the Mind*, 1987)에서 드러난다. 존슨은 이 책에서 자신의 독창적인 '상상력' 이론을 통해 '신체화된 경험'(embodied experience)의 본성과 구조를 해명하고 있으며, 그것은 체험주의의 철학적 기본틀을 제공하고 있다. 레이코프와 존슨은 지속적인 공동작업을 통해 체험주의적 시각을 본격적인 철학적 논의로 확장하고 있는데, 그것은 1999년의 『몸의 철학』(*Philosophy in the Flesh*)에 집약되어 있다.

『몸의 철학』은 1970년대 중반에 새로운 국면으로 접어든 '제2세대 인지과학'의 경험적 탐구 성과들을 근거로 서구의 지성사를 이끌어 왔던 사변적 전통을 넘어서서 '경험적으로 책임 있는 철학'(empirically responsible philosophy)의 윤곽을 그리고 있다. 레이코프와 존슨은 이 책에서 서양철학의 주도적 개념과 이론들에 대한 섬세한 분석을 통해 그것들이 본성상 은유적 구조물이라는 사실을 체계적으로 보여 줌으로써 그 절대성 · 보편성 주장을 근원적으로 무너뜨린다. 이들은 이러한 분석을 통해 오늘날 우리에게 주어진 최선의 경험적 지식과 충돌하지 않는 새로운 철학적 시각의 필요성과 가능성을 제안한다.

한국에서 체험주의는 철학 분야에서보다는 '인지언어학'(cognitive linguistics)이라는 경로를 통해 먼저 소개되었다. 언어학의 물길을 바꾸었던 인지언어학은 래너커(R. Langacker)에서 출발점을 찾을 수 있지만 레이코프는 그것이 주도적 언어학 이론으로 자리 잡는 데 결정적인 역할을 했다. 사실상 인지언어학 분야에서 레이코프와 존슨은 '체험주의'라는 철학적 시각보다는 인지언어학이라는 언어학 이론, 더 구체적으로는 '개념적 은유'(conceptual theory of metaphor)라는 새로운 은유 이론을 통해 훨씬 더 폭넓게 알려져 있다.

필자는 언어철학이라는 통로를 통해 체험주의에 접근했으며, 그것은 필자의 박사학위 논문의 결론적 방향을 제시해 주는 핵심적 근거가 되었다. 필자는 학위를 마치고 귀국한 이후 지속적으로 체험주의적 시각을 통해 다양한 철학적 문제들을 새롭게 논의해 왔다. 그것은 한국의 철학적 지형에 비추어 본다면 낯선 시도일 수밖에 없으며, 필자 스스로에게도 버거운 철학적 실험이기도 했다. 이러한 논의의 많은 부분은 이미 발간된 『상대주의의 두 얼굴』(2007)과 『몸 · 언어 · 철학』(2009)에 묶여 있다.

필자는 서던일리노이대학교(Southern Illinois University at Carbondale)에서 존슨 교수의 지도로 박사학위 논문을 준비하는 과정에서 비로소 체험주의의 폭넓은 철학적 함축에 눈길을 돌리게 되었다. 필자가 처음 박사과정에 입학했을 때 전공 분야는 정치철학이었지만 두 번째 학기에 존슨 교수의 언어철학 강의를 들으면서 언어철학을 전공하려는 결심을 굳히게 되었다. 당시에 필자로서는 큰 결단이 필요했다. 언어철학의 기본적 성격에 대한 이해조차도 빈약했던 필자에게 전공 분야를 바꾸는 것은 그야말로 큰 모험이었기 때문이다.

상당한 시간이 지나면서 깨닫게 된 것이지만 필자가 전공 분야를 바꾸게 된 것은 언어철학이라는 특정한 분야에 이끌렸다기보다는 '열린 철학'의 가능성에 마음이 기울었기 때문이다. 되돌아보면 서양철학사의 큰 획을 그었던 주요 이론들이 사실상 모두 '닫힌 철학'의 체계들이었으며, 그것들이 서구 지성사의 주류를 형성해 왔다. 종종 급진적인 열린 철학이 제시되었지만 그것들은 오히려 고전적인 체계에 대한 '반역'으로 간주되어 철학사의 변방을 떠돌게 되었다.

필자가 철학에 진지한 관심을 갖게 되었을 때부터 의아하게 생각해 왔던 것은 철학사에 너무나 '정답'이 많다는 점이었다. 닫힌 철학 이론들은 예외 없이 모든 것을 수렴하는 꼭짓점을 찾으려고 하며, 각각의 꼭짓점이 절대적인 것이라고 자임한다. 그렇다면 꼭짓점 이론가들 사이에는 어떤 논쟁이 오고갈 수 있으며, 그 논쟁은 어떻게 귀결될까? 꼭짓점 이론가들은 서로를 동지라고 생각할까, 아니면 적이라고 생각할까? 이 물음 자체가 공허해 보이는 이유는 무엇일까? 수많은 꼭짓점들을 두고서도 여전히 철학적 사유가 종결되지 않은 이유는 도대체 무엇일까?

필자는 닫힌 체계 안에 스스로를 유폐시키고 있는 꼭짓점 이론이 이 물음에 결코 성공적으로 답할 수 없다고 보았으며, 이 난국을 넘어서기 위해서는 근원적으로 유폐적 구조를 벗어나는 새로운 시각이 필요하다는 것을 깨닫게 되었다. 그것이 바로 '열린 철학'의 길이다. 열린 철학에 대한 거부는 대부분 회의주의나 상대주의의 위험성에 대한 우려와 맞물려 있다. 철학의 주된 문제들에서 절대적 기준에 대한 희망을 버리는 것은 회의주의나 상대주의에 굴복하는 일이며, 그것은 그 자체로 철학의 포기를 의미한다는 완고한 믿음이 주류적 철학사를 지배해 왔다. 이러한 지적 상황은 전통적으로 '객관주의 아니면 상대주의'라는 이분법으로 정형화되었으며, 나아가 '객관주의'를 정당화하는 표준적 논리로 자리 잡게 되었다.[1] 닫힌 철학은 바로 객관주의의 다른 이름이다.

20세기 후반의 급진적이고도 지속적인 비판을 거친 객관주의는 더 이상 전통적인 모습으로 철학적 논의에 등장하지 않는다. 객관주의의 이러한 후퇴는 실제적으로 드러나는 다원적 현상을 더 이상 표피적이거나 사소한 것으로 거부하거나 제거할 수 없다는 인식에서 비롯된다. 이런 상황에서 실제적인 다원성을 수용하기 위해 변형되거나 후퇴한 모습의 객관주의는 결과적으로는 '위장된 다원주의'의 모습을 드러낸다. 다원적 요소를 받아들이면서도 그 배후에는 여전히 객관주의적 믿음을 숨기고 있는 것이다. 소수이기는 하지만 20세기 후반의 주목할 만한 철학자들이 이런 입장을 유지한다. 그러나 더 많은 사람들은 전

---

1 번스타인(R. Bernstein)은 '객관주의'를 "합리성이나 인식, 진리, 실재, 선, 옳음 등의 본성을 결정하는 데 궁극적으로 호소할 수 있는 영원하고 초역사적인 어떤 기반이나 구조들이 존재하며 존재해야 한다는 기본적인 확신"이라고 정의한다. 리처드 번스타인, 『객관주의와 상대주의를 넘어서』, 정창호 외 역 (서울: 보광재, 1996), p. 25.

통적인 객관주의에 회의적이면서도 여전히 객관주의라는 집을 떠나는 순간 '지적 노숙자'가 될 수도 있다는 불안 속에서 모호한 태도로 객관주의 부근을 배회하고 있다.

체험주의는 바로 객관주의라는 지배적 전통에 대한 도전에서 출발하며, 그런 점에서 20세기 후반에 성행했던 반객관주의적 흐름에 속한다. 그러나 반객관주의적 기류가 불가피하게 상대주의적 성향을 띠게 된다는 명백한 사실 앞에서 체험주의가 해결해야 할 또 하나의 과제는 '허무주의적 상대주의'를 비켜서는 일이다. 여기에서 체험주의의 핵심적 과제는 상대주의를 어떻게 제약할 것인가라는 문제로 집약된다. 체험주의는 그러한 제약의 가능성을 바로 우리 경험의 본성에서 찾으며, 이러한 관점에서 경험의 본성과 구조에 대한 적절한 해명은 제3의 입장으로서의 체험주의의 우선적 과제가 된다.

체험주의는 객관주의적 열망을 거부하면서도 허무주의적 상대주의로의 전락을 막아 주는 '제약'을 우리 경험의 구조에서 찾는다. 그 제약의 소재는 바로 우리 경험의 신체적/물리적 층위에서 드러나는 '공공성'(commonality)이다. 우리의 경험은 신체적/물리적 층위에서 현저한 공공성을 드러내며, 그것은 경험이 정신적/추상적 층위로 확장되면서 점차적으로 증가하는 다양한 변이를 제약한다.

체험주의는 신체적/물리적 층위의 경험이 상대적 변이를 제약해야 한다고 요구하는 것이 아니라 어떻게 제약하고 있는지를 해명하는 데 집중한다. 몸의 직접적 활동에서 출발하는 우리 경험은 다양한 은유적 기제를 통해 정신적/추상적 층위로 확장되지만 그 확장은 결코 해석 불가능할 정도로 자의적인 것은 아니다. 모든 경험이 신체적/물리적 층위의 경험에 근거하고 있기 때문이다. 이런 의미에서 우리의 모든 경험은 '신체화되어'(embodied) 있다. 경험의 확장을 통해 드러나는 변이들에 대한 확정적 해석은 불가능하지만, 그것이 전적인 해석 불가능성을 의미하는 것은 아니다. 체험주의는 경험의 이러한 중층적 구조를 적절하게 해명하기 위해 다양한 경험적 지식, 특히 최근 급속히 증가하는 인지과학의 탐구 성과에 주목한다.

체험주의는 전통적 의미에서의 절대적 객관성은 포기하지만, 대신에 경험에서 드러나는 공공성이 우리가 실제적으로 도달할 수 있는 최대한의 보편성이라고 본다. 이제 체험주의는 이처럼 우리에게 실제로 주어진 보편성 위에서 지적 · 도덕적 · 미학적 문제를 해명하려고 한다. 존슨의 철학적 작업은 이러한 흐름을 따라 이루어지고 있으며, 오래전부터 예상되었던 것처럼 최근의 저작인 『몸의 의미』(*The Meaning of the Body*, 2007)는 바로 미학적 문제를 다루고 있다. 존슨의 『마음 속의 몸』과 『도덕적 상상력』(*Moral Imagination*, 1993), 『몸의 의미』는 각각 인식과 도덕, 미학의 문제를 다루고 있는 3부작이다. 말하자면 『몸의 의미』에 이르러 존슨의 전반적인 철학적 골격은 완성된 형태를 갖게 된다. 이러한 필자의 조망이 옳은 것이라면 앞으로 존슨의 논의는 이 구도 안에서 좀 더 구체적인 철학적 주제들에 대한 체험주의적 해명과 설득의 형태로 전개될 것이다.

한국에서 체험주의에 관한 논의는 양면적이다. 체험주의의 새로운 은유 이론은 주로 인지언어학 분야의 학자들이 적극적으로 수용하여 활발하게 논의하고 있는 반면, 철학 분야에서 체험주의적 논의는 극도로 제한되어 있다. 서양철학 분야에서는 필자를 포함한 소수만이 체험주의에 관해 논의하거나 언급하고 있다. 전통적인 철학적 시각을 가진 사람들은 외면하며, 소수의 우호적인 사람들도 여전히 낯선 시각에 유보적인 태도를 보인다. 체험주의는 아마도 제임스(W. James)가 실용주의를 제안하면서 예상했던 것처럼 새로운 이론이 걷는 고전적인 길을 걷고 있는지도 모른다. 제임스는 "새로운 이론은 처음에는 불합리하다고 공격받다가, 다음에는 참이긴 하지만 뻔하고 무의미하다고 인정되다가, 마지막에는 그것을 반대했던 사람들이 자신이 그것을 발견했다고 주장할 만큼 중요시된다"[2]고 말한다.

동양철학 분야에서 체험주의적 논의는 최근에 들어 서양철학 분야에 비해 훨씬 더 활발하게 증가하는 양상을 보이고 있다. 특히 유학의 핵심적 논제들에 대한 이향준의 은유적 분석은 체험주의적 논의에 선도적인 역할을 하고 있다.[3] 이향준의 작업은 성리학의 이론적 성격에 대한 자연주의적 반성으로 특징지어질 수 있으며, 그것은 동시에 '경험적으로 책임 있는 유학'의 재구성을 향한 적극적 탐색이라고 할 수 있다. 한편 정석도의 노장사상 연구와 장수의 성리학 연구, 서영이의 조선후기 실학 연구가 최근에 드러난 주목할 만한 체험주의적 연구라 할 수 있다. 그 외에도 도덕교육, 문학비평, 수학교육, 체육철학 등의 분야에서 몇몇 논문이 체험주의적 시각에 의지해서 다양한 주제들을 다루고 있는데, 관심 있는 독자의 편의를 위해 이 책 말미에 체험주의와 관련된 국내 문헌의 목록을 제시했다.

체험주의에 관한 국내의 제한적인 논의 상황이 이 책을 쓰게 된 주된 동기의 하나이기도 하다. 철학자든 비철학자든 더 많은 사람들에게 철학적 시각으로서의 체험주의를 소개하려는 것이다. 필자는 이 책에서 몇몇 중요한 철학적 물음에 답하는 형태로 체험주의의 기본적 시각을 서술하려고 했다. 이러한 서술의 우선적 목적은 체험주의를 소개하려는 것이지만, 나아가 체험주의에 대해 제기되는, 또는 제기될 법한

---

2 윌리엄 제임스, 『실용주의』, 정해창 편역 (서울: 아카넷, 2008), p. 288.

3 이향준, 『조선의 유학자들, 켄타우로스를 상상하며 理와 氣를 논하다』 (서울: 예문서원, 2011) 참조.

몇몇 핵심적 비판에 답하는 동시에 가능한 오해들을 해소하려는 의도가 반영되어 있다.

그러나 이 책이 단순히 체험주의에 대한 소개에 그치고 있는 것은 아니다. 필자가 이 책을 쓰면서 중요하게 염두에 두었던 것은 오늘날 다양한 철학적 이론들의 대립적 구도 속에서 한국의 자생적 철학이 어떻게 가능한지를 묻는 일이었다. 공약 불가능해 보이는 철학적 전통들 사이에 극복하기 힘든 간극이 놓여 있으며, 그것은 생산적인 대화의 가능성을 원천적으로 가로막고 있다. 한국의 철학자들은 다양한 이론들 사이에 대화가 필요하다는 사실에는 너나없이 수긍하지만 정작 그 대화의 구체적 통로를 제시하는 사람은 드물다. 그래서 연구자들은 사실상 여전히 각자의 격자화된 담론 안에 갇혀 있다. 결국 자신이 생각하고 제안하는 방식으로 대화하자는 것이다. 필자는 그것이 사유 스타일 문제가 아니라 철학적 방법론의 빈곤 문제라고 본다. 그래서 과거와 현재, 동양과 서양, 유럽과 영어권의 철학은 각자의 이론적 가정 위에서 각자의 목소리를 반복한다. 그리고 언젠가 자신의 목소리가 대화의 방식으로 받아들여지기를 기다린다. 그런 미래는 결코 오지 않을 것이며, 또 온다 하더라도 지금 우리가 그리는 모습은 아닐 것이다.

기본적 가정이 다른 이론들은 어떻게 대화할 수 있을까? 필자는 각각의 연구자가 자신의 입장 — 사실은 대부분의 경우에 자신이 추종하는 다른 철학자의 입장 — 의 이론적 과도성으로부터 물러설 때에만 비로소 그 대화가 출발할 수 있다고 본다. 대화가 가능하기 위해서는 모두가 '함께' 물러설 자리를 찾아야 한다. 필자는 의미 있는 대화의 유일한 공통지반이 '경험적 지반'이라고 믿고 있으며, 그 지반의 본성에 대한 해명은 일차적으로 자연주의적 해명에 달려 있다고 본다. 철학적 열망에 이끌려서 자신만의 사변적 세계를 건설하려는 것이 아니라면 그 열망을 비켜서서 우리가 새롭게 탐색해야 할 지점은 바로 우리의 경험적 조건이다. 사변을 철학적 사유의 특권이라고 믿고 있는 사람들에게는 불편한 진실일 수 있지만, '제2세대 인지과학'의 새로운 발견은 사변적 전통의 철학적 가정이 처음부터 경험적 지식과 상충하는 '그릇된' 가정이었다는 사실을 명백하게 보여 준다. 경험적 지식을 비켜서는 가정들이 바로 이론적 과도성의 핵심적 소재다.

철학이 그저 동·서양의 철학사라는 전시장에서 적당한 물건을 고르는 문제라면 철학 수업은 사용자 매뉴얼을 익히는 것으로 충분할지도 모른다. 그러나 철학이 이 시대를 살아가는 모두를 위한 더 나은 사유의 가능성에 대한 탐색이라고 믿는다면 이 탐색은 우리 시대에 새롭게 주어진 경험적 지식을 외면하는 방식으로는 결코 가능하지 않다. 경험적 지식과 충돌하는 사변적 가정들은 철회되어야 하며, 그 가정에 근거한 이론들은 새로운 경험적 지식과 양립 가능한 방식으로 재구성되어야 한다.

이러한 관점에서 이 책의 제2부에서는 현대 서양철학의 맥락에서 체험주의적 시각에 대해 제기될 수 있는 몇몇 물음들에 답하는 방식으로 체험주의의 중심적 주장들을 서술했다. 나아가 동아시아의 지적 전통을 규정해 왔던 유학과 불교, 노장철학의 이론적 구도를 분석하고, 새로운 대화의 고리를 모색하려고 시도했다. 수천 년 동안 사유의 역사를 통해 방대한 축적을 이루어 온 동아시아적 사유들을 면밀히 검토하고 섬세하게 평가하는 일은 서양철학적 전통 안에서 훈련받은 필자가 의도한 바도 아니며 또 필자의 능력에 미치는 일도 아니다. 대신에 필자의 논의는 이 상이한 전통들이 드러내는 고유한 이론적 성격에 주목하고 체험주의적 시각을 통해 그 귀결을 조망하는 데 국한될 것이다. 그러나 이러한 시도는 적어도 철학적 이론의 본성에 대한 체험주의적 가설 — 즉 모든 이론 구성은 정신적/추상적 층위의 경험에 속하며, 그것은 다시 신체적/물리적 경험에 근거하고 있다는 — 의 철학적 생명력을 시험할 수 있는 구체적 계기가 될 것으로 기대한다.

초월이든 선험이든 해체든, 사변적 도약을 통해 구성된 이론들이 경험적 지반으로 눈길을 돌리기 위해서는 모든 이론이 스스로의 이론적 과도성을 되돌아볼 공유된 조망점이 있어야 한다. 필자는 체험주의의 은유 분석이 이론의 과도성을 가늠하는 데 결정적인 척도를 제공해 준다고 생각한다. 한 이론의 은유적 구조를 밝히는 것은 그 이론이 어떤 개념적 층위까지 확장되어 있는지를 다른 무엇보다도 선명하게 보여 주기 때문이다. 필자는 그것이 단지 과거의 이론들을 새롭게 비추어 보는 조망점을 제공하는 데 그치지 않고 과거의 이론이 어떻게 오늘날 '경험적으로 책임 있는' 방식으로 재구성될 수 있는지에 관해 결정적인 실마리를 제공해 줄 것으로 기대한다. 나아가 필자는 거기에서 최근 한국의 철학계가 고민하는 '자생적 사유'를 모색하는 또 하나의 새로운 가능성이 열리게 될 것이라고 믿고 있다.

체험주의의 기본적 성격과 구도는 이미 대부분 레이코프와 존슨의 저술을 통해, 또 부분적으로는 필자의 글을 포함한 체험주의적 논의를 통해 직 · 간접적으로 다루어진 것들이다. 이 책에서 필자는 그것들을 낯익은 물음에 답하는 형태로 재서술하고 있으며, 이 때문에 레이코프와 존슨의 저술을 통해 반복적으로 제시되는 체험주의의 기본적 논제들에 대해서는 구체적인 전거를 표시하지 않았다.

이 책은 여러 가지 의미에서 불완전한 책이다. 철학적 시각으로서의 체험주의가 아직 충분한 논의의 축적을 이루지 못하고 있으며, 마찬가지 이유에서 체험주의에 대한 필자의 이해 또한 제한적일 수밖에 없기 때문이다. 동시에 이 책은 체험주의의 주된 주장을 개설적으로

서술하고 있으며, 따라서 체험주의에 대해 제기될 수 있는 수많은 가상의 물음과 비판에 대해 밀도 있는 논의를 담을 수 없다는 한계를 안고 있다. 대신에 필자는 이 책이 체험주의에 대한 더 치밀한 논의나 적극적 비판을 위한 조감도가 될 수 있기를 기대한다. 이 책에서 서술하려는 것처럼 체험주의가 열린 철학의 한 갈래라는 필자의 믿음을 내세우는 것이 이 책이 안고 있는 여러 가지 한계에 대한 변명이 될 수 있을 것이라고 스스로를 위안하고 싶다. 체험주의적 논의의 확장에 따라 이 책의 내용과 형태 또한 추가적인 수정과 보완이 필요하게 될 것이다.

여전히 미진한 상태이지만 이 책이 출간되기까지 많은 분들의 큰 도움을 받았다. 레이코프 교수와 존슨 교수에 대한 감사는 새삼스러운 것일 수밖에 없다. 은사인 존슨 교수는 필자에게 "철학이란 무엇인가?"라는 낡은 물음에 대해 새로운 시각을 열어 주었다. 지난 몇 차례의 번역 과정에서도 그랬던 것처럼 이 책의 집필 과정에서도 존슨 교수는 필자의 크고 작은 물음에 친절하게 답변해 주었다.

전남대학교 철학과의 이중표 교수님은 필자가 중관불교의 철학적 본성을 이해할 수 있도록 지속적인 가르침을 아끼지 않았으며, 최대우 교수님은 한국 유학의 현실적 지형과 그 학문적 숙제가 무엇인지를 깨닫게 해 주었다. 일일이 기록할 수는 없지만 다양한 형태의 논의와 대화를 통해 체험주의의 철학적 가능성을 스스로 깨달을 수 있도록 이끌어 주신 학계의 선배·동료 연구자 여러분에게도 깊은 감사를 드리고 싶다. 전남대학교 나익주 박사와 이향준 박사, 국순아 박사, 대학원의 전경진 님, 서명원 님, 주선희 님은 난삽한 원고를 끝까지 읽고 이 책이 지금과 같은 모습을 갖추도록 중요한 제안들과 함께 크고 작은 문제를 바로잡아 주었다. 이 모든 분에게 이 지면을 통해 또다시 깊은 감사의 마음을 기록하고 싶다. 낯선 책의 출판을 쾌히 허락해 주신 서광사의 김신혁 사장님, 그리고 편집과 교열 과정에서 많은 잘못을 바로잡아 주신 최민희 님께도 특별한 감사를 드린다.

2009년 머리에 시작하고 2013년 머리에 맺으며

지은이

| 차 례 |

서론

체험주의에게 묻다

'체험주의'(experientialism)라는 낯선 이름은 레이코프와 존슨의 『삶으로서의 은유』(1980)에 처음 등장한다.[1] 이들은 이 책에서 은유가 전통적으로 이해되었던 것처럼 단순히 언어적 기교의 문제가 아니라 우리의 사고와 행위를 규정하는 중심적 원리라고 주장한다. 여기에서 레이코프와 존슨은 모든 은유가 신체적 층위의 근거를 갖는다는 점에 주목하는데, 그것은 우리의 전반적인 경험과 이해에서 '몸의 중심성'이라는 논제를 예고한다.

은유가 사고와 행위의 원리라는 주장은 철학에서도 언어학에서도 낯설고 과격한 것이다. 은유에 대해 긍정적이든 부정적이든 대부분의

1 'experientialism'을 '체험주의'로 옮긴 데에는 단순히 이론적이지만은 않은 다소간의 곡절이 있다. 'experientialism'은 물론 '경험'(experience)이라는 단어를 뿌리로 갖지만 'empiricism'을 '경험주의'로 번역하는 관행 때문에 체험주의라는 말을 선택했다. 그렇지만 'experience'는 여전히 '경험'으로 번역한다. 그러나 경험주의의 경험 개념과 체험주의의 경험 개념에는 큰 차이가 있다. 경험주의의 경험 개념이 '감각적 지각에 직접 주어진 것'이라는 좁은 의미로 사용되는 반면, 체험주의의 경험 개념은 "우리를 인간 — 우리의 세계에 대한 우리의 이해를 구성하는 복합적인 상호작용 안에서 결합되는 신체적 · 사회적 · 언어적 존재 — 으로 만들어 주는 모든 것"을 포함하는 넓은 의미로 사용된다. 마크 존슨, 『마음 속의 몸: 의미, 상상력, 이성의 신체적 근거』, 노양진 역 (서울: 철학과현실사, 2000), p. 32.

사람들은 은유가 표준적인 언어 사용을 벗어난 것이라는 생각에 훨씬 더 익숙하며, 이 때문에 은유가 철학적 사유에 중심적 역할을 한다는 생각은 더 낯선 것일 수밖에 없다. 대신에 레이코프와 존슨은 은유의 편재적 본성을 새롭게 밝히고 있으며, 우리가 오랫동안 '문자적'(literal)이라고 간주해 왔던 일상적 표현들조차도 사실상 대부분 은유적으로 구조화되어 있다고 주장한다.

은유에 대한 고전적 정의는 아리스토텔레스에게서 찾아볼 수 있다. 아리스토텔레스는 은유를 "유에서 종으로, 종에서 유로, 종에서 종으로, 또는 유추에 의해 어떤 사물에 다른 사물의 이름을 전용(*epiphora*)하는 것"[2]이라고 정의했다. 아리스토텔레스는 은유를 정상적인 언어를 벗어나는 일탈적인 언어 현상으로 간주했으며, 이러한 관점에서 새로운 은유의 발견을 천재적 재능의 발현이라고 보았다. 18~19세기의 낭만주의는 은유의 중요성을 지나칠 만큼 강조했지만, 그것은 대부분 시인이나 예술가의 목소리를 통해 이루어졌다. 사람들은 '진리는 한 무리의 은유'라는 니체(F. Nietzsche)의 급진적 주장을 철학적이라기보다는 낭만주의 시인들의 목소리에 더 가까운 것으로 받아들였다.[3] 은유에 대한 이들의 우호적 태도는 오히려 은유를 진지한 철학적 탐구 영역에서 멀어지게 하는 결과를 낳았다.[4] 은유 이론에 주목할 만한 변화가 오기 시작한 것은 20세기 후반이다. 블랙(M. Black), 굿맨(N.

---

2 Aristotle, *Poetics: The Works of Aristotle*, Vol. 11, trans. Ingram Bywater (Oxford: Clarendon Press, 1946), 1457b 6–9.

3 프리드리히 니체, 「비도덕적 의미에서의 진리와 거짓에 관하여」, 『유고(1870–1873)』, 이진우 역 (서울: 책세상, 2001), p. 450 참조.

4 Mark Johnson, ed., *Philosophical Perspectives on Metaphor* (Minneapolis, Minn.: University of Minnesota Press, 1981), p. 16 참조.

Goodman), 데이빗슨(D. Davidson), 설 (J. Searle) 등은 은유에 관한 전통적 이론들의 문제와 한계를 적절하게 지적하고 있지만 체계적인 대안적 은유 이론의 구성에 이르지는 못했다.

레이코프와 존슨은 은유가 우리의 사고와 행위의 중심적 기제라는 관점에서 은유를 개념체계 안의 '영역 간 사상' (cross-domain mapping)으로 특징짓는다.[5] 즉 우리는 은유를 통해 A 영역의 경험을 B 영역의 '관점에서' (in terms of) 이해하고 경험하게 된다는 것이다. 이때 B 영역의 경험이 원천영역이 되며, A 영역이 표적영역이 된다. 즉 B 영역의 경험을 A 영역에 사상함으로써 우리는 새로운 방식으로 A 영역을 이해하고 경험하게 된다. 예를 들면 「논쟁은 전쟁」(Argument Is War) 은유에서 우리는 전쟁 경험을 논쟁 경험에 사상한다. 그래서 「논쟁은 전쟁」 은유를 받아들인다는 것은 논쟁을 전쟁 경험의 관점에서 이해하고 경험한다는 것을 의미한다.

이러한 은유는 단순히 언어적 기교의 문제가 아니라 우리의 일상적인 사고와 행위에 광범위하게 퍼져 있다. 레이코프와 존슨은 우리에게 너무나 익숙해져서 더 이상 은유라고 생각하지 않는 일상적 표현들조차도 본성상 은유적 구조를 갖고 있다는 사실을 방대한 사례를 통해 보여 주고 있다. 일상적 표현으로 포섭된 관습적 은유들은 더 이상 참신하지 않으며, 따라서 시적이지도 특별하지도 않다. 바꾸어 말하면 은유는 특수한 기법이 아니라 일상적 사고와 언어에 넓게 퍼져 있는 개념적 기제다. 이 때문에 레이코프와 존슨의 은유 이론은 흔히 '개념적 은유 이론' 이라고 불린다.

---

5 George Lakoff, "The Contemporary Theory of Metaphor," in Andrew Ortony, ed., *Metaphor and Thought*, 2nd ed. (Cambridge: Cambridge University Press, 1993), p. 203.

레이코프와 존슨의 은유 이론은 점차 우리 경험의 전반적 구조에 대한 해명으로 확장된다. 존슨이 『마음 속의 몸』(*The Body in the Mind*, 1987)에서 전개하는 상상력 이론은 경험의 구조에 대한 새로운 해명이다. 존슨은 '영상도식'(image schema)이라는 개념을 제안하고, 이 영상도식이 은유적 사상을 통해 추상적 층위의 경험으로 확장된다고 주장한다. 신체적 활동을 통해 직접 발생하는 영상도식은 소수의 요소로 구성된 단순한 '패턴'으로서 비교적 안정된 구조를 가지며, 대부분의 문화에서 유사한 형태로 나타난다. 영상도식은 물리적 대상은 물론 추상적 대상에도 사상되어 점차 구체적인 경험을 구성한다. 경험에 대한 존슨의 이러한 해명은 모든 경험의 뿌리가 신체적 층위의 상호작용에서 출발한다는 사실을 분명하게 보여 준다.

한편 같은 해에 레이코프는 『불, 여자, 위험한 것들』(*Women, Fire, and Dangerous Things*, 1987)에서 인지과학적 탐구의 성과, 특히 '범주화'(categorization)에 관한 다양한 탐구 성과를 폭넓게 검토하고 정리함으로써 우리 사고의 기본적 기제인 범주화의 본성과 구조에 대한 새로운 모형을 제시한다. 범주화란 수많은 특정한 대상을 한 개념 안에 묶는 일이다. 따라서 일반 명사를 사용하는 모든 경우에 우리는 범주화를 한다. 예를 들면, '나무'라는 범주에는 이 세상의 모든 나무들이 포섭되는데, 이러한 범주화는 우리가 일반적 사고를 하는 데 출발점이 되는 핵심적 기제다. 따라서 범주화에 대한 시각이 바뀐다는 것은 우리의 사고의 본성에 대한 시각이 바뀐다는 것을 의미한다.

아리스토텔레스 이래의 고전적인 범주화 모형은 'p 또는 ~p'라는 방식으로 구성된다. 그래서 한 대상은 p에 속하거나 ~p에 속한다. p와 ~p는 분명한 경계를 갖는다. 이런 범주 개념은 마치 사각형과 같다. 사각형의 안쪽은 p에 해당되며, 그 밖은 ~p에 해당된다. 세계의 대상은 이 범주에 속하거나 속하지 않는다. 이것은 전형적인 이분법적 사고를 요구한다. 고전적인 범주 개념은 동시에 우리가 사용하는 모든 개념이 이러한 구조를 가져야 한다고 주장한다.

그러나 범주화에 관한 최근 이론은 우리가 실제로 사용하는 범주들이 고전적인 모형과 매우 다른 구조를 갖고 있다는 사실을 보여 준다. 아리스토텔레스적 범주화 모형에서 한 범주의 구성원은 필요충분조건에 의해 확정적으로 결정된다. 그러나 새로운 범주 이론에 따르면 범주는 중심적 구성원(들)과의 다양한 관련성을 통해 확장된 주변적 구성원들로 구성되어 있다. 이렇게 구성된 범주는 대체로 방사상 형태를 띠며, 그 경계선도 확정적이지 않다. 여기에서 이 중심적 구성원들을 '원형적'(prototypical) 구성원이라고 부른다. 이처럼 범주 구성원들의 비대칭적 위상을 밝힌 것이 로쉬(E. Rosch) 등이 주도적으로 전개했던 '원형 이론'(prototype theory)이다. 원형적 구성원은 주변적 구성원에 비해 인지적인 우선성을 갖는다. 즉 원형적 구성원이 훨씬 더 쉽고 익숙하게 인식된다는 것이다.

레이코프와 존슨은 『몸의 철학』(*Philosophy in the Flesh*, 1999)에서 새로운 철학적 탐구의 전체적 윤곽을 그리고 있다. 이들은 1970년대에 들어 전환을 이루었던 '제2세대 인지과학'의 핵심적 성과를 집약하고, 그것을 토대로 시간, 사건과 원인, 마음, 자아, 도덕성 등 서구철학을 주도해 왔던 주요한 주제들에 관해 새로운 논의를 펼치고 있다. 특히 이 책의 3부에서는 서양철학의 중심적 이론들의 은유적 구조를 섬세하게 분석하고 있는데, 이것은 체험주의적 시각에서 새롭게 쓰인 서양철학사라고 할 수 있다.

한편 레이코프의 관심사는 최근 정치 영역으로 확장되어 광범위한 대중적 관심을 끌게 되었다. 레이코프는 주로 미국 정치에서 진보적

이념을 분석하고 옹호하는 일련의 논의를 전개하고 있는데, 자신의 독특한 언어철학적 시각을 도입하고 있다는 점에서 새로운 정치 담론의 가능성을 열어 주고 있다. 『도덕의 정치』(*Moral Politics*, 2002), 『코끼리는 생각하지 마』(*Don't Think of an Elephant*, 2004), 『자유는 누구의 것인가』(*Whose Freedom?* 2006), 『프레임 전쟁』(*Thinking Points*, 2006), 『폴리티컬 마인드』(*The Political Mind*, 2008), 『작은 청색책』(*Little Blue Book*, 2012) 등이 미국의 현실 정치 문제를 다루고 있다.

우연히도 이 두 사람은 스승과의 불화 속에서 지적 행로를 선택한 이력을 공유하고 있다. 레이코프는 매사추세츠공과대학(MIT)에서 촘스키(N. Chomsky)에게서 배웠지만 촘스키적 언어학을 정면으로 거부하는 인지언어학의 창시자가 되었다. 잘 알려진 것처럼 촘스키는 변형문법 또는 생성언어학의 창시자이며, 20세기 언어학의 주류적 흐름을 주도했던 탁월한 언어학자의 한 사람이다. 촘스키는 언어가 우리의 인식이나 사용에 앞서 자율적 구조를 갖는다고 주장했으며, 그 구조를 밝히는 것이 언어학의 주된 임무라고 보았다. 인지언어학은 이러한 촘스키의 언어학적 가정에 대한 근원적 도전으로부터 출발했다.

한편 존슨은 시카고대학교에서 칸트 학자인 코언(T. Cohen)에게서 배웠지만 결국 반칸트적인 길로 접어들었다.[6] 존슨의 전반적인 철학적 구도와 문제의식에는 칸트적 국면이 선명하게 드러나지만 칸트의 초월론적 길을 떠나 자연주의적 길로 나아가면서 그 내용과 방향성은

6 코언의 학문적 계보를 추적해 보면 특이한 점이 있다. 코언은 하버드대학교에서 카벨(S. Cavell)의 지도로 박사학위를 받았으며, 카벨은 오스틴(J. L. Austin)의 지도로 박사학위를 받았다. 잘 알려진 것처럼 오스틴은 후기 비트겐슈타인이 선도했던 일상언어학파의 핵심적 인물이라는 점을 감안한다면 존슨이 드러내는 반칸트적 성향은 그저 우연만은 아닐 것이다.

반칸트적인 것이 되었다. 서양철학사가 흔히 '아버지 살해의 역사'라고 불리듯이 이들의 지적 여정 또한 그런 역사의 일부를 이루고 있는 셈이다.

레이코프와 존슨은 체험주의를 전통적인 객관주의와 허무주의적 상대주의를 극복하려는 제3의 시각으로 규정한다. 그래서 체험주의는 포스트모던 철학자들의 급진적인 객관주의 비판에 동의하지만 이들과 철학적 결론을 공유하지는 않는다. 대안적 철학 담론의 가능성과 필요성을 동시에 거부하는 포스트모더니즘이 허무주의적 우려를 극복하지 못한다고 보기 때문이다. 대신에 체험주의는 경험적 지식과 공진화하는 철학적 탐구의 가능성을 제안한다.

객관주의와 허무주의를 거부하는 제3의 시각으로서의 체험주의를 특징지어 주는 하나의 논제는 '몸의 중심성'이다. 우리의 사고와 언어의 뿌리가 몸이라는 주장은 '몸의 철학'이라는 이름을 얻는다. 몸의 철학에 대한 가장 통속적이고도 소박한 비판은 몸 중심적 사유가 우리를 통속적인 유물론으로 이끌어 갈 것이라는 우려에 근거한다. 이러한 비판은 서양철학사의 이분법적 전통에 익숙한 사람들에게 상식적인 것일 수 있지만, 그것은 본문에서 서술하려는 것처럼 체험주의에 관한 한 오해나 무지에서 비롯된 그릇된 비판이다.

몸의 중심성이란 다분히 경험의 발생적 측면에서의 이야기다. 그것은 몸과 마음 중 몸이 '더 중요하다'고 말하려는 것이 아니라, 마음이라고 부르는 일련의 경험이 몸의 활동을 통해 드러나는 확장적 국면이라는 사실을 보여 주려는 것이다. 몸과 마음 중 무엇이 더 중요한지를 묻는 것은 전통적인 몸/마음 이원론 안에서 가능한 물음이며, 그 때문에 사실상 허망한 물음이기도 하다. 그런 물음은 마치 사람에게 어릴 때가 더 중요한가, 늙었을 때가 더 중요한가라고 묻는 것과 다르지 않기 때문이다.

놀라운 것은 몸의 철학에 대한 비판이나 비난이 일상적 담론에서뿐만 아니라 전문적 영역에서도 드물지 않게 떠돌지만 정작 진지한 논의를 거의 찾아볼 수가 없다는 점이다. 철학적 담론이 떠도는 생각이나 말과 다른 것은 '지적 책임' 때문이다. 필자는 몸의 철학에 대해서 자신이 철학적 비판을 한다고 믿고 있거나 또 그런 의도를 갖고 있는 사람들에게 "어둠 속에서 휘파람을 부는 것은 참된 철학의 방법이 아니다"[7]라는 콰인(W. V. O. Quine)의 말을 상기해 주고 싶다. 옹호든 반박이든 철학적 담론은 떠도는 이야기를 만들어 내는 일도 아니며, 또한 그런 이야기로 구성되는 것도 아니기 때문이다.

새로운 철학적 시각으로서 체험주의의 성패는 오늘날 우리에게 제기되는 '철학적' 문제들에 대해 얼마나 성공적으로 대응할 수 있는가에 달려 있다. 기존의 문제들을 근원적으로 해소하거나 아니면 더 나은 방식으로 해결하는 것이 바로 그것이다. 체험주의가 제3의 새로운 시각으로 받아들여지기 위해서는 과거의 철학적 구도를 벗어나야 할 뿐만 아니라 나아가 새로운 구도가 우리에게 제기되는 철학적 문제들에 더 성공적으로 대처할 수 있어야 한다. 체험주의에 대한 이 책의 전반적 서술은 이러한 관점에서 오늘날의 철학적 지형도 안에서 체험주의의 필요성과 가능성을 옹호하는 방식으로 이루어질 것이다.

---

7 W. V. O. Quine, *Word and Object* (Cambridge, Mass.: MIT Press, 1960), p. 207.

제1부

제1장

인지적 전환: 철학의 경험적 책임

레이코프와 존슨은 '제2세대 인지과학'의 새로운 발견과 함께 철학은 더 이상 과거와 같이 될 수 없으며, 이성 개념을 중심으로 지속되었던 2,000년 동안의 사변은 끝났다고 말한다.[1] 이들의 주장이 옳은 것이라면 우리는 새로운 철학적 전환의 시대에 접어들고 있다. 우리 자신의 인지적 본성과 구조에 대한 새로운 해명이 요구되며, 그것은 다시 인지적 과정을 통해 구성되는 철학적 이론의 본성에 대한 새로운 이해가 필요하기 때문이다. 필자는 우리 시대에 피할 수 없는 이러한 지적 도전을 '인지적 전환'(Cognitive Turn)이라고 부르려고 한다.

'인지적 전환'은 철학사에 기록되는 세 번째 결정적인 전환이 될 것이다. 칸트의 '코페르니쿠스적 전환'(Copernican Turn)이 있었으며, 20세기 초에 '언어적 전환'(Linguistic Turn)이 있었다. 이 세 차례의 전환에는 중요한 공통점이 있다. 그것은 모든 전환이 철학적 사유에 필수적인 사유의 조건 자체에 대한 근원적인 자기 비판을 담고 있다는 점이다. 다른 점이 있다면 이 세 번째 전환이 철학자에 의해 주도된 것이 아니라 인지과학이라는 경험적 탐구에서 철학으로 밀려든 것이라

---

1 G. 레이코프 · M. 존슨, 『몸의 철학: 신체화된 마음의 서구 사상에 대한 도전』, 임지룡 외 역 (서울: 박이정, 2002), p. 25 참조.

는 점이다. 인지과학의 새로운 발견은 단순히 특정한 철학 이론들의 수정이나 보완이 아니라 철학적 시각 자체의 변화를 요구한다. 이 책의 주된 목표는 바로 '인지적 전환' 이라고 불릴 만한 이 철학적 변화를 '체험주의' 라는 새로운 시각을 통해 조망하고, 그 전망을 제시하려는 것이다.

먼저 오해의 소지를 줄이기 위해 '인지적' (cognitive)이라는 말의 의미를 좀 더 명료하게 정돈할 필요가 있다. 20세기 초반의 분석철학자들은 '인지적' 이라는 말을 명제적이거나 개념적인 의미를 가리키는 특수한 맥락에서 사용해 왔다. 이들에 따르면 한 문장은 참/거짓으로 결정될 수 있을 때에만 의미가 있다. 이때 이 문장이 갖는 의미가 바로 인지적 의미다. 그러나 제2세대 인지과학자들은 '인지' 라는 말을 감각이나 지각은 물론 개념과 상상 등 두뇌의 작용이 개입되는 모든 과정을 포함하는 포괄적 방식으로 사용한다.

> **인지적**이라는 용어는 종종 어떤 철학적 전통들에서 매우 다른 방식으로 사용되므로 때때로 혼란이 일어난다. 이런 전통들에 속한 철학자들에게 **인지적**이라는 용어는 단지 개념 구조 또는 명제 구조를 의미할 뿐이다. 또한 그 용어는 그런 개념 구조 및 명제 구조들에 대한 규칙 지배적 작용을 포함한다. 더욱이 **인지적 의미**는 진리조건적 의미, 즉 마음이나 몸 안에서 내적으로 정의되는 것이 아니라 외부 세계의 사물들을 지칭함으로써 정의되는 의미로 간주된다.[2]

인지의 본성과 구조에 대한 새로운 발견은 철학적 사고의 본성에

---

2 같은 책, p. 38. (고딕은 원문의 강조.)

관해서도 매우 다른 해명이 필요하다는 것을 말해 준다. 철학적 사고 또한 우리의 일상적 사고와 동일한 인지적 과정을 거쳐서 이루어지기 때문이다. 따라서 인지적 본성에 대한 기본 가정이 바뀐다는 것은 철학적 사유의 본성에 대한 기본 가정이 바뀌어야 한다는 것을 함축한다. 그것은 철학자의 발견이 아니라 인지과학자의 경험적 발견이며, 따라서 특정한 철학적 입장에 따라 조정하거나 수정할 수 있는 성질의 문제가 아니다. 레이코프와 존슨은 제2세대 인지과학이 철학적 탐구에 불러온 새로운 변화에 대해 이렇게 말한다.

> 제1세대에서 제2세대 인지과학으로 이동함에 따라 철학과 인지과학 간의 관계는 역전되었다. 제1세대에서는 철학이 인지과학의 많은 부분을 지배했는데, 영미 인지주의 철학의 기본 원리들은 경험적 연구 이전에 이미 옳은 것으로 받아들여졌고, 인지과학은 그 가정들에 따라야만 했다. 제2세대 인지과학의 주장에 의하면 철학은 위의 방법론적 가정들, 특히 수렴되는 증거라는 가정에 근거해서 경험적으로 믿을 수 있는 인지과학으로 시작되어야 한다.[3]

여전히 철학자들은 인지과학이 신생의 탐구이며, 그것이 제공하는 지식 또한 완결되지 않았다는 점을 들어 인지과학적 발견에 대해 유보적이거나 회의적인 입장을 유지할지도 모른다. 그러나 경험적 이론에 완결이란 없다. 우리가 상식처럼 받아들이는 지동설도, 만유인력 법칙도, DNA이론도, 적어도 원리적으로 완결되지는 않았다. 인지과학적 발견에 주목하는 이유는 그것이 완결되었기 때문이 아니라 그 핵심적

3 같은 책, p. 133.

발견이 우리의 인지 구조에 대한 과거의 기본 가정을 정면으로 반박할 수 있을 만큼 안정된 근거를 제시하기 때문이다. 그 발견은 더 이상 이론적 성향에 따라 선택해야 할 문제가 아니다. 오히려 그것은 모든 이론들이 그 출발점에서 공유해야 할 '최선의 기초 사실'을 제공하고 있기 때문이다.[4]

한편 철학적 사유와 경험적 지식의 관계에는 복합적 측면이 있다. 철학적 사유가 경험적 지식을 넘어서서 펼쳐진다는 것은 분명한 사실이다. 그러나 그것이 철학적 사유가 경험적 지식과 아무 상관없이 이루어진다는 것을 의미하지는 않는다. 경험적 사실에 상충되는 철학적 가설은 바로 그 경험적 사실에 의해 정면으로 반박되기 때문이다. 즉 어떤 시대 어떤 철학도 당대까지 주어진 경험적 사실을 거부하거나 외면하는 방식으로 구성될 수 없다. 그런 철학은 당대의 경험적 지식에 의해 반박되었을 것이기 때문이다.

이러한 반박을 피할 수 있는 쉬운 길이 바로 '초월'이나 '선험'으로 나아가는 길이다. 한때 초월이나 선험을 향한 사변은 철학적 사유의 특권처럼 받아들여지기도 했다. 그렇지만 초월이나 선험에 의지하는 것은 경험적 반박을 피할 수는 있지만 경험적으로 입증될 가능성 또한 없다. 사실상 경험을 넘어서는 것은 철학만의 전유물이 아니다. 문학이나 예술, 나아가 종교 또한 자유롭게 선험이나 초월을 노래한다. 그

4 처칠랜드(P. Churchland)는 오늘날 주어진 신경과학적/인지과학적 발견의 철학적 함축을 외면하는 연구자들을 '무뇌인'(no-brainer)이라고 부른다. 원래 이 말은 '생각할 가치가 없는 하찮은 일이나 문제' 정도를 뜻하는 속어이지만 처칠랜드는 사람을 가리키는 말로 변형해서 사용하고 있다. 이러한 과격한 표현은 한국어에서와 마찬가지로 거북한 뉘앙스를 띠지만 완고한 전통 철학자들에 대한 의도적인 도발로 보인다. Patricia Churchland, *Brain-Wise: Studies in Neurophilosophy* (Cambridge, Mass.: MIT Press, 2002) 참조.

런데도 서구 지성사를 통해 특정한 초월적 도약이 '철학'이라는 이름을 얻게 되는 것은 그것이 대부분 '이성'의 이름으로 정당화되기 때문이다. 그러나 이성이라는 개념 자체가 철학적 이론의 산물이라는 생각에 이르면 그것은 증명의 부담을 타인에게 떠넘기는 교묘한 이론적 장치일 뿐이다.

문제는 경험적 지식이 결코 완결되지는 않는다 하더라도 지속적으로 확장될 수 있다는 점이다. 체험주의가 그 이론적 출발점에서 주목하는 것은 최근 인지과학의 경험적 탐구 성과다. 인지과학의 새로운 발견은 사변적 전통이 제시했던 핵심적 이론들 — 대부분 '객관주의'라는 이름으로 묶일 수 있는 — 이 우리 자신의 인지적 조건에 대한 그릇된 가정에 근거하고 있다는 사실을 분명하게 보여 준다. 사변적 전통의 철학과 결별하는 것은 철학적 사유의 불가능성에 대한 선언이 아니라, '경험적으로 책임 있는 철학'(empirically responsible philosophy)에 대한 요구다.[5]

우리가 주목해야 할 사실은 인지과학이 단순히 우리 시대의 독특한 지적 유행의 산물이 아니라는 점이다. 인지과학은 전형적인 경험적 탐구의 한 유형이며, 따라서 완결되지 않는다 하더라도 지속적인 성장의 가능성을 열어 가고 있다. 수세기 전에 제기되었던 지동설이나 뉴턴 역학, 진화론은 지금까지도 우리 상식의 일부를 이루고 있다. 그것은 수많은 사변적 이론들이 한 시대의 유행을 이루었다가 관심사가 바뀌면서 지성사의 일부로 기록된 것과는 선명하게 대비된다. 이것이 경험적 탐구의 절대성을 의미하는 것은 아니지만 적어도 경험적 탐구가 상대적 안정성을 갖는다는 사실을 명백하게 보여 준다. 인지과학의 발견

5 레이코프 · 존슨, 『몸의 철학』, pp. 42–43, 796–97 참조.

은 새로운 지적 유행을 예고하는 것이라기보다는 우리 자신의 인지 구조에 관한 새로운 탐구 영역이 매우 안정적으로 열려 간다는 것을 의미한다.

인문학자들은 인지과학과 같은 경험적 탐구가 인문학적 상상력과 사유를 무너뜨리는 결과를 불러올 것이라고 우려한다. 그것은 근거 없는 '우려'일 뿐이다. 인지과학자들은 인문학을 무너뜨리기 위해 탐구하는 것이 아니며, 또 그것은 가능하지도 않다. 이들은 두뇌에 관한 새로운 사실을 발견하고 해명하기 위해 작업한다. 불운하게도 새로운 경험적 발견은 필연적인 것은 아니지만 대부분 과거의 사변적 전통의 철학적 가설들의 부적절성을 드러내는 방식으로 나타난다. 이 때문에 경험적 지식은 철학적 사유와 대립적인 것으로 인식되기 쉽다. 그러나 그것은 사실이 아니다.

경험적 해명의 작업은 대운하 공사가 불러올 장기적 귀결이 좋은 것일지, 나쁜 것일지에 관한 논란과는 성격이 다르다. 경험적 해명의 작업은 인간복제를 목표로 하는 생물학적 실험을 허용할 것인지의 문제와도 다르다. 인지과학의 경험적 발견은 좋은지 나쁜지에 관한 견해에 따라 선별적으로 제시되는 것이 아니다. 그것은 우리 자신의 인지적 조건에 대한 '새로운 사실'의 문제다. 오늘날 우리는 원자론이나 지동설, 유전자학을 단순히 하나의 견해로 받아들이지 않는다. 그것은 물리 세계에 관한 기초 사실에 속한다. 우리가 그것을 기초 사실로 받아들이는 것은 그것이 절대적이기 때문이 아니라 적어도 현재까지 우리가 받아들일 수 있는 최선의 사실이기 때문이다.

마음에 대한 경험적 해명은 인문학자의 동의나 우려에 의해 결정되어야 할 문제가 아니다. 오히려 인문학이 경험적 지식의 성장에 따라 스스로를 변형해야 한다. 우리는 경험과학이 인문학을 위협한다고 믿어야 할 이유가 없다. 경험과학은 우리와 세계에 대한 경험적 해명의 체계이며, 다른 모든 지식의 확장을 위한 교두보를 제공한다. 새로운 교두보를 통해 '새로운' 인문학적 사유가 열린다. 자신이 의지해 왔던 교두보가 무너진다고 해서 그것이 인문학의 종말을 불러올 것이라는 믿음은 인문학의 미래에 대한 우려가 아니라 빈곤하고 폐쇄적인 태도의 표출일 뿐이다.

인지과학이 의식과 마음의 구조, 나아가 상상력의 구조에 관해 새로운 해명을 한다고 해서 인문학적 사유, 나아가 예술적 신비나 아우라가 사라지거나 축소되어야 할 아무런 이유도 없다. 설혹 인지과학이 우리의 모든 인지 구조를 해명하는 데 성공한다 하더라도 우리는 여전히 상상하고 꿈꾸며 열망하는 존재로 남아 있을 것이다. (그 모든 것이 '인지적 과정'의 산물이라고 말하는 대신 '신비한 것'이라고 말하려고 한다면 그것은 특별한 '태도'의 문제일 수 있지만 아무런 해명도 아니다.) 새로운 경험적 발견에 의해 제거되는 것, 나아가 제거되어야 할 것은 우리 자신과 세계에 관한 과거의 그릇된 이론적 가정들이다. 이제 우리에게는 새로운 철학적 가정이 필요하다. 다마지오(A. Damasio)는 이렇게 말한다.

> 정서나 느낌을 인지적 또는 신경적 방식으로 구체적으로 정의하는 것은 그것들의 아름다움이나 공포감, 또는 시가나 음악에서 그것들의 위상을 축소시키지 않는다. 우리가 어떻게 보고 말하는지를 이해하는 것이 보여지고 말해지는 것, 또 극적인 방식으로 그려지고 짜이는 것을 평가절하하지 않는다. 정서와 느낌의 배후에 있는 생물학적 기제를 이해하는 것은 그것들의 인간적 가치에 대한 낭만적 견해와 완벽하게 양립할 수 있다.[6]

1. 제2세대 인지과학

인지과학에 대해 광범위하게 유포된 오해 중의 하나는 인지과학이 본성상 환원주의적이고 물리주의적이라는 것이다. 적어도 초창기의 인지과학에 관한 한 그것은 사실이다. 1950년대 미국을 중심으로 출발했던 인지과학은 '마음'(mind)에 관한 학제적 탐구다. 언어학, 철학, 심리학, 인류학, 신경과학, 컴퓨터과학 등이 공동으로 마음의 본성과 구조를 탐색하는데, 이들은 마음의 핵심적 소재가 몸의 일부인 '두뇌'(brain)라는 생각을 공유한다. 초창기 인지과학은 마음이 컴퓨터와 유사한 방식으로 작동할 것이라는 가정을 공유했다. 즉 마음의 작용에 대한 법칙적 해명이 가능할 것이라는 가정이 그것이다. 계산주의(computationalism), 기능주의(functionalism), 인지주의(cognitivism) 등이 이 시기를 대변하는 주도적 견해들이다. 레이코프와 존슨은 이것을 '제1세대 인지과학'이라고 부른다.

1970년대에 들어서면서 인지과학은 새로운 국면에 접어들게 된다. 마음이 은유, 환유(metonymy), 심적 영상(mental imagery), 원형 효과(prototype effect) 등의 기제를 통해 작동한다는 사실이 드러나면서 마음의 본성에 대한 시각은 결정적인 변화를 맞게 된다. 즉 마음의 비법칙적 본성이 새롭게 드러난 것이다. 레이코프와 존슨은 이러한 일련의 시각 변화를 '신체화된 마음'(embodied mind)이라는 논제로 집약한다.[7] 마음의 작용은 우리의 신체적 요소에 근거하고 있을 뿐만 아니라 이 요소에 의해 제약된다는 것이다. 더 중요한 것은 마음의 이러한

6 Antonio Damasio, *Descartes' Error: Emotion, Reason, and the Human Brain* (New York: Avon Books, 1994), p. 164.

7 레이코프 · 존슨, 『몸의 철학』, pp. 128–29 참조.

확장이 법칙적으로 이루어지지 않으며, 따라서 마음의 본성에 대한 법칙적 해명 또한 불가능하다는 것이다. 이제 마음에 관한 탐구는 이러한 신체화의 본성과 구조에 대한 탐구로 전환된다. 이것이 바로 '제2세대 인지과학'이다.

인지과학의 탐구 성과는 우리가 마음에 관해 알고 싶어 하는 것에 비한다면 지극히 작은 일부에 불과하지만, 그것이 드러내는 철학적 함축은 결코 작지 않다. 인지과학이 제공하는 경험적 증거들이 그 자체로 철학 이론을 구성하는 것은 물론 아니다. 그렇지만 다양한 경험과학의 교차적 검증을 거친 증거들에 반하는 이론적 가설은 이 수렴적 증거들에 의해 결정적으로 반박된다. 과거의 사변적 이론들은 적어도 당대까지 주어진 증거들에 의해 반박되지 않았다는 점에서 "그때는 몰랐다"라고 말하는 '천진성'(innocence)을 내세울 수 있지만, 오늘날 인지과학의 시대에 새롭게 구성되는 철학적 이론에는 더 이상 그런 변명의 자리가 없다.[8]

레이코프와 존슨은 제2세대 인지과학의 핵심적 발견을 다음과 같은 세 가지 논제로 요약하고 있다.

> 마음은 본유적으로 신체화되어 있다.
> 사고는 대부분 무의식적이다.
> 추상적 개념들은 대체로 은유적이다.[9]

첫째, '신체화된 마음'이라는 논제는 근세 인식론적 전통을 지탱해

---

8 같은 책, pp. 9-10, 493 참조.

9 같은 책, p. 25.

왔던 '순수한 마음' 이라는 가정을 근원적으로 반박한다. 신체화된 마음 논제에 따르면 데카르트(R. Descartes)가 생각했던 것처럼 몸으로부터 분리된 순수한 마음은 존재하지 않으며, 마음을 이끌어 가는 순수한 이성도 존재하지 않는다. 대신에 우리가 '마음' 이라고 부르는 것은 두뇌를 중심으로 몸과 환경 사이의 상호작용을 통해서 드러나는 창발적 국면이다. 증가하는 경험적 증거들은 마음이 독립적인 실체가 아니라 신체적 활동의 정교한 확장이라는 사실을 반복적으로 확인해 준다. 갤러거(S. Gallagher)는 '신체화된 마음' 이라는 논제가 오늘날 '거부할 수 없는 기초 사실' (inescapable basic fact)이 되었다고 말한다.[10]

둘째, 사고가 대부분 무의식적이라는 논제는 우리의 일상적 인식 과정이 '두뇌' 의 작용을 통해 이루어지지만 우리 스스로 그 두뇌의 작용을 의식하지 못한다는 것을 말한다. 내가 이 글을 쓰는 것은 무작위적인 기표의 배열이 아니다. 이 글을 쓰기 위해 나의 두뇌는 단어와 단어, 문장과 문장, 단락과 단락을 연결해 주는 어떤 섬세한 작용을 하고 있겠지만 나 스스로는 그 작용을 의식할 수 없다. 이것은 개개인의 특성 때문이 아니라 우리 인지 구조의 본성 때문이다. 다음과 같은 모든 활동은 의식의 영역 밖에서 이루어진다.

말하고 있는 것에 관련된 기억에 접근하기

일련의 연속된 음을 언어로 이해하고, 그것을 변별적 음성 자질들과 분절들로 나누고, 음소들을 확인하고, 그들을 형태소들로 무리 짓기

여러분의 모국어에 있는 방대한 수의 문법 구조에 따라 문장에 구조를 부

10 Shaun Gallagher, *How the Body Shapes the Mind* (Oxford: Clarendon Press, 2005), p. 1 참조.

여하기

낱말들을 골라서 문맥에 적절한 의미들을 낱말들에 부여하기

문장들을 하나의 전체로서 의미론적 · 화용론적으로 이해하기

논의에 관련된 용어들로 말하는 것의 틀 짜기

논의하고 있는 것에 관련된 추론하기

관련된 경우 심상을 구성하고 검사하기

담회 속의 공백 메우기

대화자 상대방의 신체 언어를 보고 해석하기

대화가 진행되고 있는 곳을 예상하기

무슨 응답을 할 것인가 계획하기[11]

'인지적 무의식' 이라는 논제는 우리가 내성과 같은 사변적 방식을 통해 인식의 확실성에 도달할 수 있을 것이라는 모든 가정이 인지적으로 그릇된 것임을 보여 준다. 예를 들면 현상학적 반성을 통해 순수한 인식, 즉 '사태 자체' 의 인식에 도달할 수 있을 것이라는 후설(E. Husserl)의 희망은 인지적으로 그릇된 가정에 근거한 희망이다. 인지적 무의식을 넘어설 수 있는 통로가 없기 때문이다.

의식적 사고는 거대한 빙산의 일각에 불과하다. 무의식적 사고가 모든 사고의 95퍼센트라는 것이 인지과학자들 사이에서는 경험상의 일반원리로 통하는데, 그것은 심각할 정도로 과소평가한 것일지 모른다. 더욱이 의식적 인식의 표면 아래에 있는 95퍼센트가 모든 의식적 사고를 형성하고 구조화한다. 만약 인지적 무의식이 거기서 이런 형성을 하지 않는다면, 어

11 레이코프 · 존슨, 『몸의 철학』, p. 37.

떤 의식적 사고도 불가능할 것이다.[12]

더 심각한 것은 인지적 무의식이 항상 우리의 사고와 행위에 결정적인 영향을 미치고 있다는 사실이다. 이것은 우리가 우리 자신의 사고와 행위에 대한 확실한 지식에 이를 수 없다는 것을 의미한다. 이러한 상황에서 타인의 사고와 행위에 대한 확실한 지식에 이를 수 없다는 것은 더 분명하다. 그렇다면 확실성의 탐구로 특징지어지는 인식론적 기획은 적어도 인지적으로 무망한 기획이라고 할 수 있다.

셋째, 추상적 개념들이 대체로 은유적이라는 논제는 추상적 개념에 대한 확정적 정의 같은 것이 존재하지 않는다는 것을 말해 준다. 추상적 개념들은 추상적 영역에 구체적인 경험내용이 은유적으로 사상되는 방식으로 형성되며, 따라서 그 개념들의 경계는 본성상 불투명할 수밖에 없다. 진리, 이성, 주체, 자유, 정의 등 모든 추상적 개념이 이런 방식으로 형성된다. 수많은 이론이 이 개념들을 나름대로 정의하지만 그것은 모두 은유적으로만 정의될 수 있다.

은유에 대한 이러한 생각은 철학적 이론의 본성에 관해 매우 다른 시각을 제시한다. 추상적 층위에서 구성되는 모든 개념과 이론은 은유적 확장의 산물이며, 이렇게 구성된 개념이나 이론은 본성상 결코 객관적이거나 절대적일 수 없다. 지적 영역에서든 도덕적 영역에서든 '절대성' 을 자임하는 모든 이론적 개념은 그 자체로 허구다. 초월적이든 선험적이든 해체론적이든 모든 철학 이론은 은유적 경로를 따라 구성되며, 그 은유적 체계 안에서만 각자의 정합성을 유지한다.

물론 경험적 증거와 사실들이 그 자체로 철학적 이론을 구성하지

---

12 같은 책, p. 40.

않는다는 것은 자명하다. 모든 철학적 이론은 주어진 경험적 지식을 넘어서서 훨씬 더 확장된 형태로 제시된다. 이 때문에 흔히 철학적 사유는 경험적 지식과 상관없이 이루어지는 것으로 오해되며, 나아가 그러한 사유가 철학의 특권인 것처럼 오해되기도 한다. 그러나 모든 철학적 가설은 적어도 당대까지 주어진 경험적 지식을 포괄하는 방식으로 이루어져야 하며, 또 실제로 그래 왔다. 당대까지 주어진 경험적 지식에 상충되는 방식으로 제시된 가설들은 때로 특정한 시대적 조건 안에서 '철학' 이라는 이름으로 통용되기도 했지만 시간이 흐르면서 결국 '신화' 아니면 '종교' 로 비켜서게 되었다. 그것은 더 이상 '철학' 으로 간주되지 않는다.

이것은 미래의 철학적 탐구가 어떤 것이 되어야 할 것인지에 관해 매우 평이하면서도 중요한 사실을 상기시켜 준다. 새롭게 제시되는 철학적 가설은 적어도 이 새로운 발견과 상충되지 않는 방식으로 구성되어야 한다는 것이다. 이것이 체험주의가 제안하는 '경험적으로 책임 있는 철학' 의 모습이다.

2. 철학적 자연주의

체험주의는 우리 자신을 자연적 존재로 보며, 따라서 우리 자신에 대한 탐구가 자연 세계의 일부로서 탐구되어야 한다는 자연주의적 태도를 표방한다. 이러한 자연주의적 태도는 물론 체험주의의 전유물이 아니다. 전통적인 미국의 실용주의는 물론 메를로 퐁티(M. Merleau-Ponty)와 비트겐슈타인(L. Wittgenstein)에게서도 이러한 태도는 선명하게 드러난다. '자연주의' (naturalism)라는 말은 오해의 소지가 있는 용어이며, 그 오해에는 충분한 철학사적 이유가 있다. 실제로 철학자들 사이에 '자연주의' 라는 용어가 매우 다른 두 갈래의 의미로 뒤섞여 사용되어 왔기 때문이다. 넓은 의미의 자연주의와 좁은 의미의 자연주의가 그것이다.

먼저 좁은 의미의 자연주의는 흔히 '환원주의' (reductionism)나 '물리주의' (physicalism)라는 말과 동일하게 사용된다. 이때 자연주의라는 말은 대부분 자연주의에 대한 비판자들이 부정적 의미로 사용하는 것이다. 20세기 초반의 지적 기류를 주도했던 논리실증주의는 과학적 지식에 대한 신뢰를 통해 자연주의적 태도를 드러낸다. 논리실증주의자들은 기본적으로 정신적/추상적인 모든 것이 물리적인 것으로 환원될 수 있다는 강한 환원주의를 표방한다. 이러한 환원주의적 태도는 흔히 '물리주의' 라고 불린다. 체험주의는 근원적으로 환원주의를 거부한다는 점에서 환원주의적 자연주의와는 분명히 구분된다.

넓은 의미의 자연주의는 대체로 실용주의적 전통에서 사용하는 말이다. 에임즈(S. M. Eames)에 따르면 '실용주의' 의 가장 적절한 본래 이름은 '실용주의적 자연주의' (pragmatic naturalism)다.[13] 실용주의적 자연주의는 우리의 모든 경험이 자연 세계의 일부이며, 따라서 철학적 탐구에서 자연 세계를 넘어서는 초월적 관점에 의지할 이유가 없다고 본다. 이러한 자연주의는 적극적으로 정의되기보다는 '초월주의' 를 반대하는 소극적 입장으로 특징지어질 수 있다. 이러한 맥락에서 드카로와 맥아더(M. de Caro and D. Macarthur)는 자연주의를 어떤 형태의 초자연적인 실체(신, 영혼, 엔텔레키, 데카르트적 마음 등)

---

13 S. M. 에임즈, 『실용주의』, 조성술 · 노양진 역 (광주: 전남대학교 출판부, 1999) 참조.

나 사건(기적이나 마법), 인식 능력(신비적 통찰이나 영적 직관 등)도 인정하지 않는 입장이라고 정의한다.[14]

실용주의적 자연주의가 초월적 사변을 거부하는 핵심적 이유는 그러한 사변이 우리 자신의 기본적 조건에 대한 부적절한 가정에서 출발한다고 보기 때문이다. 유사한 맥락에서 체험주의는 우리 자신이 현재와 같은 몸을 가진 유기체라는 사실에서 출발한다. 체험주의의 이러한 시각은 너무나 상식적이지만, 서구의 지적 전통에 비추어 본다면 매우 이례적인 주장이다. '정신주의' 라고 불릴 수 있는 서구의 지배적 지적 전통에서 몸은 잊혀진 주제였기 때문이다. 인간은 순수한 마음의 존재로 가정되었으며, 그 능력을 통해 다른 유기체와 구별된다는 점에서 마음은 인간의 본질로 간주되었다.

우리는 두뇌와 몸을 통해 우리 밖의 환경과 지속적으로 상호작용하며, 이 과정에서 지속적인 변화를 겪는다. 마음은 바로 이 과정에서 발현되는 매우 정교하고 추상적인 국면이다. 이러한 관점에서 마음의 독립적인 존재론적 지위는 거부된다. 마음의 본성에 대한 이러한 해명은 정신주의적 사유의 전통에 대한 정면 도전이다. 지난 세기가 "마음을 발견한 세기로 기억될 것"[15]이라는 터너(M. Turner)의 말은 결코 단

---

14 Mario de Caro and David Macarthur, "Introduction: Science, Naturalism, and the Problem of Normativity," in Mario de Caro and David Macathur, eds., *Naturalism and Normativity* (New York: Columbia University Press, 2010), p. 3 참조. 드카로와 맥아더는 자연주의를 환원을 인정하는 '과학적 자연주의' (scientific naturalism)와 환원을 거부하는 '개방적 자연주의' (liberal naturalism)로 구분하고 있는데, 이 구분에 따르면 제임스와 듀이의 실용주의는 개방적 자연주의의 전형적인 유형이다.

15 Mark Turner, *Reading Minds: The Study of English in the Age of Cognitive Science* (Princeton, N.J.: Princeton University Press, 1991), p. vii.

순한 과장이 아니다.

3. 초월의 늪

초월적인 것에 의지해서 경험적인 세계를 해명하려는 것은 알 수 없는 것에 기대어 알려진 세계를 해명하려는 특이한 시도다. 그것은 오랫동안 철학적 사유의 특권처럼 받아들여져 왔지만 20세기 초 분석철학의 등장과 함께 사변의 역사는 철학사의 한 부분으로 구획되었다. 초월적인 것의 추구는 예외 없이 객관성의 추구와 맞물려 있다. 초월은 경험 세계가 드러내는 파편성을 넘어서는 유일한 길이라는 점에서 그 정당성을 찾지만, 우리가 왜 그러한 객관성을 필요로 하는가라는 근원적인 물음과 함께 그 정당성은 빛을 잃게 되었다.

'초월적인 것' (the transcendent)은 그 자체로 경험을 넘어서 있으며, 따라서 경험에 직접 주어지지 않는다. 그래서 초월적이다. 그런데 그 초월은 처음부터 우리의 세계에 개입해야만 하는 역설적인 운명을 갖고 있다. 필자는 이것을 '초월의 역설'이라고 부른다. 초월적인 것은 일단 우리의 경험 세계를 넘어서 있으면서도 여전히 경험 세계에 개입해야 한다. 이 역설을 해결하기 위해 수많은 철학자들이 다양한 철학적 시도를 했지만 누구도 성공하지 못했다. 그것은 처음부터 실패가 예고된 기획이다. 초월적인 이데아를 설정했던 플라톤은 이 문제를 '관여' (*methexis*)라는 이름으로 다루었지만 그것은 끝내 미해결의 철학적 아포리아로 남게 되었다.

플라톤에게 관여는 초월적인 이데아와 그 이데아를 모방하여 만들어진 현상계의 사물 사이의 관계를 말한다. 만약 이데아와 현상계의 사물 사이에 어떤 관계라도 있다면 그것들은 단절되어 있지 않으며, 따라서 이데아는 더 이상 초월적일 수 없다. 만약 그것들이 단절되어 있다면 이데아는 현상계의 사물에 어떤 영향도 미칠 수 없다. 후기의 『파이드로스』(*Phaedrus*)에서 플라톤은 '영혼'을 이 두 세계를 연결하는 중간자로 기술하려고 시도하지만 그 결과 영혼은 두 세계 사이에서 알 수 없는 수수께끼로 남게 된다.[16]

초월에 의지하려는 것은 현재와 같은 몸을 가진 인간에게 매우 '자연스러운' 시도로 보인다. 지속적인 문제들과 함께 살아가는 인간에게 그 모든 것을 넘어선 어떤 것에 대한 희망은 강력한 것이다. 중요한 것은 '희망'과 '해명'은 매우 다르다는 점이다. 희망과 해명 사이의 혼동은 철학사를 통해 집요하게 등장한다. 20세기 초 분석철학을 선도했던 비트겐슈타인은 서구의 철학사를 '혼동'의 역사로 보았으며, 그 혼동을 치유하는 것이 철학의 주된 소임이 되어야 한다고 주장했다. 필자는 그 혼동의 원천이 바로 '우리의 것'과 '우리가 원하는 것' 사이의 혼동이라고 보았다.[17] 초월적인 것의 난점에 관해 비트겐슈타인은 이렇게 말한다.

철학이란 본래 아무런 진보도 하지 못한다고, 그리스인들이 몰두하였던

---

16 플라톤과 마찬가지로 종종 철학자들은 초월 세계와 경험 세계 사이에 제3의 존재나 세계를 설정함으로써 그 간극을 메우려고 한다. 그 또한 필연적으로 실패할 수밖에 없는 시도일 뿐이다. 이 경우 설명해야 할 접면이 두 개로 늘어나기 때문이다. 즉 초월과 경험의 관계 문제에 국한되지 않고 그 중간자가 초월과 경험의 양편에 관여하는 새로운 상황이 된다. 이러한 난점은 종종 종교적·신화적 믿음을 통해 완화될 수 있겠지만 철학적으로 해결될 가능성은 없어 보인다.

17 노양진, 「비트겐슈타인과 철학의 미래」, 『몸·언어·철학』(파주: 서광사, 2009), pp. 332, 344 참조.

문제들이 아직도 우리를 사로잡고 있다고 하는 소견을 우리들은 되풀이해서 듣는다. 그러나 그렇게 말하는 이들은 왜 그게 그러한지 그 까닭을 이해하지는 못한다. 그러나 그 까닭이란 우리의 언어가 동일하게 남아 있으며, 우리를 언제나 되풀이해서 동일한 문제로 유인한다는 것이다. '먹다'와 '마시다'처럼 기능하는 것으로 보이는 '있다'라는 동사가 존재하는 한, '동일한' '참된' '거짓된' '가능한'이라는 형용사들이 존재하는 한, 시간의 흐름과 공간의 확장에 관해 이야기가 되는 한 (기타 등등), 인간들은 똑같은 수수께끼 같은 난점들에 되풀이해서 부딪힐 것이며, 어떠한 설명으로도 떼어 버릴 수 없는 것으로 보이는 무엇인가를 계속 응시하게 될 것이다.

그리고 이것은 더욱이 초-현세적인 것에 대한 갈망을 만족시켜 준다. 왜냐하면 '인간 지성의 한계'를 본다고 믿음으로써 사람들은 자연히, 그것을 넘어서서 볼 수 있다고 믿기 때문이다.[18]

체험주의적 시각에서도 이 혼동은 중요한 문제다. 체험주의는 철학적 사유의 출발점에서 우리 자신에 대한 적절한 '해명'이 선행되어야 한다고 보며, 그것이 '경험적으로 책임 있는' 방식으로 이루어져야 한다고 본다. 그러한 해명은 다른 모든 선언이나 희망에 앞서서 이루어져야 할 철학적 선결과제다. 경험적 지식, 특히 제2세대 인지과학이 제공하는 경험적 증거들은 과거의 이론들이 우리 자신에 대한 그릇된 가정에 근거하고 있다는 사실을 극명하게 보여 준다.

물론 경험적 지식이 우리가 원하는 모든 것을 알려 주지는 않는다. 경험적 지식은 본성상 제한되어 있으며, 결코 완결되지 않는다. 그러

18 루트비히 비트겐슈타인, 『문화와 가치』, 이영철 역 (서울: 책세상, 2006), pp. 58–59.

나 최근 다양한 경험과학을 통해 교차적으로 검증된 새로운 사실들은 과거의 이론들이 처음부터 그릇된 가정에서 출발하고 있다는 사실을 보여 주기에 충분하다. 사실상 모든 철학적 사유는 당대까지 주어진 경험적 지식을 포괄하는 방식으로 구성된다. 경험적인 사실과 상충하는 이론은 적어도 '해명'의 차원에서는 설 자리가 없다. 바꾸어 말하면 경험적 지식은 그 자체로 철학적 이론을 구성하지는 않지만 그것에 부합하지 않는 철학적 가설들을 반박하는 데 결정적인 반증으로 작용할 수 있다.

철학적 사유가 경험적인 지식을 넘어서 확장되어야 한다는 사실 때문에 사람들은 철학적 사유가 근원적으로 경험적인 것과 상관없이 이루어진다고 믿기 쉽다. 그러나 경험적 지식과 완전히 분리된 사유는 존재하지 않으며, 또 존재할 수도 없다. 체험주의는 경험을 "우리를 인간 — 우리의 세계에 대한 우리의 이해를 구성하는 복합적인 상호작용 안에서 결합되는 신체적 · 사회적 · 언어적 존재 — 으로 만들어 주는 모든 것"[19]이라는 넓은 의미에서 사용하며, 이러한 경험 개념에 따르면 철학적 사유 또한 확장된 경험의 한 국면일 수밖에 없다. 이러한 체험주의적 경험 개념을 받아들이지 않는다 하더라도 당대까지 주어진 경험적 사실과 충돌하는 이론을 제시하는 철학자는 없다.

인지적 전환의 시대에 사변적 전통의 철학은 이제 '자연화'라는 큰 물결 앞에서 '사변'이라는 옷을 빼앗긴 궁색한 모습을 띠게 되었다. 전통적인 사변적 진영의 철학자들에게 이러한 상황은 산골 나무꾼에게 옷을 빼앗긴 선녀의 처지처럼 당혹스러운 것일 수 있다. 초월은 마

---

19 마크 존슨, 『마음 속의 몸: 의미, 상상력, 이성의 신체적 근거』, 노양진 역 (서울: 철학과현실사, 2000), p. 32.

치 선녀의 옷과 같다. 선녀의 옷은 우리를 날 수 있게 해 주지만 나무꾼과의 소통을 단절시키는 장애물이다. 인지적 전환은 우리가 누구인가라는 낡은 물음을 새로운 방식으로 되묻게 한다.

대신에 체험주의는 오래된 사변의 옷이 화려하고 우아한 것이라 하더라도 결코 우리 자신의 크기에 맞는 종류의 것이 아니었다는 사실에 주목한다. 문제는 그것이 단지 우리 자신에게 맞지 않는다는 데 있는 것이 아니라, 우리 자신의 본래적 조건을 왜곡하고 억압하는 불운한 귀결을 낳았다는 데 있다. 이러한 불운한 귀결은 특정한 시대나 문화에서 드러나는 우연이 아니라 그릇된 사변적 이론의 본성에서 비롯된 것이다. 자연화는 철학적 사유 자체를 무화하려는 노력이 아니라 우리의 철학적 사유가 현재와 같은 몸을 가진 유기체로서 우리 자신의 모습에 합치하는 방식으로 이루어져야 한다는 새로운 권고를 함축하고 있다.

4. 학제적 탐구의 미래

학제적(interdisciplinary) 탐구는 비교적 새로운 학문적 흐름이며, 거부할 수 없는 강력한 요구와 함께 등장했다. 20세기 초반에 가속화된 과학적 탐구는 학문 영역의 분화를 불러왔으며, 그 귀결로 나타난 것이 학문의 격자화 현상이다. 각각의 탐구는 스스로의 정체성을 확립하는 과정에서 전문화라는 길로 접어들었으며, 그 결과 소통 불가능한 지식의 체계들을 낳게 되었다. 학제적 탐구는 이러한 학문적 격자화 현상에 대한 반성에서 출발한다. 학제적 탐구의 필요성은 오늘날 더 이상 순수한 이론적 제안으로 머물러 있는 것이 아니다. 다양한 형태의 학제적 탐구가 실질적인 성과를 낳고 있으며, 그것은 부인하기 어려운 새로운 경험적 사실들을 제공하고 있다. 특히 마음의 본성에 관한 탐구인 인지과학은 바로 학제적 탐구의 가장 성공적인 사례라고 할 수 있다.

한편 학제적 탐구와 관련해서 최근 한국에서 활발하게 거론되고 있는 '통섭' (consilience)은 낯설지만 매력적인 용어다.[20] 평생 개미 연구에 몰두하고 개미의 의사소통 구조를 '페로몬' 이라는 물질을 통해 규명했던 윌슨(E. Wilson)은 자연과학적 탐구가 인문학을 포함한 인간의 모든 지식의 안정된 토대를 제공할 것이라고 제안한다. 윌슨은 실제로 자신의 생물학적 탐구를 토대로 인간의 다양한 문화적 국면에 대한 해명으로 나아간다.

자연과학적 지식이 인문학적 탐구의 토대를 제공한다는 것은 그 자체로 옳은 말이다. 경험적 지식의 안정성은 다른 탐구, 특히 인간의 정신적 영역에 대한 탐구에 중요한 통로를 제공할 것이다. 그러나 인문학은 자연과학의 단순한 산술적 확장이 아니다. 그 확장에는 다양한 자연적 · 사회적 · 문화적 국면이 개입되며, 그 과정에는 우리가 법칙적으로 규정할 수 없는 상상적 구조들이 개입된다. 그 결과 인문학적 사유는 스스로의 출발점을 이루었던 경험적 지식으로 환원될 수 없는 매우 다른 국면을 드러낸다. 인문학적 사유가 당대의 경험적 지식을 외면하고 나아갈 수는 없지만, 그렇다고 해서 경험적 지식이 그 자체로 인문학을 구성해 주는 것은 아니다. 더욱이 경험적 지식이 결코 완결될 수 없는 본성을 갖는다는 사실을 감안하면 경험적 지식에 대한

---

20 '통섭' 은 윌슨(E. Wilson)이 제안한 개념이며, 최재천 교수와 장대익 교수의 우리말 번역어다. 에드워드 윌슨, 『통섭: 지식의 대통합』, 최재천 · 장대익 역 (서울: 사이언스북스, 2005) 참조.

과도한 환원주의적 신뢰는 처음부터 잘못된 것이다.

그러나 윌슨의 제안은 평이한 학제적 제안에 그치지 않고 적극적인 환원주의적 주장으로 나아가고 있다.

> 통섭 세계관의 요점은 인간 종의 고유한 특성인 문화가 자연과학과 인과적인 설명으로 연결될 때에만 온전한 의미를 갖는다는 점이다. 여러 과학 분야들 중에서 특히 생물학은 이런 연결의 최전선에 있다.[21]

> 철학, 역사학, 윤리학, 비교종교학, 미학을 아우르는 인문학은 과학에 접근할 것이고 부분적으로 과학과 융합할 것이다.[22]

> 사회과학은 초기 자연사 전통의 자연과학과 동일한 일반적 특징을 갖고 있다. 즉 사회과학은 풍부한 자료로부터 사회 현상들을 체계적으로 분류한다. 사회과학은 공동 행동의 예기치 않은 양상을 발견해 왔고 역사와 문화 진화의 상호작용을 성공적으로 추적해 왔다. 그러나 사회에서 마음과 뇌로 이어지는 여러 수준들을 관통하는 인과적 설명망을 만들어 내지는 못했다. 이런 실패로 인해 사회과학은 진정한 과학 이론의 본질을 결여하고 있다.[23]

> 지금 우리는 통섭을 시험해 보는 일을 가장 위대한 지적인 도전으로 간주하고 있는 시대, 즉 종합(synthesis)의 새 시대로 접어들고 있다. 철학, 즉 모르는 것에 관한 숙고는 그 통치권이 점점 약해지고 있다. 우리의 공

---

21 같은 책, p. 460.

22 같은 책, p. 45.

23 같은 책, p. 329.

통 목표 중 하나는 철학을 과학으로 최대한 빨리 전환시키는 것이다.[24]

인간 사고에 대한 단순한 결정론은 있을 수 없다. 인간의 사고 과정은 명확한 인과 관계를 통해 몸과 분자의 운동을 기술하는 물리 법칙의 방식을 따르지 않는다. 이렇게 개인의 마음을 완전히 파악하고 예측할 수는 없기 때문에 우리의 자아는 계속해서 자기 자신이 자유 의지를 갖고 있다고 믿을 수 있다. 그리고 이런 현실은 그리 나쁘지 않다. 오히려 자유 의지에 관한 우리의 확신은 생물학적 측면에서 적응적이라고 볼 수 있다.[25]

두뇌의 작용에 대한 자연과학적 해명의 체계가 완성된다고 하더라도 개별적 인간이 어떤 선택을 할 것인지에 대한 예측은 불가능하다. 실제로 인간의 모든 정신적 활동에 두뇌의 작용이 개입된다는 사실이 명백해졌지만 그렇다고 해서 인간의 사고와 행동을 예측하는 알고리즘이 발견되었다는 것을 의미하지는 않는다. 제2세대 인지과학이 밝혀 준 것처럼 이 확장은 알고리즘에 의존하고 있지 않다. 사고의 확장에는 자연적 · 사회적 · 문화적 변이가 개입되며, 그러한 확장은 은유나 환유와 같은 본성적으로 비법칙적인 경로를 따라 이루어진다.

자연과학에서 한 이론적 가설의 성공 여부를 결정하는 핵심적 징후는 법칙적 예측력이다.[26] 그러나 인간 경험에 근원적으로 비법칙적 요

24 같은 책, p. 44.

25 같은 책, p. 222.

26 물론 과학철학자들은 성공적인 과학적 가설의 조건으로 '법칙적 예측력' 외에도 '설명력' '단순성' '우아성' '그럴듯함' 등의 척도를 병행하여 제시하고 있지만 법칙적 예측력은 알고리즘의 탐구를 일차적 목표로 삼는 과학적 가설을 평가하는 핵심적 척도가 될 것이다.

소가 있다는 사실은 그것을 환원할 수 있는 법칙적 알고리즘이 존재하지 않는다는 것을 의미한다. 그것은 과학 이론적 취향이나 희망의 문제가 아니라 실제적인 가능성의 문제다.

학제적 탐구의 전망에 대해 지나치게 열광하고 흥분해야 할 이유는 없다. 자연과학의 역사는 소박한 것이라 하더라도 인류의 역사와 함께 지속된 것이며 현대의 전유물이 아니다. 새로운 과학적 발견은 종종 지식의 성장에 놀라운 도약을 보여 주었지만 그 또한 지속적 탐구 과정의 일부일 뿐이다. 이 과정은 미래에도 여전히 지속될 것이다. 지동설과 뉴턴 역학과 진화론은 모두 당대의 사람들을 충격으로 몰아넣었지만 그것들은 오늘날 상식의 일부가 되었다.

지적 열광이나 흥분은 탐구의 중요한 동력이지만 탐구의 내용은 아니다. 느슨하기는 하지만 자연과학과 인문학의 관계에 대해서도 유사한 말을 할 수 있을 것이다. 자연과학적 지식은 인문학적 지식의 확장에 중요한 근거를 마련해 주지만 자연과학이 스스로 인문학적 관심사를 모두 충족해 줄 것이라는 생각은 단적으로 인문학의 본성에 대한 '무지' 라고 말할 수밖에 없다.

예를 들면 게놈 프로젝트가 완성된다 하더라도 인간의 모든 사고와 경험을 예측하거나 통제할 수 있는 것은 아니다. 중요한 것은 유기체의 활동에는 법칙 지배적 영역과 비법칙 지배적 영역이 공존한다는 점이다. 설혹 인간 활동에 개입되는 물리적 · 생물학적 요소를 모두 밝혀낸다 하더라도 그것들이 조합되는 방식은 결코 법칙 지배적이지 않다. 그것은 우리의 지식이 그 조합의 알고리즘을 확립할 수 없다는 것을 의미한다. 제2세대 인지과학의 가장 중요한 성과의 하나는 바로 인간 활동에 왜 이러한 알고리즘이 본성적으로 확립될 수 없는지를 밝혀냈다는 점이다. 그 불가능성은 단지 현재 지식의 한계를 의미하는 것이 아니다. 제2세대 인지과학은 그 불가능성이 우리 인지 구조의 본성 때문이라는 사실을 알려 준다.

학제적 탐구의 성격과 전망에 관한 핵심적 논쟁의 하나는 '환원주의' 문제를 중심으로 제기된다. 예를 들면, 인문학적 지식이 자연과학적 언어로 환원될 수 있는가라는 물음이 그것이다. 환원주의에 반대하는 논변은 매우 다른 두 갈래로 제시된다.

1) 환원주의적 해명을 해서는 안 된다.

2) 환원주의적 해명은 불가능하다.

이 두 가지 주장의 성격은 서로 매우 다르다. 첫 번째 주장은 사실상 학제적 탐구에서 제기되어야 할 이유가 없다. 학제적 탐구 자체가 모종의 규범성에 의해 규정되어야 할 이유가 없기 때문이다. 실제로 자연과학적 탐구가 정신적 영역에 대해 생물학적으로나 물리학적으로 정연한 설명을 제시한다면 그것은 우리가 거부하거나 거부하지 않아야 할 성질의 문제가 아니다. 그것은 마치 "지동설을 받아들여서는 안 된다"는 주장처럼 공허한 것이다.

학제적 탐구에서 우리가 주목하는 것은 사실상 두 번째 주장이다. 그것은 아직 밝혀지지 않은 부분에 대한 탐구의 전망에 관한 것이며, 미래의 탐구 방향을 설정하는 데 중요한 역할을 할 것이다. 그렇다면 사실상 이 논쟁은 학제적 탐구에 관한 것이 아니라 고전적인 과학과 인문학의 관계에 관한 것이다. 경험의 본성에 관한 체험주의의 해명이 옳은 것이라면 우리 경험은 비법칙적 경로를 따라 정신적/추상적 층위로 확장되며, 따라서 정신적/추상적 층위의 경험에 대한 환원적 해명은 근원적으로 부적절하다.

한국에서의 학제적 탐구는 아직 맹아의 단계에 있다고 할 수 있다. 많은 사람들이 학제적 탐구의 필요성과 가능성에 대해 많은 이야기를 하지만 실질적인 성과는 아직 드러나지 않고 있다. 관련 분야의 구체적인 연구 성과나 수준을 평가할 입장에 있지는 않지만, 적어도 학제적으로 산출된 결과만을 두고 이야기하자면 이것은 부인할 수 없는 사실이다. 아직까지 아무런 새로운 것도 제시되지 않고 있기 때문이다. 사실상 학제적 탐구의 성격과 전망에 관한 논의가 이루어진 것 자체가 최근의 일이다.[27]

일부 철학자들은 경험적 지식에 무지한 것을 부끄럽게 생각하기보다는 경험적 지식에 눈을 돌리는 것이 사변적 사유의 심오함을 포기하거나 훼손하는 일이라고 믿고 있을지도 모른다. 그래서 경험적 지식에 무심한 것이 철학자의 본령에 가까운 일이라고 믿고 있을지도 모른다. 경험적 지식이란 본성상 제한되어 있으며, 따라서 그것이 철학적 사유에 기여하지 못한다고 믿기 때문일 것이다. 그것은 단지 그릇된 것만이 아니라 무지한 생각이다. 어떤 철학도 순수한 사변으로 이루어지지 않는다. 인지적으로 '순수한 사변' 이라는 것은 가능하지도 않으며, 또 당대의 경험적 지식을 외면하는 위대한 철학도 없었기 때문이다.

철학적 사유는 필연적으로 경험적 지식을 근거로 가능하다. 철학적 사유는 항상 경험적 지식을 넘어서는 방식으로 전개되지만, 경험적 지식 없이 이루어지는 것은 아니다. 레이코프와 존슨은 '경험적으로 책임 있는 철학' 에 관해서 이렇게 말한다.

---

27 최재천 · 주일우 편, 『지식의 통섭: 학문의 경계를 넘다』 (서울: 이음, 2007) 참조.

과학을 정직한 것으로 유지하려면 철학적 정교화가 필요하다. 과학은 철학이나 대안적 철학들과의 진지한 친교가 없이는 자기 비판적 자세를 유지할 수 없다. 과학자들은 숨겨진 선험적인(*a priori*) 철학적 가정들이 어떻게 자신들의 과학적 결과들을 규정할 수 있는지를 알아야 한다. 이것은 제1세대 인지과학의 역사로부터 주어지는 중요한 교훈인데, 거기에서 우리는 분석철학이 인지과학이란 무엇이어야 하는지에 관한 초창기의 관념에 얼마나 침투했었는지를 보았다.

반면에 철학이 책임 있는 것이 되려고 한다면, 관련된 영역의 지속적인 과학적 탐구의 방대한 체계에 대한 진지한 대면과 이해가 없이 그저 마음, 언어, 그리고 인간의 삶의 다른 측면들에 관한 이론들에 머물러서는 안 된다. 그렇지 않으면, 철학은 단순히 이야기, 즉 인간의 신체화와 인지의 실재들에 근거하지 않은 서사들의 조작일 뿐이다. 우리가 우리 스스로를 알려고 한다면 철학은 마음의 과학들과 지속적인 대화를 유지해야 한다.[28]

학제적 탐구는 거부해야 할 이유도, 거부할 수도 없는 학문의 새로운 흐름이다. 그것은 새로운 탐구의 미래를 열어 주는 중요한 통로로 기여하겠지만 본성상 완결되지 않는 탐구의 형태일 수밖에 없다. 인간은 신체적이고 물리적인 지반 위에서 존재하지만 그 정신적 확장은 다양한 비법칙적 경로를 따라 이루어진다. 그것이 문화와 종교, 예술, 철학을 포괄하는 추상적 층위를 구성한다. 그 확장을 예측할 수 있는 알고리즘을 언젠가 발견할 수 있을 것이라고 믿을 수 있지만 이 믿음은 해명이 아니라 희망의 표현일 뿐이다.

---

28 레이코프 · 존슨, 『몸의 철학』, p. 796.

제 2 장

몸과 마음

몸은 우리 자신이며, 존재와 사유의 근거다. 그러나 서구 지성사의 정신주의적 전통을 통해 몸은 잊혀진 주제가 되었다. 체험주의의 전반적인 철학적 방향성은 "몸을 마음 안으로 되돌려 놓는 것"(putting the body back into the mind)[1]이라는 존슨의 기치를 통해 선명하게 드러난다. 체험주의의 철학적 목표는 서구 지성사에서 주변적 요소로 배척되었던 몸을 제자리에 되돌려 놓는 것이다.

> 몸은 우리 자신이다. 그래서 몸은 우리에게 너무나 가깝고 친숙하지만, 바로 그 이유 때문에 철학적 담론에서 오랫동안 잊혀진 주제였다. 서구의 지배적인 지적 전통 안에서 몸의 담론은 낯선 것이며, 때로는 거북한 도전이었다. 그래서 몸은 오랫동안 '철학의 타자'로 남아 있었다. 이러한 의미에서 오늘날 전개되는 몸의 철학적 담론은 새로운 몸의 발견이 아니라 잊혀진 몸의 복권을 의미한다.[2]

1 마크 존슨, 『마음 속의 몸: 의미, 상상력, 이성의 신체적 근거』, 노양진 역 (서울: 철학과현실사, 2000), p. 60.

2 노양진, 『몸 · 언어 · 철학』 (파주: 서광사, 2009), p. 5.

1. 잊혀진 몸: 플라톤과 데카르트

몸/마음 이원론은 플라톤을 통해 처음 철학사에 정형화된 모습을 드러낸다. 플라톤에게 몸은 마음을 담는 그릇일 뿐이다. 몸은 참된 인식에 이르는 데 아무런 직접적 기여도 할 수 없으며, 오히려 마음의 작용을 가로막는 장애물일 뿐이다. 플라톤은 이렇게 말한다.

실은 마치 일종의 지름길(*atrapos*)과도 같은 것이 탐구에 있어서 우리를 이성과 함께 인도해 주는 것만 같다거나, 우리가 몸을 갖고 있고 우리의 혼이 그런 결함 있는 것과 범벅이 된 상태로 있는 한, 우리는 우리가 열망하고 있는 것을 결코 충분히 획득하게 되지는 못할 것이라고 말이야. 이걸 우리는 진리라 말하지. 몸은 필요한 자양물로 해서 우리에게 수없이 많은 분주한 일거리를 안겨 주니까. 거기에다가, 어떤 질병들이 생기기라도 하면, 존재하는 것(진실)에 대한 우리의 추구를 이것들이 방해하게 되지.

그런가 하면, 몸은 우리를 욕정들과 욕망들, 두려움들 그리고 온갖 환영(幻影)과 하고많은 어리석음으로 가득 채우게 되어서는, 진실로 진실로 우리가 몸으로 해서, 속담 그대로, 도무지 아무런 생각도 할 수 없게 되고 말지. 아닌 게 아니라 전쟁들과 불화들 그리고 싸움들을 일으키는 것은 다름 아닌 몸과 이로 인한 욕망들이지. 재물의 소유 때문에 모든 전쟁이 일어나지만, 우리가 재물을 소유하지 않을 수 없게 되는 것은 몸으로 인해서이니, 우리는 몸의 보살핌을 위해 그 종노릇을 하고 있는 게야. 몸으로 인한 이 모든 것 때문에 우리는 철학(지혜에 대한 사랑)과 관련해서 여가 부족의 상태로 지내게 되지.

그러나 무엇보다도 고약한 것은, 어쩌다가 우리에게 몸의 보살핌에서 벗어나 여가라도 생겨서 무언가를 고찰해 보려 들기라도 하면, 이번에는 몸이 우리의 탐구 과정 도처에서 끼어들어서는 소란과 혼란을 일으키며 얼빠지게 만들어, 몸으로 인해서 참된 것(*tålēthes*)을 볼 수 없게 되고 말지. 하지만 실은 우리에게 있어서 다음과 같은 점이 밝혀졌어. 우리가 언제고 뭔가를 순수하게 알려고 한다면, 우리는 몸에서 해방되어야만 하며 사물들을 그 자체로 혼 자체에 의해서 바라보아야 한다는 것이지. 그리고 우리가 열망하는 바의 것이며 또 사랑하는 사람들인 바의 것인 지혜(*phronēsis*)는 이 논의가 보여 주듯, 우리가 죽게 되었을 그때에야, 우리의 것이 되지, 살아 있는 동안은 아닌 것 같아.

만일에 몸과 함께는 아무것도 순수하게 알 수가 없다면, 다음 둘 중의 하나일 것이기 때문이지. 전혀 앎(*to eidenai*)을 얻을 수 없거나 아니면 죽어서나 가능하거나. 그때에야 혼은 몸과 떨어져 그 자체로만 있게 되지, 그 이전에는 결코 그렇게 되지 못하니까. 또한 우리가 살아 있는 동안에는 이런 식으로나 앎에 가장 가까이 있게 될 것 같아. 절대적으로 필요한 경우가 아니면, 되도록 몸과는 전혀 같이 지내지도 함께하지도 말며, 몸의 본성으로 영향을 받는 일도 없게 하되, 신이 몸소 우리를 자유롭게 해 줄 때까지는, 우리가 자신을 몸에서 순수한 상태로 유지할 때에나 말이지. 그리고 우리가 이처럼 몸의 어리석음(*aphrosynē*)에서 해방되어 순수해짐으로써, 그런 [다른] 사람들과도 함께 있게도 될 것 같거니와, 우리 자신을 통해서 일체의 순수한 것도 알게 될 것이니, 이것이 어쩌면 참된 것일 게야. 순수하지 못한 이에게 순수한 것이 포착된다는 것은 가당치도 않은 일일 테니까.[3]

---

3 플라톤, 『파이돈: 플라톤의 네 대화편』, 박종현 역주 (서울: 서광사, 2003), 66b–67b.

근세의 과학적 정신의 출발과 함께 플라톤의 신화적 설명을 넘어서려는 데카르트(R. Descartes)는 몸/마음 이원론을 새로운 방식으로 재구성한다. 데카르트는 몸과 마음을 각각 서로 독립적으로 존재할 수 있는 '실체'라고 보았으며, 이 때문에 데카르트의 이원론은 흔히 '실체 이원론'이라는 이름으로 불린다.

> 단순히 내가 존재한다는 사실을 알고, 동시에 내가 생각하는 존재라는 사실 이외의 어떤 것도 나의 본성 또는 본질에 속하지 않는다는 것을 알고 있을 때 나는 나의 본질이 오직 내가 생각하는 존재라는 사실에 있다고 정확하게 추론할 수 있다. 내가 나에게 매우 밀접하게 결합된 몸을 가질 수 있다(오히려 확실히 갖고 있다고 말해야 할 것이다)는 것은 사실이다. 그럼에도 한편으로 내가 단지 사고하는, 연장되지 않은 존재인 한 나는 내 자신에 관한 명석 판명한 관념을 갖고 있다. 다른 한편으로 몸이 단순히 연장되고 사고하지 않는 존재인 한 나는 몸에 대한 판명한 관념을 갖고 있다. 따라서 나는 참으로 몸으로부터 구분되며, 몸이 없이도 존재할 수 있다.[4]

데카르트는 우리를 순수한 마음의 존재로 규정했으며, 그렇게 해서 마음은 철학적 사유의 공식적인 주인이 되었다. 데카르트의 실체 이원론은 근세의 인식론적 탐구의 한 축을 이루었으며, 그것은 20세기에 들어 강력한 비판에 부딪힐 때까지 일종의 표준 이론처럼 자리 잡고 있었다.

데카르트적 몸/마음 이원론에 대해 가장 강력한 비판을 제기한 철

4 René Descartes, *Meditations on First Philosophy: The Philosophical Works of Descartes*, Vol 1, trans. Elizabeth S. Haldane and G. R. T. Ross (Cambridge: Cambridge University Press, 1931), p. 190.

학자는 라일(G. Ryle)일 것이다. 라일은 데카르트의 이원론이 '범주 오류' (category mistake)의 산물이라고 비판한다.[5] 범주 오류란 몸과 마음을 마치 대등한 범주로 생각하는 것을 말한다. 전남대학교를 구경하러 온 어린아이가 도서관, 인문대, 본부, 학생회관 등을 모두 둘러보고 나서 "그런데 전남대학교는 어디에 있지?"라고 묻는 것과 흡사하다. 그 어린아이는 전남대학교를 도서관, 인문대, 학생회관 등과 대등한 범주로 착각하고 있는 것이다. 마찬가지로 데카르트는 몸과 마음을 대등한 범주로 착각한 것이다.

라일의 데카르트 비판이 몸/마음에 관한 대안적 이론을 제시하고 있는 것은 아니다. 그렇지만 라일의 데카르트 비판의 배후에는 20세기 초반 영어권의 많은 철학자들이 동조했던 물리주의적 시각이 자리 잡고 있다. 적어도 몸과 마음이 분리된 두 실체가 아니라는 주장이 옳은 것이라면 가능한 대안의 하나로 물리주의는 매력적인 후보였을 것이다.

물리주의는 이원론을 넘어서는 매력적인 제안이기는 하지만 그 자체로 몸과 마음의 관계를 해명하는 데 결정적인 난점을 안고 있다. 모든 정신적 현상을 남김 없이 물리적 용어로 환원할 수 없기 때문이다. 그 현실적 불가능성 때문에 물리주의의 매력은 비교적 단시간 내에 가라앉게 되었다. 물론 그 환원이 실제적으로 깔끔하게 이루어지지 않는다 하더라도 환원주의자는 여전히 원리적으로 환원의 가능성을 옹호할 수 있다. 그러나 마음의 창발적 구조에 대한 구체적 해명이 제기되면서 환원주의는 원리적으로도 부적절한 가정이라는 생각이 점차 분명한 것이 되었다.

5 길버트 라일, 『마음의 개념』, 이한우 역 (서울: 문예출판사, 1994), 특히 1장 참조.

2. 마음의 신체화와 몸의 중심성

'신체화된 마음'은 오늘날 인지과학자들이 광범위하게 공유하는 일반적인 논제의 하나가 되었다. 존슨은 우리 경험을 신체적/물리적 층위와 정신적/추상적 층위로 구분하며, 정신적/추상적 층위의 경험이 신체적/물리적 층위의 경험에 근거하고 있을 뿐만 아니라 신체적/물리적 층위에 의해 강력하게 제약된다고 주장한다. 이런 의미에서 우리의 모든 경험은 '신체화되어' 있다. 마음이라는 국면 또한 신체화된 경험의 상위적이고 복합적인 층위를 가리키는 이름이다.

아마도 체험주의의 새로운 철학적 논의에서 가장 중요하면서도 결정적인 계기를 마련해 준 것은 바로 이 '신체화된 마음'이라는 논제일 것이다. 이 논제는 과거의 사변적 전통의 철학이 분리된 마음의 철학이었다는 사실과 함께 그것을 토대로 전개된 철학적 이론들의 본성과 난점을 극명하게 드러내 준다. 몸과 마음의 이원론은 우리 자신과 세계에 대해 근원적으로 매우 다른 이해 방식을 낳는다. 몸과 마음은 분리되며, 순수한 마음의 존재인 우리 자신과 세계도 분리된다. 우리는 세계 안의 존재가 아니라 세계를 넘어서는 존재가 되며, 철학적 목표 또한 그렇게 제시된다.

신체화된 마음이라는 논제를 토대로 체험주의가 제시하는 '몸의 중심성'이라는 말은 오해의 소지가 있다. 흔히 몸의 중심성 논제는 마음 또는 정신적 활동에 비해 몸을 더 중시하거나 신체적 경험을 중시하는 것으로 해석되는 경향이 있다. 이러한 해석은 표피적일 뿐만 아니라 큰 오해를 불러올 소지가 있다. 여기에서 말하는 '중심성'은 몸의 가치에 관한 이야기가 아니라 '발생적 우선성'에 관한 이야기다. 사람들은 흔히 몸이 더 중요한가, 마음이 더 중요한가를 묻는다. 체험주의는 오히려 그런 유형의 물음이 왜 근원적으로 부적절한가를 지적할 것이다. 체험주의는 이 두 국면이 어떤 관계 속에 놓여 있는지를 경험적으로 해명함으로써 "마음이 더 중요하다"라는 정신주의적 편향을 깨뜨리려고 한다.

체험주의의 해명에 따르면 마음은 몸의 활동에서 비롯된 확장적 구조물이며, 따라서 신체적 요소로부터 완전히 분리될 수 없는 연속선상에 있다. 이런 관점에서 신체적 요소를 완전히 벗어난 '순수한 마음'이라는 정신주의적 가정은 그릇된 것이다. 서양철학사를 지탱해 온 '순수한 이성' 개념은 바로 이 탈신체화된 순수한 마음 개념에 의존하고 있다. 존슨은 이렇게 말한다.

> 우리의 '몸'과 '마음'은 근본적이고 지속적인 유기체-환경 상호작용의 층위들이며, 그것들은 우리가 누구이며 어떤 존재인지를 결정해 주는 소재다. 결과적으로 이성의 소재 역할을 하는 마음이라는 실체는 존재하지 않는다. 우리가 '이성'이라고 부르는 것은 구체적이거나 추상적인 사물이 아니며, 단지 우리 경험을 탐구의 과정에서 탐색하고, 비판하고, 또 변형하는 수단인 신체화된 과정들일 뿐이다. 이성은 미리 주어진 사실 또는 능력이라기보다는 일종의 탐구의 성과에 가깝다.[6]

서구 지성사를 주도해 왔던 '정신주의' 안에서 몸은 주변적 주제로

6 Mark Johnson, *The Meaning of the Body: Aesthetics of Human Understanding* (Chicago: University of Chicago Press, 2007), p. 13 / 마크 존슨, 『몸의 의미: 인간 이해의 미학』, 김동환 · 최영호 역 (서울: 동문선, 2012). p. 46. (고딕은 원문의 강조.) 이하 『몸의 의미』 인용은 원문의 페이지를 제시하며, 우리말 번역서의 페이지를 괄호 안에 병기한다.

억압되거나 무시되어 왔다. 인간을 순수한 마음의 존재로 규정하려는 태도는 일면 매우 상식적인 믿음의 일부다. 인간은 정신적 활동을 통해 다른 존재와 구별되며, 따라서 그것을 인간의 '본질'로 규정하려는 것이 바로 그러한 믿음의 한 단면이다.

왜 우리가 우리 자신을 마음의 존재로 규정하려고 하는가에 대해서는 다양한 추정이 가능하다. 동·서양을 불문하고 다른 존재, 즉 무생물이나 동식물과의 차이를 통해 우리 자신을 규정하려는 태도를 흔히 볼 수 있다. 이때 유력한 후보로 등장하는 것이 '마음'이다. 동물도 나름대로의 의지를 통해 활동하지만 인간의 정교한 사고능력에 비한다면 '자연적' 수준을 넘어서지 못하는 것으로 보인다. 마음은 우리를 다른 존재와 구별해 주는 종차(種差)인 셈이며, 그것은 우리의 본질을 규정하는 핵심적 조건으로 간주되어 왔다.

그러나 몸이 철학적 담론의 변방으로 물러서게 된 데에는 더 기본적으로 우리 자신의 경험적 조건과 관련된 이유가 있다. 레더(D. Leder)는 숨겨진 몸의 본성을 '장애적 출현'(dys-appearance)이라는 말로 특징짓는다.[7] 우리가 정상적으로 활동하는 동안 몸은 항상 의식의 배후에서 배경으로 작동한다. 일상적 활동에서 우리의 의식은 외부 세계에 지향되어 있으며, 이 때문에 그 배경이 되는 몸은 우리 의식에 쉽게 포착되지 않는다. 아름답거나 자극적인 대상을 볼 때 나의 의식은 그 대상으로 향해진다. 이때 나의 눈은 그 모든 것을 지각하는 핵심적 통로가 되지만 우리는 우리 눈의 작용을 거의 의식하지 못한다. 갑자기 눈이 따갑거나 가려워서 그 광경을 자세히 볼 수 없을 때 나는 비로

7 Drew Leder, *The Absent Body* (Chicago: University of Chicago Press, 1990), 특히 p. 84 참조.

소 나의 눈에 관심을 돌린다. '잊혀진 몸'은 비일상적인 상황이 되어 장애를 겪게 될 때 비로소 의식의 대상으로 떠오른다.

몸이 잊혀진다고 해서 사라지는 것은 물론 아니다. 몸은 우리의 모든 활동을 통해 그 자리에 있으며, 또 있을 것이다. 더욱이 우리가 무의식 속에서 활동하는 동안에도 우리의 몸은 여전히 정교하게 작용한다. 그 작용은 단순히 배경으로서가 아니라 우리가 순수하게 정신적이라고 생각하는 활동의 근거인 동시에 제약으로 나타난다.

몸/마음 이원론이라는 이론적 그늘을 벗어나면 마음은 매우 다른 모습으로 드러난다. 먼저 마음은 독립적인 실체가 아니라 몸의 일부인 두뇌를 중심으로 이루어지는 정교한 경험의 국면이다. 존슨은 이렇게 말한다.

> 이 연구는 사고를 설명하는 데 필요한 의미론과 추론 패턴의 결정적인 세부 사항을 제공하며, 또한 마음과 몸 사이에 근원적인 분리가 없다는 것을 보여 준다. 오히려 제임스, 듀이, 메를로 퐁티, 그리고 최근의 많은 철학자들이 주장하는 것처럼 '마음'과 '몸'은 사실상 유기체와 환경 사이의 지속적인 상호작용 과정인 그 무엇인가를 개념화하기 위해서 우리가 구성하는 추상물들이다. **몸은 마음 속에 있고, 마음은 몸 속에 있으며, 몸-마음은 세계의 일부이다.**[8]

> 우리가 '마음'이라고 부르는 것과 '몸'이라고 부르는 것은 두 개의 사물이 아니라 하나의 유기적 과정의 양상들이다. 따라서 우리의 모든 의미, 사고, 언어가 이 신체화된 활동의 미학적 차원에서 창발한다.[9]

---

8 존슨, 『마음 속의 몸』, 「한국어판 출간에 부쳐」, p. 13. (고딕은 원문의 강조.)

인간은 전통적으로 흔히 자연 또는 동물과 대비되는 방식으로 정의되어 왔다. 거기에 항상 그 어떤 존재 — 신적인 존재는 가상의 존재다 — 와도 공유하지 않는 '마음'이 있다. 인간은 여전히 사유하는 능력을 통해 동물과 구분되지만, 그 사유의 주인은 마음이 아니라 몸이다. 인간이 다른 동물과 구분되는 것은 마음 때문이 아니라 몸의 작용방식 때문이다. 인간과 동물은 다른 몸을 갖고 있으며, 이 때문에 매우 다른 활동 방식을 드러낸다. 인간이 동물과 다른 것은 마치 아메바와 고양이가 다르며, 또 고양이와 돌고래가 다른 것처럼 다를 뿐이다.

이러한 관점에서 인간의 정신 능력이 위대하다는 것은 몸의 구조가 다른 어떤 종(種)과도 비교될 수 없을 만큼 정교하다는 것을 의미한다. 우리를 몸의 존재로 규정하는 것은 우리를 동물적인 존재로 격하하기 위한 것이 아니다. 우리가 동물과 다른 것은 인간이 특수한 존재라는 정교한 이론을 통해서 증명되는 것이 아니라 우리 자신의 독특한 활동 능력을 통해서 증명된다. 인간은 박물관에 전시된 역사적 존재가 아니라 여전히 살아 있는 존재이며, 나아가 우리 자신의 우월성을 입증할 수 있는 무한한 가능성 안에 살고 있다. 우리는 처음부터 몸의 존재이며, 그 몸은 우리에게 '마음'이라고 불리는 정교한 활동을 가능하게 해 준다. "나는 생각한다. 그러므로 나는 존재한다"라는 데카르트의 명제는 이제 이렇게 바뀌어야 한다. "나에게는 몸이 있다. 그러므로 나는 존재한다."

---

9 Johnson, *The Meaning of the Body*, p. 1(27).

제 3 장

세계인가, 경험인가?

체험주의는 '경험에 주어진 것으로서의 세계'와 '경험에 주어진 것으로서의 의미'를 이야기한다. 경험에 주어지지 않은 세계는 그 자체로 알려지지 않는다. 세계는 항상 우리 경험에 주어진 세계다. 산이나 강처럼 우리 밖에 스스로 존재한다고 일상적으로 말해지는 대상들조차도 우리 경험을 통하지 않고서는 주어지지 않는다. 우리가 알고 있는 모든 세계는 메를로 퐁티(M. Merleau-Ponty)가 말하는 것처럼 '살아진 세계'(lived world)이며, 우리가 알고 있는 모든 경험은 듀이(J. Dewey)가 말하는 것처럼 '살아진 경험'(lived experience)이다.

우리 경험이나 인식과 상관없이 세계가 그 자체로 존재한다는 믿음은 '실재론'(realism)이라는 이름으로 불려 왔다. 실재론은 일상인의 상식에 부합하는 견해이며, 사실 우리의 일상언어는 대부분 실재론적 믿음에 부합하는 방식으로 이루어져 있다. 그러나 상식의 베일을 거두고 철학적 논의에 이르면 문제는 그리 간단치 않다. 우리 밖에 산과 강이, 또 나무가 그대로 존재한다는 믿음은 어떻게 정당화될 수 있을까? 내가 경험하거나 인식하지 않는 방식으로 존재하는 산의 모습은 애당초 어떻게 주어지는지조차 알 수 없기 때문이다.

추상적 개념에 이르면 문제는 더 복잡한 양상을 띠게 된다. 정의, 자유, 평등, 진리, 사랑 등은 어디에 존재하며, 우리는 그것들을 어떻게 이해하는 것일까? 그러한 개념들이 산이나 강이나 고양이처럼 경험되지 않는다는 것은 너무나 분명하다. 실재론적 성향을 가진 사람들은 추상적 대상들에 '추상적 실재'라는 이름을 부여하고 그것들이 여전히 '실재'라는 믿음을 유지하려고 했다. 흔히 '플라톤적'이라는 이름으로 불리는 추상적 대상들에 대한 이러한 태도는 20세기 초반의 몇몇 분석철학자들에게 이르기까지 매력적인 입장의 하나로 유지되었다. '수'(數)를 추상적 실재라고 생각했던 프레게(G. Frege)나 '좋음'(good)이 분석 불가능한 실재라고 생각했던 무어(G. E. Moore)가 좋은 예다.

듀이를 따라 '경험'을 '우리에게 주어지는 모든 것'이라는 넓은 의미로 받아들이면 경험에 주어지지 않은 대상의 존재성에 대한 믿음은 처음부터 잘못된 길로 접어든 혼란의 산물일 뿐이다. 메를로 퐁티의 말처럼 우리의 세계는 처음부터 끝까지 '살아진 세계', 즉 삶을 통해서 경험된 세계다. 즉 세계는 "우리가 지각하는 바로 그것"[1]이다. 이러한 주장은 마치 고전적인 관념론자의 주장처럼 들리기 쉽다. 체험주의가 관념론과 다른 것은 인간을 처음부터 순수한 마음의 존재로 규정하지도 않으며, 처음부터 인간과 세계를 구분하지도 않는다는 점이다. 우리는 몸의 존재이며, 따라서 이미 세계의 일부다. 우리의 모든 경험은 세계로부터 분리된 관찰자의 경험이 아니라 세계에 직접 속해 있는 참여자의 경험이다.

물리적 대상은 내 몸과의 직접적 접촉을 통해 경험된다. 내 몸이 존재한다는 사실을 받아들이는 것만큼 분명하게 물리적 대상이 존재한

---

1 모리스 메를로 퐁티, 『지각의 현상학』, 류의근 역 (서울: 문학과지성사, 2002), p. 26.

다는 사실을 받아들일 수 있다. 몸으로서의 나는 이론이 개입할 여지가 없을 만큼 물리적 세계와 밀착되어 있다. 물리적 대상의 존재를 증명하려는 시도는 내 몸의 존재를 증명하는 것만큼이나 어리석은 일이다. 내 몸은 증명되어야 할 어떤 것이 아니라 나 자신이다.

1. 경험의 두 층위

우리 자신을 몸의 존재로 보는 체험주의는 근세의 인식론적 구도에서 비롯되었던 실재론/관념론(realism/idealism) 문제에 새로운 시각을 제공한다. '실재론'은 우리가 세계에 대해서 어떤 믿음을 갖는지에 상관없이 세계가 그 자체로 존재한다는 믿음이다. 반면에 관념론은 세계가 우리의 인식에 주어진 것이며, 따라서 인식되지 않은 세계에 관해서는 아무것도 알 수 없으며 이야기할 수도 없다는 입장이다. 영국의 경험주의 철학자인 버클리(G. Berkeley)는 극단적인 관념론을 철학적 논의의 전면으로 끌어옴으로써 오래된 상식이라고 여겨져 왔던 실재론을 반박하려고 했다. 우리는 그 논쟁의 끝을 알지 못한다. 그 논쟁은 명확한 결론도 없이 철학사의 수면 아래로 가라앉았기 때문이다.

실재론/관념론 논쟁은 20세기에 언어철학적 기류 속에서 의미 문제를 다루기 위해 실재론/반실재론(realism/antirealism)이라는 이름으로 또다시 모습을 드러낸다. 더미트(M. Dummett)는 반실재론을 옹호하는 입장에서 실재론/반실재론을 이렇게 규정한다.

> 실재론은 주장된 명제들이 그 진리치에 대한 우리의 인지 방식과 상관없이 객관적 진리치를 갖는다는 신념이다. 즉 그 명제들은 우리와 독립적

으로 존재하는 실재에 의거해서 참이나 거짓이 된다. 반실재론자들은 이에 반대하여 주장된 명제들은 우리가 그 명제의 증거로 간주하는 어떤 것에 의거해서만 이해된다고 주장한다.[2]

실재론/반실재론 논쟁은 언어철학적 모습을 띠고 있지만 그 본성에서 실재론/관념론 논쟁의 언어철학적 변형일 뿐이다. 이런 관점에서 필자는 실재론/관념론 문제 자체가 근원적으로 우리의 인지에 관한 그릇된 이론적 가정에 근거하고 있다는 점에 주목한다. 실재론/관념론 구분은 근원적으로 근세의 인식론적 구도에서 비롯된다. 그것은 인식되는 세계와 인식하는 주체를 분리한다. 이러한 구도에서 실재론은 우리의 인식이 대상에 의해 결정된다고 주장하며, 관념론은 인식이 인식 주체에 의해 결정된다고 주장한다.

인식 주체와 대상의 구분은 우리가 순수한 마음의 존재라는 데카르트적 발상에서 비롯된다. 몸으로서의 인간은 세계의 일부이며, 세계와 지속적으로 상호작용하는 존재다. 동시에 마음이 몸의 확장이라는 생각을 받아들이면 세계와 분리된 마음이라는 생각은 순수하게 이론적 가상이라는 것을 알 수 있다. 우리와 세계는 결코 분리되지 않으며, 우리에게 주어진 세계는 지속적인 상호작용적 경험의 산물이다. 그래서 우리 자신과 분리된, 우리가 알아야 할 '세계 자체'는 결코 우리에게 주어지지 않는 이론적 가상이다.

타인 또는 외부 세계가 '존재'한다는 믿음은 특별한 절차를 거쳐 정당화되는 것이 아니라 우리의 신체적 활동을 통해 자연스럽게 주어진

---

2 Michael Dummett, *Truth and Other Enigmas* (Cambridge, Mass.: Harvard University Press, 1978), p. 146. (고딕은 필자의 강조.)

다. 물리적 사물은 내 몸과 직접 상호작용하며, 이 때문에 우리는 내 몸이 존재하는 방식과 유사한 방식으로 사물이 존재하다는 믿음을 갖게 된다. 이것은 증명의 문제가 아니라 삶의 문제다. 타인의 존재 또한 이런 방식으로 경험된다. 사물과 타인은 모두 '경험된 타자'로서 주어진다. 사물에 관해서든 타인에 관해서든 우리에게 '존재 자체'를 인식할 수 있는 길은 없다. 이러한 주장은 먼저 '그 자체로 존재하는 것'을 가정하는 실재론적 입장을 거부한다. 이러한 믿음은 동시에 세계가 순수하게 우리 마음에 의해 구성된 것이라는 관념론적 가정에서도 멀어져 있다.

실재론과 관념론의 대립적 구분은 공통적으로 '마음의 철학'이 낳은 그릇된 구분이다. 인식이 외부 세계의 대상에 의해 결정되는지, 아니면 우리 마음의 구조에 의해 결정되는지에 따라 실재론과 관념론이 구분된다. 실제적으로 드러나는 물리적 경험의 공공성에 주목한다면 실재론은 훨씬 더 큰 설득력을 갖는 것으로 보인다. 한편 추상적 경험 영역에서 드러나는 다양한 변이에 주목한다면 우리 경험은 결코 실재론적으로 이루어지지 않는 것처럼 보인다. 그러나 실재론과 관념론은 사실상 경험의 특정한 국면에 치우친 편향된 이론들이며, 이 두 이론이 불러오는 이분법적 긴장은 더더욱 근거가 없는 것이다.[3] 이러한 관점에서 본다면 실재론과 관념론 중 하나를 선택한다는 것은 경험의 한 국면을 억압하거나 간과한다는 것을 의미한다. 우리에게 필요한 것은 이 두 국면을 포괄할 수 있는 경험적 해명이다.

3 이 문제에 관한 좀 더 상세한 논의는 노양진, 「실재론과 반실재론을 넘어서」, 『몸 · 언어 · 철학』(파주: 서광사, 2009) 참조.

2. 경험의 확장

신체적/물리적 층위의 경험은 정신적/추상적 층위의 경험으로 확장되어 간다. 이 두 가지 경험에 관한 이야기는 두 개의 존재론을 전제하는 것이 아니라 하나의 존재론 안에서 이루어진다. 즉 하나의 물리적 세계가 있으며, 우리가 그것과 상호작용하는 과정에서 드러나는 복합적인 국면이 정신적/추상적 층위의 경험을 구성한다. 존슨은 이 확장의 주된 방식으로 '은유적 확장'을 들고 있다. 이 확장에는 은유, 환유, 심적 영상, 원형 효과 등 다양한 '상상적' 기제들이 개입된다. 이러한 확장 방식이 상상적이라는 것은 그것이 산술적 환원을 거부하며, 법칙적 예측 또한 거부한다는 것을 함축한다.

듀이는 이러한 확장 방식을 '창발'(emergence)이라고 불렀지만 자신의 시대에는 그것을 구체적으로 해명할 수 있는 경험적 증거를 갖지 못했다. 대신에 듀이는 도토리가 자라서 떡갈나무가 되어 가는 과정을 창발의 예로 삼았다. 이 과정에 어떤 '단절'도 없지만 도토리에 대한 경험과 떡갈나무에 대한 경험은 상호 연관을 찾기 힘들 만큼 다르다. 그러나 경험의 국면이라는 차원에서 볼 때, 떡갈나무는 도토리에서 생겨나는 새로운 국면이다. 마찬가지로 마음은 바로 신체적 요소들이 드러내는 창발적 국면이다. 듀이는 이렇게 말한다.

> 자연주의적 논리 이론의 기본적 가정은 하위적인(덜 복합적인) 활동이나 형태와 상위적인(더 복합적인) 활동이나 형태 사이의 연속성이다. 연속성이라는 개념은 자기 설명적인 것이 아니다. 그러나 그 의미는 한편으로는 완전한 단절을, 그리고 다른 한편으로는 동일한 것들의 단순한 반복을 배제한다. 즉 그것이 전적인 단절이나 괴리를 배제하듯이 '상위'를 '하위'로

환원하는 것을 배제하는 것이다. 살아 있는 유기체의 발아에서 성숙까지의 성장과 발전은 연속성의 의미를 예증해 준다.[4]

존슨의 상상력 이론은 이러한 창발의 과정에 대한 구체적 해명이라고 할 수 있다. 존슨의 해명에서 중요한 것은 정신적/추상적 경험이 발생적인 측면에서 모두 신체적/물리적 뿌리를 갖는 동시에 후자에 의해 제약되어 있다는 것이다. 이러한 주장을 뒷받침하기 위해 존슨은 주로 다양한 경험적 증거들에 의존하고 있으며, 특히 인지언어학적 증거에 주목한다.

존슨의 상상력 이론의 두 축을 이루고 있는 것은 '영상도식' (image schema)과 '은유적 사상' (metaphorical mapping) 개념이다.[5] 먼저 영상도식은 신체적 활동을 통해 직접 발생하는 비명제적이고 선개념적인 구조들이며, 우리가 구체적 대상을 식별하는 데 개입되는 소수의 패턴들이다.

---

4 John Dewey, *Logic: The Theory of Inquiry: The Later Works 1925–1953*, Vol. 12, ed. Jo Ann Boydston (Carbondale, Ill.: Southern Illinois University Press, 1986), p. 30.

5 레이코프와 존슨은 2003년 『삶으로서의 은유』의 수정판 출간 이전까지 '은유적 투사' (metaphorical projection)라는 용어를 사용했다. 즉 은유 안에서 원천영역의 경험이 표적영역의 경험에 '투사' 된다는 것이다. 그러나 이들은 '투사' 라는 용어가 지나치게 도식적이어서 사상 과정에서 개입되는 다양한 변이를 포괄하기에 부적절하다는 점을 인정하게 된다. 즉 원천영역에서 표적영역으로의 사상에는 단순히 한 형상을 다른 형상에 중첩시키는 것 이상의 복합성이 개입된다는 것이다. 그렇다고 해서 '투사' 라는 은유를 포기하는 것이 은유적 사상이라는 기본적 기제를 포기하는 것은 물론 아니다. G. 레이코프 · M. 존슨, 『삶으로서의 은유』, 수정판, 노양진 · 나익주 역 (서울: 박이정, 2006), 「후기 2003」, 특히 pp. 388–90 참조.

> 의미 있으며 연결된 경험 —우리가 이해하고 사유할 수 있는 —을 위해서는 우리의 행위와 지각, 개념에 패턴과 질서가 있어야 한다. 도식은 이러한 지속적인 질서 짓는 활동들 안에서의, 또는 이 활동들의 반복적인 패턴, 형태, 그리고 규칙성이다. 이 패턴들은 주로 공간 안에서 우리의 신체적 운동과 대상 조작, 지각적 상호작용 수준에서 우리에게 의미 있는 구조들로서 창발한다.[6]

여기에서 주목해야 할 것은 영상도식이 대부분의 언어와 문화에 걸쳐 거의 동일한 형태로 공유되고 있다는 점이다. 그것은 영상도식이 문화적 확장의 산물이 아니라 현재와 같은 몸을 가진 인간이 공유하는 인식 조건에서 비롯된 기본적 패턴들이라는 사실을 함축한다. 존슨은 「그릇」(Container) 「차단」(Blockage) 「능력 부여」(Enablement) 「경로」(Path) 「주기」(Cycle) 「부분-전체」(Part-Whole) 「충만-공허」(Full-Empty) 「반복」(Iteration) 「표면」(Surface) 「균형」(Balance) 「대응력」(Counterforce) 「흡인」(Attraction) 「연결」(Link) 「원-근」(Near-Far) 「병합」(Merging) 「부합」(Matching) 「접촉」(Contact) 「대상」(Object) 「중심-주변」(Center-Periphery) 등과 같은 영상도식을 제시하고 있다.[7] 존슨은 「그릇」 도식의 발생에 관해 이렇게 말한다.

> 내가 사용하게 될 '도식'이라는 용어의 밀접하게 관련된 의미를 소개하기 위해 물리적 포함의 경험으로부터 발생하는 영상도식 구조의 일상적 사례를 간략하게 살펴보자. 포함이나 경계성(boundedness)을 마주치는

6 마크 존슨, 『마음 속의 몸: 의미, 상상력, 이성의 신체적 근거』, 노양진 역 (서울: 철학과현실사, 2000), pp. 104-105. (고딕은 원문의 강조.)

7 같은 책, p. 246 참조.

> 것은 신체적 경험의 가장 편재적인 특성의 하나다. 우리는 우리의 몸이 어떤 물건들(음식, 물, 공기)을 집어넣고, 다른 것들(음식과 물의 찌꺼기, 공기, 혈액 등)을 유출하는 삼차원의 그릇이라는 사실을 친숙하게 알고 있다. 처음부터 우리는 환경, 즉 우리를 둘러싸고 있는 사물들 안에서 지속적으로 물리적 포함을 경험한다. 우리는 방, 의복, 차량, 그리고 무수한 종류의 경계 지어진 공간의 안(in) 또는 밖(out)으로 움직인다. 우리는 물건들을 다루면서 그것들을 그릇(컵, 상자, 깡통, 자루 등) 안에 집어넣는다. 이 각각의 경우에 반복적인 공간적 · 시간적 구조화가 있다. 다시 말해서 물리적 포함에 대한 전형적인 도식들이 존재한다.[8]

이렇게 구성된 영상도식은 물리적 대상뿐만 아니라 추상적 대상에도 사상된다. 「그릇」 도식은 컵, 방, 건물 등 무수히 많은 물리적 대상에 사상되며, 그 사상을 통해 우리는 본래 안과 밖이 없는 그 대상들이 '안'과 '밖'을 갖는 것으로 이해하고 경험한다. 다음 예를 보자.

> 감옥에서 나온다.
> 가방 안에 넣는다.
> 다방 안으로 들어간다.

> 소설 속의 주인공
> 신화 속의 영웅들
> 상상 속의 너
> 허공 속에 묻힐 그날들

8 같은 책, p. 93.

꿈에서 깨어나다.

역사 속으로

마음 속에 있는 생각

이야기의 줄거리를 벗어나다.

물리적 대상이든 추상적 대상이든 본유적으로 안-밖을 지닌 것은 아니다. 그러나 우리는 신체적 활동을 통해서 직접 발생한 「그릇」 도식을 그 대상들에 은유적으로 사상함으로써 '안'과 '밖'이라는 지향성을 부과한다. 그래서 대상들은 비로소 안과 경계와 밖을 가진 그릇들로 이해되고 경험된다.

우리 인식에서 도식의 중요성에 관해 처음으로 주목했던 철학자는 칸트(I. Kant)이며, 존슨의 영상도식 개념은 칸트에게서 그 뿌리를 찾을 수 있다. 그러나 칸트가 도식을 선험적이라고 가정했던 반면 존슨은 도식이 경험적으로 구성된 패턴들이며, 이 때문에 도식이 비교적 안정적이지만 여전히 유동적이라고 주장한다.

> 칸트의 견해와는 대조적으로 나의 주장은 도식이 개념들에 합치하는 영상들을 생성하는 절차들이라는 그의 강력한 [주장으로까지 나아가지는] 않는다. 대신에 나는 도식들이 조직화하는 활동의 지속적 구조라고 규정한다. 그러나 비록 도식들이 [명확한] 구조라 할지라도 그것들은 시각적 다이어그램이 보여 주는 것처럼 고정되고 정지된 영상들이라기보다는 역동적인 패턴들이다. 그것들은 두 가지 중요한 측면에서 역동적이다. (1) 도식은 우리가 이해할 수 있는 방식으로 우리의 경험을 조직화하는 활동의 구조이다. 그것은 질서를 건설하거나 구성하는 기본적 수단이며, 경험을 부어 넣는 단순히 수동적인 저장소가 아니다. (2) 판형(templates)과는 달

리 도식은 다양한 맥락에서 무제한적인 수의 구체적 사례를 가질 수 있다는 점에서 유연하다.[9]

다양한 문화적 · 언어적 변이 속에서도 대부분의 문화는 비교적 소수의 영상도식을 공유한다. 그러나 그 영상도식은 물리적 대상이나 추상적 대상에 사상되는 과정에서 자연적 · 사회적 · 문화적 요소들의 영향을 받으며, 그 결과 추상적 층위로 확장될수록 점차 증가하는 변이를 드러낸다. 이것은 왜 추상적 개념들 사이에서 종종 화해되기 어려운 차이들이 드러나는지를 설명해 준다. 경험이 이처럼 은유적으로 확장된다는 것은 모든 경험이 근원적으로 신체적 근거를 갖는다는 것을 말한다. 신체적 층위의 경험은 추상적 층위의 확장의 근거를 이루는 동시에 그 확장을 제약하는 유일한 원천이다.

물리적 층위에서 드러나는 공공성은 추상적 층위로 확장되면서 점차 다양한 변이를 드러낸다. 그 변이는 열려 있는 가능성이며, 따라서 그 변이를 제약하는 상위적 원리를 찾는 것은 불가능해 보인다. 대신에 모든 변이는 그 출발점을 이루는 물리적 층위에서 드러나는 공공성을 통해서만 제약된다. 신체적/물리적 층위와 정신적/추상적 층위의 관계에 대한 이러한 해명이 아마도 체험주의의 가장 중요한 철학적 기여일 것이다.

9 같은 책, p. 105. 존슨의 상상력 이론은 칸트의 인식론적 구도의 자연화된 버전이라고 할 수 있다. 존슨은 상상력에 관한 논의의 출발점에서 칸트의 인식론적 통찰에 빚지고 있지만 자연화된 해명의 길을 통해 결과적으로 반칸트적 철학으로 나아가고 있으며, 그 결과 존슨의 철학은 점차 듀이적 실용주의에 가까운 모습으로 드러나고 있다. 그러나 앞서 지적했던 것처럼 듀이에 근접해 가는 것은 존슨의 철학적 탐구의 결과일 뿐이며, 존슨의 철학적 행로가 처음부터 듀이를 향하고 있었던 것은 아니다.

제 4 장

진리와 이해: 체험주의적 신화

체험주의에 따르면 '진리'는 '이해'(understanding)의 문제다. 한 문장을 참이라고 받아들이는 것은 우리의 개념체계(conceptual system)에 달려 있으며, 그것은 그 문장에 대한 이해의 문제다.[1] 따라서 모든 진리는 '~에게 있어서의 진리'다. 절대적 진리는 존재한다 하더라도 우리의 이해에 주어질 수 없다. 이런 의미에서 모든 개념체계를 넘어선 절대적 진리 개념은 '철학적 열망'이 낳은 이론적 가상이다. 절대적 진리는 우리가 '원하는 것'일 수 있지만 결코 '우리의 것'은 아니다.

---

1 '개념체계'는 우리의 구체적인 지각이나 인식의 배후에 작동하는 인식의 배경적 틀이라고 할 수 있다. 개념체계 개념은 20세기 후반에 들어 경험의 상대성을 설명하기 위한 핵심적 개념으로 등장했다. 해킹(I. Hacking)은 개념체계 개념의 연원을 칸트에서 찾고 있으며, 그 현대적 정립을 콰인(W. V. O. Quine)에게 돌린다. Ian Hacking, "Language, Truth and Reason," in Martin Hollis and Steven Lukes, eds., *Rationality and Relativism* (Cambridge, Mass.: MIT Press, 1982), p. 58 참조.

칸트는 우리의 인식이 인식 주관에 의해 구성된다고 주장함으로써 주관주의를 열었지만 모든 인간이 공유하는 동일한 인식의 틀, 즉 선험적 구조가 있다고 주장함으로써 여전히 객관주의적 입장을 유지했다. 반면에 오늘날 개념체계 개념을 옹호하는 이론들은 공통적으로 다수의 개념체계 개념을 유지하며, 이 때문에 필연적으로 상대주의적 입장을 드러낸다.

전통적으로 절대적 진리를 규정하는 견해는 진리 대응설이다. 진리 대응설은 한 문장은 세계 사태와의 대응을 통해 참이 된다고 규정한다. 진리 대응설은 두 가지 그릇된 가정에 근거하고 있다. 먼저 이러한 대응 개념은 언어는 물론 이에 대응하는 세계의 사태 또한 고정된 것이라고 가정한다. 나아가 대응설은 우리가 언어는 물론 세계를 모두 이해할 수 있으며, 그것들 사이의 대응을 확인할 수 있는 제3의 척도를 갖고 있다고 가정한다.

언어적 의미는 언어와 세계의 대응에 의해서 주어지는 것이 아니라 우리 경험내용을 언어적 기표에 '사상'(mapping)함으로써 생겨난다. 이 사상의 과정은 본성상 부분적이다. 원천영역의 모든 경험내용이 어떤 기표에 한꺼번에 사상되는 경우는 없으며, 또 가능하지도 않기 때문이다. 따라서 문장과 사태의 일대일 대응은 근원적으로 불가능하다. '문자적 진리'라는 개념은 언어의 본성에 대한 그릇된 가정에서 비롯된 가상이다.

1. 의미의 파편성

우리의 지각은 본성상 파편적이다. 세계에 대한 경험 또한 파편적일 수밖에 없다. 시간과 공간 안에 갇혀 있는 우리는 어떤 것을 반복해서 동일하게 경험할 수 없으며, 또 어떤 것을 전체적으로 경험할 수도 없다. 시간의 지속 안에 있는 한 동일한 것은 존재하지 않으며, 나 또한 동일한 존재로 남아 있지 않다. 동시에 나는 항상 공간의 한 부분만을 차지하고 있으며, 이 때문에 전체에 대한 직접적 인식은 가능하지 않다. 나는 내 손을 한꺼번에 볼 수 없다. 손바닥을 보면 손등이 보이지 않으며, 그 역도 마찬가지다. 그럼에도 나는 머릿속에 내 손의 전체적인 모습을 떠올릴 수 있다. 그것은 파편적 지각 내용을 이런저런 방식으로 통합함으로써 만들어 낸 영상이다. 그 영상은 지각을 통해 주어진 것이 아니라 상상력을 통해 주어진다.

우리 경험은 연속적이며 단선적이다. 나는 동일한 치통을 두 번 경험할 수 없다. 나는 적어도 그것이 지난번의 치통과 동일하다는 것을 증명할 수 없다.[2] 나아가 나는 나의 치통이 다른 사람의 치통과 동일한 것인지를 증명할 수 없다. 대신에 나는 그것들이 유사하다고 믿으며, 그런 치통들을 '같은 것'으로 간주한다. 그 정도의 믿음이 우리가 가질 수 있는 전부다. 우리가 '치통'이라고 범주화할 수 있는 반복적인 경험이 있지만 그 경계가 명확한 것은 아니다.

나와 타인이 동일한 경험내용을 공유할 것이라는 경험주의적 가정은 콰인(W. V. O. Quine)에 의해 또 다른 방식으로 반박된다. 나는 타인과 동일한 시간과 공간을 점유할 수 없다. 우리가 동일한 지각을 공유한다는 경험주의적 가정은 이론적 가정일 뿐이다. 콰인은 이렇게 말한다.

> 우리 누구도 다른 사람과 동일하게 외부 대상을 경험할 수 없다. 우리는 서로 다른 위치에 있으며, 위치를 바꾸는 동안에 대상들은 변하기 때문이다.[3]

---

2 루트비히 비트겐슈타인, 『철학적 탐구』, 이영철 역 (서울: 책세상, 2006), 293절 참조.

3 W. V. O. Quine, *The Ways of Paradox and Other Essays*, revised ed. (Cambridge, Mass.: Harvard University Press, 1976), p. 226.

언어적 기술은 지각의 이러한 파편적 특성을 반영한다. 특정한 기술을 선택하는 것은 자동적으로 다른 기술을 부각하거나 은폐한다.

나는 섹시한 금발 미인을 만찬에 초대했다.
나는 유명한 첼리스트를 만찬에 초대했다.
나는 마르크스주의자를 만찬에 초대했다.
나는 동성연애자를 만찬에 초대했다.[4]

이 문장들은 사실 한 사람에 대한 기술일 수 있다. 그 사람에 대해 가능한 기술은 여기에 국한된 것이 아니다. 그러나 나는 그 모든 기술을 한꺼번에 사용할 수 없다. 특정한 맥락을 따라 그중 하나의 기술을 선택하며, 그 하나를 선택하는 순간 특정한 사실은 부각되고, 나머지 사실은 자동적으로 은폐된다. 이 선택을 넘어서서 모든 사실을 포괄하는 중립적 기술은 어디에도 없다.

언어적 기표인 문장은 본성상 세계의 사태를 객관적으로 기술할 수 없다. 시간과 공간 안에 존재하는 유기체적 존재인 우리 누구도 세계를 객관적으로 경험할 수 없으며, 따라서 객관적 경험내용을 기표에 사상할 수 없기 때문이다. 우리는 각자의 경험내용을 문장이라는 언어적 기표에 사상하며, 또 각자의 경험내용을 사상함으로써 그것을 해석한다. 기호의 산출과 해석이라는 이 교호적 과정에서 우리가 도달해야 할, 또는 도달할 수 있는 '객관성'에 대한 보장은 어디에도 없다. 이런 의미에서 객관성은 '우리가 원하는 것'의 이름이다. 대신에 우리는 실

---

4 G. 레이코프 · M. 존슨, 『삶으로서의 은유』, 수정판, 노양진 · 나익주 역 (서울: 박이정, 2006), p. 274.

제적으로 유사한 사태에 대해 유사한 믿음을 갖는다. 이 과정에서 드러나는 보편성은 사실상 종(種)으로서의 인간이 드러내는 경험의 '공공성'(commonality) 정도에 국한된다. 그 공공성은 신체적/물리적 층위에서 현저하게 드러나며, 추상적 층위의 경험 영역으로 확장되어 갈수록 점차 다양한 변이를 드러낸다.

2. 진리와 인간의 이해

진리는 오랫동안 문장과 세계 사태 사이의 '대응' 문제로 이해되어 왔다. 진리 대응설이라고 불리는 고전적 진리 이론은 실재론적 믿음을 전제한다. 즉 우리의 믿음과 상관없이 세계가 그 자체로 있으며, 우리는 그것에 관해 문장들을 사용한다는 것이다. 진리 대응설은 고전적일 뿐만 아니라 매우 상식적이지만 그 이론적 난점은 훨씬 더 근원적인 뿌리를 갖고 있다.

'대응'이라는 개념을 포기하는 것은 특정한 이론의 포기에 그치는 것이 아니라 절대적 진리의 가능성 자체를 거부하는 것이다. 따라서 대응설의 옹호자들은 대응설을 거부하는 것이 우리를 무진리의 허무주의로 이끌어 갈 것이라고 주장한다. 수많은 난점들 속에서도 이러한 이분법적 불안이 대응설을 지탱해 온 결정적인 축을 이루어 왔다. 대신에 체험주의는 전통적인 객관주의를 거부하면서도 허무주의를 피할 수 있는 제3의 길을 열어 가고 있다.

체험주의에 따르면 진리는 특정한 믿음이나 문장의 문제가 아니라 '이해'의 문제다. 레이코프와 존슨은 이렇게 말한다.

이해의 관점에서 본 진리에 대한 우리의 해명과, 인간의 이해와 독립적으로 진리를 해명하려는 표준적인 시도들 사이에는 또 다른 중요한 차이가 있다. 진리에 대한 해명이 다르면 의미에 대한 해명도 다르게 된다. 우리에게 의미는 이해에 의존한다. 우리가 한 문장을 이해하지 못하는 한, 그 문장은 우리에게 아무것도 의미할 수 없다. 더구나 의미는 항상 누구에게 있어서의 의미이다. 인간으로부터 독립된, 문장 자체의 의미 같은 것은 존재하지 않는다. 우리가 어떤 문장의 의미에 관해서 이야기한다면 그것은 실재의 인물이거나, 한 언어 집단의 가상적이고 전형적인 구성원인 어떤 사람에게 있어서의 의미이다.[5]

이해는 우리의 '개념체계'에 의존적이며, 따라서 상이한 개념체계를 갖는 사람은 상이한 이해 방식을 갖는다. 진리는 이러한 이해의 산물이다.

어떤 진술에 대한 우리의 이해가 어떤 주어진 상황에 대한 우리의 이해와 우리의 목적에 충분히 긴밀하게 합치할 때 우리는 그 상황에서 그 진술을 참이라고 이해한다.[6]

진리가 이해에 상대적이라는 주장은 절대적 진리에 대한 부정을 함축하며, 동시에 명백한 상대주의적 함의를 갖는다. 다른 모든 상대주의적 견해들처럼 체험주의 또한 허무주의적 우려에 직면하게 된다. 따라서 절대적 진리를 부정하는 체험주의의 일차적 과제는 무엇이 이러

---

5 같은 책, p. 302. (고딕은 원문의 강조.)

6 같은 책, p. 296. (고딕은 원문의 강조.)

한 허무주의적 우려를 막아 주는지를 밝히는 일이다.

이 물음에 답하기 위해 체험주의는 이해의 구조에 대한 해명으로 나아간다. 즉 우리의 이해는 대부분 개념체계에 의존한다. 개념체계는 물리적 층위 경험과 기호적 층위 경험의 상호작용적 연속성으로 이루어진다. 개념체계는 자연적 · 사회적 · 문화적 조건에 영향을 받지만 물리적 층위에서 훨씬 더 큰 공공성을 볼 수 있다. 그것이 우리가 경험적으로 확인할 수 있는 보편성의 소재다. 즉 우리의 이해는 보편적 공공성과 상대적 변이를 포괄하는 중층적 구조를 갖는다. 이러한 구조는 전통적인 객관주의나 급진적인 상대주의를 통해 적절히 해명될 수 없다. 필자는 이해의 이러한 구조를 해명하기 위해 체험주의가 제시하는 제3의 시각을 '완화된 상대주의'(modified relativism)로 특징지었다.[7]

---

7 노양진, 『상대주의의 두 얼굴』(파주: 서광사, 2007) 참조.

제5장

언어와 기호

20세기 초 '언어적 전환'을 주도했던 프레게(G. Frege)와 러셀(B. Russell), 비트겐슈타인(L. Wittgenstein)은 과거의 철학적 물음들이 언어적 혼동에서 비롯되었다고 보았으며, 언어에 대한 분석을 통해 이러한 혼동을 해소하는 것이 철학의 주된 임무라고 주장했다.[1] 철학은 이론화나 체계화의 미련을 버리고 혼동을 치유하는 '활동'이 되어야 한다는 것이다. 이러한 급진적인 철학적 시각은 '분석철학'이라는 이름으로 이후 반세기 동안 영어권의 철학적 흐름을 주도했다.[2]

1960년대 후반에 들어 '분석'의 열기가 가라앉으면서 언어철학은 또 한 차례의 전환을 겪게 된다. 이러한 전환을 주도했던 일련의 철학자들은 '일상언어학파'라고 불리는데, 오스틴(J. L. Austin), 비트겐슈

---

1 비트겐슈타인은 철학적 문제들이 '언어의 논리에 대한 오해'에서 비롯된다고 주장했으며, 이 혼동을 제거하는 것이 철학의 주된 임무가 되어야 한다고 주장했다. 루트비히 비트겐슈타인, 『논리-철학 논고』, 이영철 역 (서울: 책세상, 2006), 「머리말」 참조.

2 초기 분석철학의 핵심적 과제는 의미(sense)와 무의미(nonsense)의 경계를 가르는 일이었다. 언어의 의미는 그것에 대응하는 세계의 사태에서 비롯되며, 따라서 대응하는 사태를 확인할 수 없는 언어는 '무의미'로 간주되었다. 전통적으로 철학적 탐구의 핵심을 이루어 왔던 형이상학, 윤리학, 미학의 명제들이 이러한 기준을 따라 무의미한 명제들로 판정되었다. 분석철학자들은 그것들을 더 이상 철학적으로 물어져야 할 이유가 없는 '사이비 문제들'로 치부했다.

타인, 설(J. Searle) 등이 그 주요 인물이다. 이들에게 언어는 우리에 앞서 존립하는 선험적 체계가 아니라 이 세계에 성공적으로 대처하려는 인간의 활동 방식의 하나다.

체험주의의 언어적 탐구는 초기 분석철학적 언어관의 극복이라는 측면에서 일상언어학파의 실용주의적 특성의 많은 부분을 공유한다. 그러나 체험주의는 최근의 인지과학적 탐구 성과들을 통합하는 방식으로 훨씬 더 구체화된 언어철학적 논의의 가능성을 열어 간다. 동시에 체험주의가 레이코프와 존슨의 은유 탐구를 그 출발점으로 삼고 있다는 점을 상기할 때 체험주의의 언어관은 체험주의의 철학적 성격을 조망하는 데 핵심적 통로를 제공해 준다. 신체화된 경험의 본성에 대한 포괄적 해명이라는 체험주의의 기획은 바로 언어적 탐구의 철학적 확장으로 볼 수 있다.

1. 언어와 의사소통

언어는 다른 모든 인간 활동과 마찬가지로 우리 삶을 이끌어 가는 한 방식이다. 언어의 주된 기능은 '의사소통'(communication)이며, 이때 의사소통은 명제적 의미의 언어적 소통에 국한되지 않으며, 인간의 신체적/정신적 상호작용을 포괄하는 말이다. 예를 들면 침묵 또한 중요한 의미를 갖는 의사소통이다. 사냥꾼은 짐승이 알아채지 못하도록 숨죽여 표적에 접근한다. 이때 침묵은 이 행동을 성공으로 이끌어 가는 데 결정적이다. 언어 체계는 인간 사이의 의사소통의 큰 부분을 차지하지만 결코 전부는 아니다. 신체적 상호작용 또한 의사소통의 핵심적 일부를 차지한다. 지렁이도 밟으면 꿈틀한다. 이처럼 다른 종과의 상호작용은 매우 단순하고 제한된 방식으로 나타나지만 여전히 결정적인 의사소통의 일종이다. 언어는 그러한 다양한 상호작용의 중요한 한 국면이다.

소리나 글로 체계화된 언어의 특성은 다른 의사소통 방식과 비교할 수 없을 정도로 복잡하고 정교하지만 그렇다고 해서 그것이 본성상 그 자체로 특수한 위상을 갖는 것은 아니다. 언어는 그 자체로 존재하는 체계가 아니라 다른 인간 활동과 마찬가지로 성공적인 삶을 위한 활동의 한 방식이기 때문이다. 그래서 언어의 본성에 대한 해명은 의사소통에 대한 일반적 해명의 일부가 되어야 한다. 언어에 대한 이러한 생각은 이미 한 세기 전에 제임스(W. James)나 듀이(J. Dewey)와 같은 실용주의 철학자들이 제안했지만 20세기 초반 분석철학의 쇄도와 함께 논의의 전면에서 물러서면서 철학사의 한 부분으로 치부되었다.

우리는 현재와 같은 몸을 가진 유기체로서 타인을 포함한 세계와 지속적으로 상호작용하는 존재다. 여기에서 언어의 역할을 밝히는 것이 언어의 본성을 밝히는 데 관건이 된다. 이러한 관점에서 되돌아보면 역설적이게도 언어에 가장 깊은 관심을 드러냈던 20세기 초반의 분석철학자들은 참/거짓을 판정할 수 있는 명제적 의미만을 유일한 의미로 간주함으로써 언어에 관해 가장 왜곡된 시각을 불러온 장본인이기도 하다. 데이빗슨(D. Davidson)은 20세기 초반 분석철학자들의 경험주의적 언어관을 비판하면서 "[경험주의가 가정하는] 언어 같은 것은 존재하지 않는다"[3]고 단언한다.

3 Donald Davidson, "A Nice Derangement of Epitaphs," in Ernest LePore, ed., *Truth and Interpretation: Perspectives on the Philosophy of Donald Davidson* (Oxford: Basil Blackwell, 1986), p. 446. 그의 말은 계속해서 다음과 같이 이어진다. "그것이 많은 철학자들과 언어학자들이 생각하는 그러한 것이라면, 그러므

체험주의적 시각에서 언어에 대한 해명은 경험의 구조에 대한 포괄적인 해명의 일부가 되어야 한다. 언어가 그 자체로 존재하며, 또 우리의 활동과 분리된 자율적 구조를 갖는다는 생각은 서구 지성사를 통해 매우 오래된 상식으로 전승되어 왔지만, 그것은 언어의 본성을 드러내기보다는 오히려 언어의 본성을 가리는 결과를 낳았다. 언어는 현재와 같은 몸을 가진 유기체로서 이 세계와 상호작용하는 인간의 활동의 한 양상이며, 따라서 그것은 주어진 것에 대한 표상이 아니라 세계의 일부로서 세계에 직접적으로 개입하는 활동의 양상이다.

경험주의적 전통 안에서 의사소통은 화자와 청자 사이에 확정적인 의미를 전달하는 과정으로 가정되었다. 레디(M. Reddy)는 이런 고전적인 의사소통 모형이 「도관」(Conduit) 은유에 근거한 것이라고 말한다.[4] 체험주의적 시각에서 의사소통은 '의미 만들기' (meaning making)의 한 과정이며, 그것은 소리나 문자를 통한 언어적 활동 외에도 표정, 몸짓, 언어 등 외부 세계에 지향되는 모든 활동을 가리킨다.

2. 기호로서의 언어

소쉬르(F. de Saussure) 이래로 한 세기 넘게 기호학적 논의가 지속

로 배우고 숙달해야 할, 또는 생래적인 어떤 것은 존재하지 않는다. …… 우리는 언어 사용자들이 숙달하고, 나아가 그것을 여러 경우에 적용할 수 있는 명료하게 공유된 구조가 있다는 생각을 포기해야 한다."

4 Michael Reddy, "Conduit Metaphor: A Case of Frame Conflict in Our Language about Language," in Andrew Ortony, ed., *Metaphor and Thought*, 2nd ed. (Cambridge: Cambridge University Press, 1993), pp. 166–71 참조. 「도관」 은유 안에서 한 단어나 문장의 의미는 마치 도관을 통해 운반되는 물질로 이해된다.

되었지만 '기호적 의미의 원천'은 여전히 미해결의 수수께끼로 남아 있다. 기호학자들은 대부분 기호가 '다른 무엇인가를 대신하는 것'이라는 생각에 동의하지만 이 '대신한다'라는 구체적 기제에 대한 해명은 이루어지지 않고 있으며, 이 때문에 기호적 의미가 어디에서 어떻게 발생하는지의 문제 또한 수수께끼로 남아 있다.[5] 이것은 전통적인 기호학이 결정적인 문제를 숙제로 남겨 둔 채로 실제적으로 드러나는 표면적인 기호 현상을 분석하는 데 집중해 왔다는 것을 말해 준다.

필자는 이 물음에 답하기 위해 기호의 발생적 구조에 관한 새로운 해명이 필요하다고 보았으며, 그 실마리를 체험주의의 은유 이론에서 찾으려고 했다. 신체화된 경험의 구조에 대한 체험주의적 해명은 기호적 의미의 원천을 밝히는 데 매우 평이하면서도 새로운 통로를 제시해 준다. 즉 기호적 의미의 궁극적 원천이 우리 몸과의 직접적인 상호작용을 통해 나타나는 '신체적/물리적 층위의 경험'이라는 것이다.

체험주의 은유 이론의 핵심적 축을 이루고 있는 것은 '은유적 사상'(metaphorical mapping)이라는 기제다. 필자는 은유적 사상 개념이 사실상 기호화 과정을 해명해 주는 결정적 기제라는 생각에 이르게 되었으며, 그것을 '기호적 사상'(symbolic mapping)이라는 개념으로 확장했다. 우리는 특정한 기표에 특정한 경험내용을 사상함으로써 이 사상된 경험내용의 '관점에서'(in terms of) 그 기표를 경험하고 이해한다. 이것이 바로 기표에 주어지는 기호적 의미를 구성한다. 여기에

---

5 필자는 기호의 본성에 관해 체험주의적 시각에서 훨씬 더 정교하고 섬세한 해명이 필요하다고 보며, 이를 위해 별도의 작업을 수행하고 있다. 이 절의 주된 내용은 체험주의적 기호 이론의 윤곽에 대한 예비적 서술이라고 할 수 있는 노양진, 「기호적 경험의 체험주의적 해명」, 『몸 · 언어 · 철학』(파주: 서광사, 2009)에 근거한 것이다.

서 우리는 기호의 산출자인 동시에 사용자가 될 수 있다.

체험주의적 기호 개념은 다음과 같은 세 가지 새로운 국면을 통해 전통적인 기호학적 시각과 선명하게 차별화될 수 있다.

첫째, 기호적 경험은 물리적 경험에 근거하고 있으며, 동시에 물리적 경험의 기호적 확장을 통해 형성된다.

둘째, 기호적 경험은 기호적 사상을 통해 구성되기 때문에 기호적 의미는 결코 객관적이지 않다.

셋째, 모든 언어적 의미는 본성상 기호적이다.

기호적 경험에 대한 체험주의적 해명을 위해서는 '기표'와 '기호대상', '기호내용'이라는 세 요소가 필요하며, 여기에 기호 산출자의 '기호적 사상'이라는 기제가 개입한다. 기호적 의미는 기호 산출자의 경험내용을 특정한 기표에 '사상'하는 방식으로 산출된다. 이때 기호 산출자의 경험내용은 일차적으로 외부 대상과의 물리적 상호작용을 통해 주어지는데, 그 상호작용의 대상이 바로 기호대상이다. 기호 산출자는 자신의 경험내용을 특정한 기표에 사상하며, 그것이 기호내용을 구성한다. 이러한 구도 안에서 기호내용이 바로 기호적 의미의 구성에 핵심적 역할을 하며, 그 기호내용의 발생적 원천이 바로 신체적/물리적 층위의 경험이라는 것을 알 수 있다.[6]

6 포코니에와 터너(G. Fauconnier and M. Turner)의 개념적 혼성(conceptual blending) 이론에 따르면 특정한 기표에 사상되는 기호내용이 그 자체로 기호적 의미의 전부는 아니라는 것을 알 수 있다. 기호내용은 기표에 사상되면서 그 기표에 이미 사상되어 있는 의미들과 복잡한 방식으로 혼성되어 새로운 의미를 산출하기 때문이다. 질 포코니에 · 마크 터너, 『우리는 어떻게 생각하는가』, 김동환 · 최

예를 들어 「나무」라는 언어적 기표는 어떻게 기호화되는 것일까? 「나무」라는 언어적 기표에 나무(들)에 대한 기호 산출자의 경험내용이 사상되는 방식으로 기호화되며, 이때 사상되는 경험내용이 바로 기호내용, 즉 기호적 의미가 된다. 이러한 사상의 과정에서 「나무」라는 기표가 표적영역이 되며, 기호 산출자의 경험내용이 원천영역이 된다. 이러한 기호화가 이루어짐으로써 우리는 「나무」라는 기표를 나무(들)에 대한 기호 산출자의 경험의 '관점에서' (in terms of) 이해하고 경험할 수 있게 된다.[7]

최초의 기호적 사상이 이루어지기 위해서는 그 사상에 앞서 최소한의 경험내용이 주어져 있어야 한다. 최초의 사상에 사용되는 그 경험내용은 일차적으로 물리적 대상과의 상호작용을 통해 주어진다. 이런 의미에서 체험주의적 해명에 따르면 기호적 의미의 원천은 신체적/물리적 경험에 있다. 이런 관점에서 모든 의미의 뿌리는 신체적/물리적 층위의 경험에 있다. 그리고 거기에 우리의 몸이 있다.[8]

기호적 경험에서 사용되는 모든 '기표' 는 물리적이다. 나는 이 동일한 물리적 대상을 물리적으로도 기호적으로도 경험한다. 돌부처는 다른 돌과 마찬가지로 단단하고 무겁다. 어두운 밤에 돌부처에 부딪히게

영호 역 (고양: 지호, 2009) 참조.

7 필자는 이 기호적 사상을 최소한 세 가지 모형으로 구분했다. 이러한 기호적 사상은 무한히 중첩될 수 있으며, 이 때문에 실제 기호 현상은 매우 복잡한 구조를 드러낸다. 기호적 사상의 세 가지 기본적 모형은 노양진, 『몸 · 언어 · 철학』, pp. 165–68 참조.

8 전통적인 기호학적 탐구는 크게 소쉬르에서 출발하는 구조주의 기호학과 퍼스에서 출발하는 화용론적 기호학으로 나누어 볼 수 있다. 체험주의적 시각에서 본다면 이 두 전통은 공통적으로 '기호적 사상' 이라는 기제를 간과하고 실제적으로 드러나는 기호 현상의 평면적 분석에 집중했으며, 이 때문에 기호적 의미의 원천에 대한 적절한 해명의 통로를 찾는 데 실패한 것으로 보인다.

되면 나는 그저 통증이라는 물리적 경험을 하게 되겠지만 다음날 그것이 돌부처라는 것을 알게 되면 그 돌부처의 역사나 가치에 관해서 생각할 수 있다. 이때 나는 물리적으로 동일한 돌부처에 역사적 경험내용이나 가치적 경험내용을 사상하며, 그렇게 함으로써 그 돌부처를 역사나 가치의 '관점에서' 이해하고 경험한다. 이때 돌부처라는 기표에 사상되는 경험내용 — 이 사상의 원천영역인 — 이 기호내용, 즉 기호적 의미를 구성한다.

모든 물리적 대상이 기표로 사용될 수 있다. 기표는 크게 신체적 기표와 비신체적 기표로 구분될 수 있으며, 비신체적 기표는 다시 자연적 기표와 인공적 기표로 나누어진다.

1) 신체적 기표: 표정이나 몸짓, 소리, 동작 등 기호 산출자의 신체적 조작을 통해 사용되는 기표
2) 비신체적 기표: 몸을 제외한 모든 물리적 대상
  • 자연적 기표: 산이나 강, 고양이, 비둘기 등 자연계의 물리적 대상이나 현상
  • 인공적 기표: 물리적 대상에 적절한 조형작업이 부가된 기표로 악기나 그림, 조각, 건축 등

이런 관점에서 언어는 가장 정교한 형태의 신체적 기표 또는 인공적 기표 체계다. 소리 언어는 그 자체로 의미가 없는 다양한 유형의 소리를 기표로 사용함으로써 특정한 의미를 전달하는 인간의 활동 방식이다. 문자 언어는 인공적으로 체계화된 기표 체계이며, 거기에는 우리의 신체적 조작을 넘어선 외부 사물이 동원된다. 좁은 의미에서 언어적 기호는 소리 체계나 문자 체계를 말하지만, 그 작용의 본성과 구

조는 여타의 기호 체계와 다르지 않다. 즉 우리는 소리나 문자와 같은 언어적 기표에 자신의 특정한 경험내용을 사상하는 방식으로 언어를 사용한다.

한국어 사용자는 한글이라는 동일한 기표 체계를 사용하지만 그렇다고 해서 이들이 동일한 의미를 교환하는 것은 아니다. 기호적 사상은 본성상 사적인 인지적 과정이며, 따라서 기호 산출자의 사상 내용과 기호 해석자의 사상 내용이 합치할 것이라는 보장은 없다. 그러나 현재와 같은 몸을 가진 유기체로서 우리의 신체적/물리적 층위의 경험내용이 유사할 것이라는 가정을 상기한다면 기호적 산출과 해석이 합치할 가능성은 바로 신체적/물리적 층위의 경험내용의 유사성 정도에 국한될 것이다.[9]

기호적 사상에 대한 체험주의적 해명에 대해 흔히 제기될 수 있는 의문은 이 사상이 항상 물리적 층위에서 기호적 층위로 일방적으로 이루어지는가 하는 것이다. 모든 기호적 경험이 직접적으로 물리적 경험에서 발생하지는 않기 때문이다. 일차 사상을 통해 주어진 기호적 의미, 즉 기호내용은 이차 사상을 통해 또 다른 기표에 사상될 수 있으며, 그 연쇄는 적어도 원리적으로 무한하다. 따라서 무한히 복잡한 기호적 사상이 가능하며, 그 사상의 과정은 물리적 층위에서 기호적 층위로 단선적으로만 이루어지는 것은 아니다. 때로는 거꾸로 기호적 층위의 경험내용이 물리적 층위의 경험에도 사상되기 때문이다. 여기에

---

9 언어의 규약적 성격 때문에 동일한 언어적 기표에 대해 유사한 행동을 드러내는 것은 사실이다. 운전자들이 교통신호를 따르는 것이 좋은 예다. 이때 대부분의 운전자가 유사한 방식으로 교통신호를 따르지만 그것은 그 신호라는 기표에 대한 사상 내용이 동일하기 때문이 아니라 그 사상 내용을 공유하도록 '사회적 강제성'이 부과되기 때문이다.

서 중요하게 지적되어야 할 것은 기호적 사상이 이렇게 복잡할지라도 체험주의적 해명의 핵심적 기여는 기호적 경험의 '발생적' 원천을 보여 주고 있다는 점이다. 즉 기호적 경험의 근원적 뿌리가 우리의 몸, 그리고 몸의 직접적 활동에 있으며, 따라서 기호적 경험이 물리적 경험에 앞서 주어질 수는 없다.

기호적 경험에 대한 체험주의의 해명은 20세기 초반 언어철학의 핵심적 탐구 주제로 제기되었던 의미 문제에 관해 반성적 시각을 제공해 준다. 체험주의적 시각에서 '의미'는 우리 경험 — 신체적/물리적 층위와 정신적/추상적 층위를 포괄하는 — 에 주어진 모든 것을 가리킨다. 20세기 초반의 분석철학자들이 탐구의 핵심적 주제로 설정했던 '언어적 의미'란 인간 삶의 중요한 일부이기는 하지만 여전히 특수한 유형의 의미일 뿐이다. 이들은 언어에 대한 과도한 믿음에 기울어 언어적 의미의 탐구가 의미 일반에 대한 탐구의 기본적 틀을 제공해 줄 것으로 생각했다.

초기 분석철학을 이끌었던 진리조건적 의미 이론은 한 명제의 의미가 그것에 대응하는 세계의 사태에 의해 참 또는 거짓으로 결정된다고 보았다. 카르납(R. Carnap)에 따르면 "한 문장의 의미를 아는 것은 어떤 가능한 경우에 그 문장이 참이 되고, 어떤 경우에 그렇지 않은지를 아는 것"[10]이다. 이때 카르납이 말하는 의미가 바로 '명제적 의미'다. 분석철학자들은 '명제적 의미'가 바로 언어적 의미의 핵이라고 생각했으며, 그 구조에 대한 분석을 통해 의미의 본성에 대한 일반적 해명에 이를 수 있을 것이라고 가정했다. 결과적으로 그것은 분석철학자들

---

10 Rudolf Carnap, *Meaning and Necessity* (Chicago: University of Chicago Press, 1947), p. 10.

의 탐구를 실패로 이끌어 간 그릇된 가정이다.

우리가 보고 듣고 느끼고 상상하는 모든 것이 의미를 이룬다. 따라서 절대적인 의미에서의 무의미는 애당초 우리에게 알려지지 않는다. 절대적 무의미란 그것에 관한 이야기조차도 불가능한 어떤 것이다. 말하자면 절대적 무의미는 의미의 반대편에 개념적으로 설정된 가상이다. 우리의 지각을 통해 주어진 것이든 확장된 상상력을 통해 주어진 것이든 모든 것은 이런저런 의미를 지니며, 절대적 무의미란 그렇게 주어진 의미들에 상대적이고 조건적으로 설정된다.

예를 들어 "이 게임은 내게 아무런 의미도 없어"라고 말할 때, 이 게임은 이미 누군가 그렇게 말할 수 있을 만큼의 의미를 갖는다. 절대적인 무의미는 그 자체로 의미화될 수 없는 '그림자 개념' (shadow concept)의 일종이다.[11] '절대적 무의미' 란 의미들을 한데 묶은 다음 그 밖에 있는 어떤 것을 가리킨다. 그래서 우리는 절대적 무의미를 이런저런 방식으로 떠올릴 수는 있지만 절대적 무의미 자체에 관한 어떤 내용도 경험할 수는 없다. 이 때문에 절대적 무의미에 관해서 무엇인가를 말하는 것 자체가 근원적으로 비정합적이다. '절대적 무의미' 라는 생각은 오직 의미라는 영역이 전제된 이후에, 그 모든 의미의 반대편 어딘가에 설정된다. 이런 의미에서 절대적 무의미는 의미 개념에 의존적인 그림자 개념이다. 그래서 우리에게 실제로 중요한 것은 의미와 (절대적) 무의미를 어떻게 구분할 것인지의 문제가 아니라 우리에게 주어진 의미들을 어떻게 가르고 사용할 것인지의 문제다.

문장의 의미는 어떤가? 초기 분석적 전통의 언어철학은 한 문장이

---

11 그림자 개념의 개념적 특성에 관한 상세한 논의는 노양진, 「그림자 개념에 관하여」, 『범한철학』, 제59집 (2010 겨울) 참조.

그 자체로 확정적 의미를 갖는다는 가정에서 출발했다. 그 의미는 문장에 대응하는 세계의 사태에 의해 결정되며, 그것은 흔히 '문자적 의미'(literal meaning)라고 불린다. 그러나 이러한 소박한 가정이 무너지면서 의미 이론은 불안정한 혼란에 빠지게 된다. 분석적 전통에 반대하는 다양한 이론들이 의미의 객관성을 무너뜨리는 데 성공했지만 그 귀결이 우호적인 것만은 아니다. 의미에 관한 급진적인 이론들, 특히 포스트모던 이론들은 의미를 자유로운 '기표의 놀이'로 몰아감으로써 더 이상 의미에 관해 해명해야 할 아무것도 없는 것 같은 지적 상황을 불러왔다. 데리다, 리오타르(J.-F. Lyotard), 들뢰즈(G. Deleuze), 로티 등이 이러한 흐름을 불러온 주도적 철학자들이다.

문장 또한 언어적 기표다. 기표가 어떻게 의미를 갖게 되는지에 관해 고전적인 가정은 무너졌지만 그렇다고 해서 의미가 아무렇게나 솟아나는 것은 결코 아니다. 존슨은 의미의 주인이 문장이 아니라 우리 인간이라는 점에 주목하며, 이러한 관점에서 의미를 산출하는 경험의 구조를 밝히는 데 집중한다. 앞서 언급했던 것처럼 체험주의가 말하는 경험은 물리적 층위에서 출발해서 기호적 층위로 확장되어 가는 모든 과정을 포괄하며, 의미는 그 포괄적 경험의 산물이다. 나아가 모든 의미의 출발점은 몸을 중심으로 이루어지는 우리의 유기체적 활동이다.

존슨은 전통적인 의미 이론이 언어적 의미에 국한되면서 의미 구조에 대한 해명에 실패하게 되었다고 본다. 의미의 구조는 몸의 활동이 시작되는 지점에서 출발하며, 그것은 개념이나 명제에 훨씬 더 앞서 있다. 앞서 3장에서 서술했던 것처럼 존슨이 제시하는 '영상도식'은 신체적 활동으로부터 직접 발생하는 선개념적이고 비명제적인 구조들이다. 예를 들어 「그릇」 도식은 물리적 대상은 물론 추상적 대상들에도 사상되며, 그 사상을 통해 수많은 대상들은 하나의 그릇으로 경험되고 이해된다. 이것은 우리의 이해가 명제적이거나 개념적인 수준에 앞서 구성되는 영상도식의 작용을 통해 구조화된다는 것을 의미한다.

3. 기표로서의 타자

타자에 대한 직접적 경험은 물리적 접촉이다. 인간을 포함한 모든 물리적 존재에 대해 물리적 경험이 원리적으로 가능하다. 그러나 의식을 가진 유기체의 경험은 물리적 상호작용으로 국한되지 않는다. 민들레나 산수유의 내적 경험에 접근하는 방식은 없으며, 설혹 그것이 가능하다 하더라도 우리는 식물의 경험내용에 주목하지 않을 것이다. 우리는 식물과 상호적으로 대화할 수 없으며, 또 대화할 수 없다는 사실에 좌절하지도 않는다. 오히려 우리는 벼나 미나리의 생육조건에 관심을 가지며, 그것을 이해하고 조절하는 방식을 선택한다. 그것은 식물의 활동이 대부분 물리적 법칙에 의존하고 있으며, 특정한 식물 하나하나의 개별적인 특성보다는 종적 본성에 의존하고 있기 때문이다.

우리에게 훨씬 더 중요한 문제로 제기되는 것은 의식을 가진 유기체의 경험이다. 코끼리나 악어, 메뚜기떼의 활동은 종종 우리가 원하지 않거나 예기치 않은 방식으로 이루어진다. 그것은 인간의 입장에서 본다면 자의적인 국면이 있으며, 그것을 예측하거나 통제하지 못하면 심각한 위협이 되기도 한다. 그러나 그 통제나 대응 방식을 적절하게 파악하면 우리는 훨씬 더 안전하게 활동할 수 있다. 우리는 동물들의 활동 방식을 예상하기 위해서 다양한 관찰과 탐색을 하지만 이들의 의도에 직접적으로 접속할 수 있는 길은 없다.

나는 동물은 물론 타인의 경험에 직접적으로 접속할 수 없으며, 그 반대도 마찬가지다. 이 때문에 타자의 경험은 오직 '기호적'으로만 알려질 수 있다. 타자는 나에게 하나의 기표로서 주어진다. 내가 타인과 직접 부딪히는 경우에도 그가 나와 유사한 고통을 느끼는지, 나와 비슷한 정도로 기분이 상했는지를 알 수 있는 직접적인 방식은 없다. 그것은 그의 표출된 행동 — 언어를 포함해서 — 을 통해서만 알려진다. 이때 그 표출에 사용되는 모든 것은 나의 입장에서 타인의 감정이나 느낌을 추정할 수 있는 자료로서의 기표들이다. 나는 그 기표를 해석함으로써 그 사람이 기분이 나쁜지, 분개하는지, 아무 관심도 없는지를 기호적으로 추정한다.

내가 마주한 사람에 관해서 가장 궁금한 것은 크게 왜 그가 현재와 같은 상태에 있는지의 문제와 그가 앞으로 어떻게 생각하고 행동할 것인지의 문제다. 말하자면 우리는 타인에 대해 현재의 상태를 토대로 과거의 상태를 추정하고 미래의 상태를 예측하고 싶어 한다. 이러한 일련의 과정은 그 사람에 대한 나의 관심에서 출발한 것이다. 문제는 내가 타인의 경험에 관해서 아무것도 직접적으로 알 수 없다는 데 있다. 나는 그 사람의 생김새, 표정, 몸짓, 말 등을 관찰하며, 그것을 근거로 가능한 해석을 해야 한다. 그 모든 것이 기호적 해석의 과정을 이룬다.

기호적 해석의 과정에서 과거의 축적된 나의 경험은 결정적인 자료가 된다. 서울 광장에 서 있는 사람과 한강 철교의 난간 위에 서 있는 사람은 매우 다른 의도를 갖고 있는 것으로 보인다. 그 판단의 근거는 과거의 축적된 나의 경험을 이 구체적 상황에 사상함으로써 이루어진다.[12] "짖는 개는 물지 않는다"는 속담은 과거의 축적된 경험을 허술한

12 기호적 해석을 더 복잡하게 만드는 것은 난간 위에 서 있는 사람이 실제로 자살

방식으로 일반화한 것이다. 그것을 속담 정도로 받아들이는 이유는 그것이 어느 정도 맞는 말일 수 있기 때문이다. 실제로 짖는 개에 물린 사람이 있다 하더라도 그 속담에 대해 책임을 묻지 않는다. 우리에게는 해석의 이 불안정성을 근원적으로 제거하거나 극복할 수 있는 길은 없다.

문제는 우리가 이처럼 불투명한 존재와 필연적으로 공존해야만 한다는 점이다. 그것은 다른 모든 유기체와 마찬가지로 인간 또한 자족적인 존재가 아니라는 것을 의미한다. 사회나 국가적 공동체가 아니라 하더라도 인간은 태어나는 순간부터 자립적으로 생존할 수 있는 존재가 아니다. 생존을 위해서는 부모 또는 부모와 유사한 타인의 존재가 절대적으로 필요하다. 그러나 아이와 자연적으로 가장 가까운 관계에 있는 부모조차도 아이의 경험내용을 직접적으로 공유할 수 없다. 아이의 울음소리나 칭얼대는 행동을 통해서 아이의 의도와 욕구를 '짐작할' 수 있을 뿐이다. 이것이 기호적 경험의 본성이다.

기호적 경험의 이러한 본성적 불투명성 속에서도 완전한 것은 아니지만 우리는 여전히 적절한 정도의 의사소통을 한다. 기호적 불투명성과 실제적 의사소통 사이의 이러한 긴장에 대해 경험적으로 설명할 수 있는 유일한 길은 우리가 유사한 몸을 가진 유기체적 존재라는 사실에 주목하는 일이다. 대신에 과거의 철학자들은 이러한 유사성을 '본질' 또는 '본성'이라는 말로 설명하려고 했으며, 그것은 보편성 또는 절대성에 대한 추구로 이어진다. 지성사를 통해 이 보편성과 절대성의 추구를 위한 핵심적 통로로 기록된 것은 초월과 선험이다. 역설적이지만

을 하려고 하는지, 아니면 자살하려는 사람처럼 보이려고 하는지를 식별할 확정적인 방식이 없다는 점이다.

더 중요한 사실은 초월과 선험에 의지하는 사람들조차도 적어도 현상계 안에 자신들이 원하는 절대성이나 보편성이 없다는 사실에서 출발하고 있다는 점이다. 이제 자연주의적 행로를 따라 초월이나 선험을 거부하는 우리에게 남은 것은 현상계의 불투명성이다.

타자의 의도와 욕구를 이해하기 위해서 두뇌에 접속을 시도하는 공상과학 영화를 상상해 볼 수 있지만 그것은 영화일 뿐이다. 우리가 뉴런과 시냅스의 기제를 모두 이해하지 못하는 한, 그것을 판독하는 장치를 만드는 것 자체가 불가능하기 때문이다. 지혜로운 사람은 상대방의 눈빛을 보고 상대방을 안다고 말하기도 하고, 독심술이 가능하다고 주장하는 사람도 있다. 두뇌를 스캔하는 특수한 장치가 소개되거나 그와 유사한 능력을 가진 외계인이 등장하기도 한다. 설혹 그런 것이 있었다 하더라도 그 내용이 우리에게 전해 오지는 않는다. 그 방법을 전하기 위해 우리는 또다시 기호라는 미궁으로 되돌아와 있어야 한다. 종적 구조의 근원적 변혁이 일어나지 않는 한 타자의 경험에 직접 접속하는 일은 생기지 않을 것이다![13]

알 수 없는 것에 대해 알고자 하는 인간의 열망은 거의 본성에 가까운 것으로 보인다. 이처럼 알고자 하는 열망에 사로잡힌 인간에게 수많은 이론들이 참된 지식에 이르는 길을 알려 주겠노라고 약속한다. 그러나 이러한 약속을 담은 이론이 그저 약속이 아니라 진지한 의미에

---

13 예를 들어 한 몸을 공유하는 샴쌍둥이조차도 매우 다른 취향이나 정서를 갖는다. 좋아하는 음악이나 그림, 이성 스타일조차도 다르다고 한다. 그것은 몸 때문이 아니라 이들이 각각 구분되는 '두뇌'를 갖고 있기 때문이다. 이들은 매우 유사한 환경에 처해 있으면서도 매우 다른 방식의 자아를 형성한다는 것을 말해 준다. 우리는 이들을 분명히 구별되는 두 사람으로 인식한다. 이것은 이들이 각각 다른 자아 개념을 갖고 있으며, 각각 다른 방식으로 자신의 자아를 표현하기 때문이다.

서의 '해명'이라고 자처한다면 그것은 처음부터 '그릇된' 이론이다. 반면에 그 약속이 진지한 의도 없이 제안된 것이었다면 그것은 아예 '이론'이라는 이름을 얻지 못했을 것이다.

4. 기호적 실재의 구성

우리의 의사소통은 본성상 기호적이라는 점에서 불투명하다. 그러나 이러한 불투명한 조건 속에서도 우리는 여전히 여러 측면에서 성공적으로 사회적 삶을 유지한다. 이 때문에 우리는 적어도 우리 자신이 사회적 구조에 관해 사고나 이해를 공유한다고 믿기 쉽다. 그러나 흔히 이런 생각으로 이끌어 가는 사회적 현실은 대부분 '규약'으로 채워져 있다. 집단이나 공동체는 대부분 규약을 통해 가장 성공적이라고 생각되는 방식으로 조절되고 통제된다. 이론은 대부분 사회적 규약의 문제를 성공적으로 구성하는 데 동원된다. 투표, 결혼, 교육 등 다양한 사회 · 정치적 제도를 만드는 데 이론은 결정적인 역할을 한다. 일상생활의 자연스러운 일부를 구성하고 있는 사회적 구조는 사람들에게 너무나 익숙해져서 그것이 인위적이라는 생각조차도 잊기 쉽다. 그러나 모든 사회적 제도는 인간의 사회적 합의를 통해 구성된 것이며, 더 중요하게는 이 합의의 과정이 필수적으로 기호적 과정을 포함하고 있다는 점이다.

설(J. Searle)은 사회적 합의를 통해 구성된 새로운 영역을 자연적 실재와 구분하여 '사회적 실재'(social reality)라고 부른다. 설은 『사회적 실재의 구성』에서 사회적 실재의 본성과 구조에 대한 새로운 논의의 가능성과 필요성에 대해 주목할 만한 제안을 하고 있다.[14]

설은 먼저 자연적 실재와 사회적 실재를 구분한다. 산이나 강, 하늘은 자연적 실재다. 자연적 실재가 존재하는 데에는 인간의 합의가 요구되지 않는다. 반면에 화폐, 결혼, 정부, 대학, 교회 등은 인간의 합의를 통해 존재하게 된다. 그것들이 모두 설이 말하는 사회적 실재다. 예를 들면 화폐는 물리적으로는 이런저런 성질을 가진 종이일 뿐이다. 그러나 화폐는 다른 종이와는 매우 다른 방식으로 기능한다. 화폐는 물리적 성질을 넘어서서 새로운 사회적 성질이나 기능을 갖게 된다. 설은 화폐가 지니게 되는 이러한 새로운 기능을 '위상 기능'(status function)이라고 부른다.

이 위상 기능은 어떻게 발생하는 것일까? 설은 사회적 실재가 필수적으로 '상징화'(symbolism)라는 과정을 통해 구성된다고 말한다. 설은 언어가 사회적 실재 구성의 필수 조건을 이루고 있으며, 이 언어의 내재적 기능의 하나가 바로 상징화라고 주장한다. 요약하면 모든 사회적 실재는 언어의 내재적 기능인 상징화를 거쳐서만 구성된다는 것이다. 그러나 설이 답해야 할 또 하나의 중요한 물음이 있다. 언어 자체가 또 하나의 기호 체계라는 점을 감안하면, 언어라는 기호 체계가 다른 기호 체계에 대해 어떻게 우선성을 갖는가라는 물음이 그것이다. 설은 이 물음에 대해 선명한 답을 제시하지 못하고 있다. 필자는 설의 이러한 곤경이 적절한 기호 이론의 부재에서 비롯된다고 지적했다. 즉 사회적 실재의 본성을 적절히 해명하기 위해서는 언어까지를 포괄하는 더 근원적인 층위의 기호 이론이 필요하다는 것이다.[15]

---

14 John Searle, *The Construction of Social Reality* (New York: Free Press, 1995) 참조.

15 이 문제에 관한 좀 더 상세한 논의는 노양진, 「설과 사회적 실재의 구성」, 『범한철학』, 제64집 (2012 봄) 참조.

설은 사회적 실재의 구성에 관한 이후의 지속적인 논의를 수정 · 보완하여 『사회적 세계 만들기』를 출간했다. 여기에서 설은 사회적 실재 문제를 인간 문명에 관한 포괄적 논의로 확장하고 있으며, 동시에 사회적 실재의 본성과 구조를 다루는 새로운 학문 분과로 '사회의 철학' (Philosophy of Society)을 제안한다.[16] 그것은 과거의 '사회과학의 철학' 이나 '사회철학' 과 구분되는 새로운 탐구 영역이다. 자신이 『사회적 실재의 구성』에서 수행했던 것처럼 사회적 실재의 존재론적 본성에 대한 체계적인 탐구가 필요하다는 것이다. 설의 말처럼 '사회의 철학' 이 새로운 분과로 자리 잡게 된다면, 그 탐구의 핵심적 과제는 기호적 경험의 본성과 구조에 대한 해명이 될 것이다. 설은 그 과제를 미해결로 남겨 두고 있으며, 필자는 체험주의적 기호 이론이 그 과제를 해결하는 중심적 역할을 하게 될 것이라고 본다.[17]

기호적 경험의 본성에 대한 체험주의적 접근에는 하나의 세계가 있다. 즉 물리적 세계가 우리가 거주하는 유일한 세계다. 기호적 층위의 세계는 바로 이 물리적 세계에 대한 경험을 근거로 확장된 세계이며,

---

16 Searle, *Making the Social World: The Structure of Human Civilization* (Oxford: Oxford University Press, 2010) 참조.

17 이 문제와 관련한 최근의 진전된 해명은 디컨(T. Deacon)의 논의에서 찾아볼 수 있다. 디컨이 말하는 '상발적 현상' (ententional phenomena) 또한 기호적으로 구성되는 상위적 세계를 가리키는 다른 이름이다. 디컨은 신경과학적 탐구 성과를 근거로 상발적 현상이 기호적 과정을 통해 구성된다는 점에 주목한다. 그러나 디컨이 기호 개념에 관한 논의의 출발점에서 퍼스적 구도에 의존하고 있다는 점에서 여전히 적절한 기호 이론의 구성에 이르지 못한 것으로 보인다. Terrence Deacon, *Incomplete Nature: How Mind Emerged from Matter* (New York: W. W. Norton & Company, 2011) 참조. 디컨은 여기에서 'ententional' 이라는 새로운 조어를 소개하고 있는데, 필자는 그것을 상위적 발생이라는 의미에서 '상발적' (上發的)이라고 옮겼다.

그 확장의 본성과 구조를 해명하는 것이 새로운 철학적 과제로 제기된다. 신체화된 경험의 본성에 대한 체험주의의 해명은 기호적 경험에 대한 새로운 탐구의 가능성을 제시하고 있으며, 그것은 설이 말하는 사회적 실재를 포함한 기호적 실재의 본성에 관한 더 적절하고 포괄적인 해명의 통로를 열어 줄 것이다.

제6장

은유와 은유적 분석

1. 은유와 몸의 중심성

'개념적 은유 이론'이라고 불리는 체험주의의 은유 이론은 독창적인 것이지만 그것이 하나의 체계로 통합되는 데 기여한 몇몇 핵심적인 선행 연구가 있다. 존슨(C. Johnson)의 융합 이론(conflation theory), 그래디(J. Grady)의 일차적 은유 이론(primary metaphor theory), 나라야난(S. Narayanan)의 신경 은유 이론(neural theory of metaphor) 등이 그것이다.[1]

먼저 존슨의 융합 이론은 주관적 경험과 감각운동의 상관관계에 대한 새로운 연구에 출발점을 제공하고 있다. 예를 들면 영어에서 「아는 것은 보는 것」(Knowing Is Seeing)이라는 표현은 일상화되어 있다. 이때 아는 것과 보는 것은 어떤 방식으로 관련되는 것일까? 존슨은 아는 것이라는 주관적 경험이나 판단과 보는 것이라는 감각운동을 관련시키는 기제를 찾으려고 했으며, 그 기제를 '융합'으로 설명했다.

한편 그래디는 일차적 은유의 존재를 밝혔는데, 일차적 은유란 복

---

1 이 부분에 관한 상세한 소개는 G. 레이코프 · M. 존슨, 『몸의 철학: 신체화된 마음의 서구 사상에 대한 도전』, 임지룡 외 역 (서울: 박이정, 2002), 특히 4장 참조.

합적 은유를 형성하는 데 사용되는 기초 단위의 요소로 작용한다. 그래디는 '주관적 판단'과 '감각운동 지각'을 연결하는 소수의 은유를 발견했으며, 그것들을 '일차적 은유'라고 불렀다. 그래디가 제시하는 대표적인 일차적 은유에는 다음과 같은 것들이 있다.[2]

「애정은 따뜻함」(Affection Is Warmth)
「중요함은 큼」(Important Is Big)
「행복은 위」(Happy Is Up)
「친밀함은 가까움」(Intimacy Is Closeness)
「나쁜 것은 악취를 풍기는 것」(Bad Is Stinky)
「어려움은 짐」(Difficulties Are Burdens)

새로운 은유 이론의 철학적 중요성은 여기에서 출발한다. 주관적 경험이나 판단이라고 부르는 추상적 층위의 경험이 감각운동 지각 층위와 분리되어서 형성되거나 독립적으로 존재하지 않는다는 것이다. 예를 들어 주관적 판단인 '애정'에는 '온도'라는 감각운동 영역의 지각이 사상되고 있으며, 주관적 판단인 '중요함'에는 '큼'이라는 감각운동 영역의 지각이 사상되고 있다.

나라야난은 일차적 은유에 관해서 '애정'을 특징짓는 두뇌 안의 신경망과 '온도'를 특징짓는 신경망 사이의 연결체가 확립된다는 사실을 신경과학적 관찰을 통해 밝혀냈다. 말하자면 이 두 영역의 융합은

---

2 그래디는 자신의 박사학위 논문에서 24개의 대표적인 일차적 은유의 목록을 제시하고 있다. Joseph Grady, "Foundations of Meaning: Primary Metaphors and Primary Senses," Doctoral Dissertation, Department of Linguistics, University of California at Berkeley (1997) 참조.

그 각각의 신경망의 동시 활성화를 불러온다는 것이다.[3] 이는 은유가 단순히 언어적 기교가 아니라 추상적 개념을 구성하는 데 핵심적인 인지적 기제로 작동하고 있다는 사실을 보여 준다.

> 일차적 은유는 인지적 무의식의 일부이다. 우리는 정상적인 신경 학습 과정을 통해서 일차적 은유를 자동적 · 무의식적으로 습득하는데, 우리 자신이 일차적 은유를 갖고 있다는 사실을 깨닫지 못할 수 있다. 우리에게는 이 과정에 있어서 선택권이 없다. 이 세계에서의 신체화된 경험들이 보편적일 때, 대응하는 일차적 은유들은 보편적으로 습득된다. 이것은 매우 많은 일차적 은유들이 이 세계에 널리 존재한다는 것을 설명해 준다.[4]

이러한 연구들이 공통적으로 뒷받침해 주는 것은 개념이 감각운동 지각에 근거해서 은유적으로 형성된다는 것이다. 철학적 관점에서 지각작용과 개념작용의 상관관계는 오랫동안 철학자들을 혼란으로 이끌어 간 난제 중의 난제였다. 인지과학적 탐구의 진전은 지각작용과 개념작용 사이에 가정되는 이분법을 근원적으로 무너뜨린다. 몸의 작용이 바로 개념화의 본성을 형성한다는 것이다. 레이코프와 존슨은 이러한 다양한 경험적 발견을 새로운 은유 이론으로 체계화하고, 그것을 철학적 논의로 확장해 가는 핵심적인 교두보로 삼고 있는 것이다.

은유적 구조 안에서 우리는 A 영역의 경험을 B 영역의 경험에 사상

---

3 Srini Narayanan, "Embodiment in Language Understanding: Sensory-Motor Representations for Metaphoric Reasoning about Event Descriptions," Doctoral Dissertation, Department of Computer Science, University of California at Berkeley (1997) 참조.

4 레이코프 · 존슨, 『몸의 철학』, p. 100.

한다. 이러한 사상에 의해 우리는 B를 A의 '관점에서' (in terms of) 이해하고 경험할 수 있게 된다. 예를 들면 「사랑은 여행」 은유를 통해 우리는 사랑을 여행의 관점에서 이해하고 경험한다. 이때 여행 경험은 원천영역이 되며, 사랑 경험은 표적영역이 된다. 수많은 여행 경험이 사랑이라는 추상적 개념에 사상된다. 이러한 관점에서 레이코프는 은유를 개념체계 안의 '영역 간 사상' (cross-domain mapping)[5]이라고 정의한다. 「사랑은 여행」 은유 안에서 다음과 같은 은유적 표현들이 가능해진다.

우리가 얼마나 멀리 왔는지 보라. (Look *how far* we've come.)
우리는 기로에 서 있다. (We're *at a crossroads*.)
우리는 그저 각자의 길을 가야 해.
(We'll just have to *go our separate ways*.)
우리는 이제 되돌아갈 수 없다. (We can't *turn back now*.)
나는 이 관계가 더 이상 진전될 것으로 생각지 않는다.
(I don't think this relationship is *going anywhere*.)
우리는 지금 어디에 와 있지? (*Where* are we?)
우리는 꼼짝 못하고 있다. (We're *stuck*.)
그것은 길고 험한 길이었다. (It's been a *long, bumpy road*.)
이 관계는 막다른 길이다. (This relationship is a *dead-end street*.)
우리는 제자리걸음을 하고 있다. (We're just *spinning our wheels*.)
우리 결혼은 좌초되었다. (Our marriage is *on the rocks*.)

---

5 George Lakoff, "The Contemporary Theory of Metaphor," in Andrew Ortony, ed., *Metaphor and Thought*, 2nd ed. (Cambridge: Cambridge University Press, 1993), p. 203.

우리는 궤도를 벗어났다. (We've gotten *off the track*.)

이 관계는 허우적거리고 있다. (This relationship is *foundering*.)[6]

「사랑은 여행」 외에도 사랑을 정의하는 수많은 영어권의 은유가 있다. 이렇게 다양한 은유를 통해 추상적 개념인 '사랑'은 점차 더 구체적인 내용을 얻게 된다. 이 은유들은 다양한 문화들 사이에 부분적으로 중첩될 수 있지만 그 목록이 일치할 것이라는 보장은 없다.

「사랑은 물리적 힘」(Love Is a Physical Force)

「사랑은 환자」(Love Is a Patient)

「사랑은 미침」(Love Is Madness)

「사랑은 마법」(Love Is Magic)

「사랑은 전쟁」(Love Is War)

「사랑은 협동적인 예술작품」(Love Is a Collaborative Work of Art)[7]

이러한 은유 이론에 따르면 우리가 은유라고 인식하지 못하는 수많은 관습적 표현들이 은유적이다. 관습적인 은유들은 우리의 일상적 언어에 흡수되어 사용되기 때문에 우리는 대부분 그것이 은유라는 사실조차도 의식하지 못한다.[8] 이러한 분석이 보여 주는 것은 은유가 단순

---

6 G. 레이코프 · M. 존슨, 『삶으로서의 은유』, 수정판, 노양진 · 나익주 역 (서울: 박이정, 2006), p. 93.

7 같은 책, pp. 106-109 참조.

8 물건이 사람을 대신한다는 의미에서의 환유나 부분이 전체를 대신한다는 의미에서의 제유 또한 '영역 간 사상'이라는 구조 안에 있다. 따라서 레이코프와 존슨에게 '은유적'이라는 말은 고전적인 환유나 제유와 같은 기제들을 포괄하는 말이다.

히 특수한 언어적 기교가 아니라 우리의 일상적 경험에 광범위하게 편재되어 있는 인지적 기제이며, 동시에 신체적/물리적 층위의 경험이 정신적/추상적 층위의 경험으로 확장되어 가는 데 핵심적 기제라는 것이다.

2. 은유와 철학

체험주의 은유 이론을 통해 드러나는 중요한 사실은 모든 추상적 개념이 신체적 근거를 갖는다는 점이다. 바꾸어 말하면 우리의 모든 경험은 비교적 단순한 신체적 경험으로부터 점차 복잡한 추상적 경험 영역으로 확장된다. 신체적 경험에 근거하지 않은 추상적 영역은 개념화될 수도 이해될 수도 없다.

추상적 개념과 이론은 모두 은유들로 구성된다. 이성, 진리, 주체, 선, 옳음 등 모든 철학적 개념들 또한 그런 것이다. 니체(F. Nietzsche)가 그렇게 말했고 데리다(J. Derrida)가 그렇게 말했다. 그래서 데리다는 스스로의 시각을 '해체'라고 불렀다. 철학적 개념들 자체의 은유적 뿌리를 밝힘으로써 그 개념들이 유지해 왔던 완고한 철학적 권위를 근원적으로 무너뜨리고 있기 때문이다. 그러나 해체론이 주목받는 더 중요한 이유는 무너진 철학의 자리에 대안이 불필요하다고 주장하기 때문이다. 그것은 전통적인 철학자들에게 '철학의 종말'과 다르지 않다. 이 때문에 데리다에 대한 평가는 극명하게 엇갈린다. 서구의 지적 전통에 대한 뿌리 깊은 통찰로 찬사를 받는 한편, 대안 없는 해체가 '철학적 무책임'일 뿐이라는 비판을 불러온다.[9]

전통적 철학 이론들의 은유적 구조에 대한 체험주의적 분석은 데리다의 해체론만큼이나 급진적이다. 레이코프와 존슨은 『몸의 철학』 3부에서 소크라테스 이전의 철학자들에서부터 20세기의 분석철학과 합리적 행위 이론에 이르기까지 서구의 지성사를 대변하는 주된 철학 이론들의 은유적 구조를 섬세하게 분석한다. 그것은 체험주의적 시각에서 쓰인 새로운 철학사라고 할 수 있다. 이러한 분석은 각각의 이론들이 진리 주장을 하지만 그것이 본성상 절대적 진리가 아니라 스스로의 구조 안에서 내적 정합성을 유지하는 은유의 체계라는 것을 보여 준다.

레이코프와 존슨의 이러한 은유적 분석에 따르면 칸트의 도덕 이론은 아리스토텔레스 이래로 전승되어 온 「본질」(Essence)의 통속 이론을 토대로 하며, 여기에 유대-기독교적 도덕 전통이 물려준 「엄격한 아버지」(Strict Father) 은유가 결합되어 있다. 여기에 「도덕적 권위」(Moral Authority)나 「도덕적 힘」(Moral Strength)과 같은 하위 은유들이 추가적으로 덧붙여진다. 이러한 분석을 토대로 레이코프와 존슨은 칸트 도덕 이론의 핵을 이루고 있는 보편적 이성 개념을 다음과 같이 분석한다.

「도덕의 원천으로서의 보편적 이성」

모든 도덕적 목적들은 보편적 이성으로부터 따라 나온다.
따라서 보편적 이성은 모든 도덕적 목적들의 인과적 근원이다.
따라서 보편적 이성은 모든 도덕적 목적들의 본질이다.
따라서 보편적 이성은 목적 자체로서 존재한다.

---

9 힐러리 퍼트남, 『과학주의 철학을 넘어서』, 원만희 역(서울: 철학과현실사, 1998), p. 182 참조.

보편적 이성은 우리의 합리적 본성의 본질이다.
따라서 합리적 본성은 목적 자체로서 존재한다.
모든 인간은 합리적 본성을 지닌다.
따라서 모든 인간은 목적 자체로서 존재한다.
따라서 모든 인간은 모든 사람들에게 하나의 목적이다.
따라서 어떤 인간도 다른 어떤 다른 목적에 봉사하는 수단으로서 존재하지 않는다.[10]

철학적 이론들이 은유의 체계라는 주장은 절대적 진리를 추구하는 사변적 전통의 철학자들에게 당혹스러운 것이지만 동시에 부인할 수 없는 사실이기도 하다. 어떤 이론이 은유적이라고 말하는 것은 흔히 그 이론의 철학적 권위를 무너뜨리는 것으로 받아들여진다. 이성에 근거한 철학적 사유에 비한다면 은유는 사적인 특성이나 감성을 표현하는 언어적 기교라고 간주되었기 때문이다. 그러나 체험주의적 분석을 통해 은유는 단순히 언어적 기교의 문제도 아니며, 나아가 철학적 이론들이 본성상 은유적이라는 것은 더 이상 부인할 수 없는 분명한 사실로 드러났다.

체험주의적 은유 이론에 따르면 어떤 철학 이론도 근원적으로 절대적 진리를 제시할 수 없다. 모든 진리는 특정한 은유적 체계 안에서만 진리이기 때문이다. 은유화의 방식은 원리적으로 무한하며, 따라서 철학이 사용할 수 있는 은유들 또한 무한히 열려 있다. 어떤 은유가 얼마나, 또 어떻게 더 나은지를 결정하기 위한 단일한 기준은 없다. 이러한 상황은 포스트모던 철학자들의 해체론적 주장을 뒷받침해 주는 결정

---

10 레이코프 · 존슨, 『몸의 철학』, pp. 628–29.

적인 근거가 되고 있지만 그것이 포스트모던 철학자들의 철학적 결론까지도 정당화해 주는 것은 아니다.

절대적 은유와 결별한 우리에게는 여전히 '더 나은' 은유를 산출하거나 선택하는 문제가 남아 있다. 이 모든 것을 평가하는 절대적 기준은 무너졌지만 그렇다고 해서 우리의 모든 은유가 뿌리 없이 떠도는 허무주의적 '놀이'로 귀결되는 것은 아니다. 모든 은유들의 뿌리에 우리의 몸이 있다는 체험주의의 주장은 바로 몸이 은유들의 무제약적인 놀이를 제약하는 궁극적 지반이라는 사실을 말해 준다. 체험주의를 따라 절대적 보편성을 포기하는 것은 철학적 사유를 포기하는 일이 아니라 철학의 본성에 대한 우리의 이해를 수정하는 일이다.

제7장

새로운 상상력 이론

존슨은 체험주의의 은유 이론을 신체화된 경험의 구조에 대한 포괄적 해명으로 확장하고 있으며, 그렇게 해서 전개된 것이 그의 '상상력' 이론이다. 존슨의 상상력 이론은 『마음 속의 몸』에서 체계적인 모습을 드러낸다. 존슨은 흔히 이성 능력과 대비되는 것으로서 상상력이 우리를 자의적인 사변의 도약으로 이끌어 간다는 고전적인 시각을 거부하고, 상상력이 우리의 전 경험을 구성하는 핵심적 작용이라고 주장한다. 말하자면 우리 경험은 뿌리부터 '상상적 구조'를 갖고 있다는 것이다.

> 상상력이 없이는 이 세상의 아무것도 의미가 있을 수 없다. 상상력이 없이는 우리 경험에 어떤 의미도 부여할 수 없다. 상상력이 없이는 실재에 관한 지식을 이끌어 낼 수 없다.[1]

이러한 견해는 상상력이 주로 창조성을 이끌어 가는 시적·예술적 능력이라는 고전적인 상상력 개념과의 완전한 결별을 의미한다. 존슨

1 마크 존슨, 『마음 속의 몸: 의미, 상상력, 이성의 신체적 근거』, 노양진 역 (서울: 철학과현실사, 2000), p. 19.

에 따르면 상상력은 이성에 대비되는 특수한 능력이 아니라 우리의 인식 전반에 걸쳐 작동하는 근원적인 인지적 기제다.

1. 경험의 상상적 구조

이성 중심적인 서구의 철학적 전통은 인간을 순수한 마음의 존재로 규정했으며, 이러한 구도 안에서 몸은 잊혀진 주제가 되었다. 존슨은 '마음'이라고 불리는 국면이 신체적 활동에 근거하고 있으며, 동시에 이 때문에 마음의 작용이 몸에 의해 제약되어 있다는 사실을 밝히려고 한다. 이러한 존슨의 계획은 새로운 상상력 이론으로 전개된다.

이성 중심적 전통의 철학자들에게 상상력은 계륵(鷄肋)과 다르지 않다. 그 기능과 역할을 부인할 수는 없지만 상상력의 작용은 정형화된 형태로 이론화하기에는 떠도는 부유물처럼 불규칙하고 불안정하기 때문이다. 이 때문에 상상력은 전통적으로 '이성'과 대비되는 능력으로 간주되어 왔으며, 나아가 철학적 사유의 장애물로 인식되어 왔다. 한때 낭만주의적 전통 안에서 상상력의 중요성이 부각되었지만 이들의 관심은 상상력의 본성에 대한 체계적인 해명으로 나아가는 대신에 대부분 영감적인 주장들을 표출하는 데 그치고 말았다.

상상력의 인식론적 중요성에 주목하고 그것을 체계적으로 해명하려고 했던 최초의 철학자는 칸트(I. Kant)일 것이다. 칸트의 인식론은 지각적 내용을 다루는 감성과 그 지각 내용을 분석하고 종합하는 또 다른 선험적 능력으로 지성(오성)을 가정했다. 그러나 이 두 영역은 독립적으로 작용하는 분리된 영역이 아니라 상호 밀접한 상관관계 속에서 작용한다. 칸트는 이 두 영역을 연결하는 포괄적인 제3의 기능으로 상상력의 역할에 주목했다. 존슨이 새로운 상상력 이론을 전개하는 데 핵심적 계기를 제공해 주는 것은 바로 이 칸트의 상상력 이론이다.

존슨은 칸트가 상상력의 중요성을 인식하고 있었지만 그 해명에 실패했으며, 그 실패의 주된 이유를 칸트가 상상력의 근원성을 충분히 밝히지 못했기 때문이라고 본다. 즉 칸트는 상상력의 산출적 · 재생적 · 창조적 능력에 주목했으며, 그것을 통해 격자화된 감성과 오성을 연결하려고 했지만 적절한 해명에 이르지 못했다는 것이다. 존슨은 오히려 상상력이 감성과 오성에 앞서 훨씬 더 근원적인 수준에서 작용한다는 점을 밝힘으로써 칸트의 문제를 넘어서려고 한다. 존슨은 우리 인지가 출발점에서부터 상상적 구조들을 통해 확장된다는 사실에 주목했으며, 따라서 상상력의 구조에 대한 해명이 우리의 전반적인 인지 구조에 대한 새로운 해명이 될 것이라고 제안한다.

2. 영상도식과 은유적 사상

존슨의 상상력 이론은 '신체화된 경험'의 구조에 대한 포괄적 해명이다. 상상력 이론은 '영상도식'과 '은유적 사상'이라는 두 축을 따라 전개된다.[2] 신체적 활동에서 직접 발생하는 소수의 영상도식들이 있으며, 그것들은 은유적 사상을 통해 점차 섬세한 경험 층위로 확장된다. 이 은유적 확장은 은유, 환유, 심적 영상, 원형 효과 등을 포함한다. 이러한 확장은 자연적 · 사회적 · 문화적 조건에 영향을 받으며, 이

---

2 영상도식과 은유적 사상은 앞서 3장 2절에서 설명했다. 따라서 이 장에서는 칸트와의 대비 속에서 존슨의 상상력 이론의 성격을 드러내는 데 초점을 맞출 것이다.

때문에 그 확장에는 어떤 법칙적인 알고리즘도 없다.

존슨은 자신이 제시하는 '영상도식'과 '은유적 사상'이라는 개념의 연원을 칸트에게서 찾는다. 나아가 존슨은 자신이 『마음 속의 몸』에서 전개하려는 모든 논증이 칸트의 문제의식에 의존하고 있다고 말한다. 이러한 관점에서 존슨은 상상력의 역할을 이렇게 요약한다. "모든 의미 있는 경험과 모든 이해는 우리의 표상을 정돈하고(재생적 기능), 우리의 의식의 시간적 통일을 구성하는(산출적 기능) 상상력의 작용을 포함한다."[3]

존슨이 주목하는 것은 칸트가 자신의 상상력 이론을 구성하면서 추상적인 정신적 구조가 우리의 감각적 지각 내용과 연결되는 방식에 관해 핵심적인 사유를 전개하고 있다는 점이다. 존슨은 칸트의 '도식'이 바로 그 기능을 수행하고 있다고 본다. 칸트는 도식이 순수하게 초월적(=선험적)이어야 한다고 보았다.

> 이제, 한편으로는 범주와 또 다른 한편으로는 현상들과 동종적이어야 하고, 전자를 후자에 적용 가능하도록 해 주는 제3의 것이 있어야 함은 명백하다. 이 매개적인 표상은 순수하면서도(아무런 경험적인 것도 포함하지 않으면서도), 한편으로는 지성적이고 다른 한편으로는 감성적이어야만 한다. 그러한 표상이 초월적 도식이다.[4]

칸트는 이러한 도식이 개념도 아니며, 구체적인 영상일 수도 없다고 보았으며, 이 때문에 그것을 선험적인 작용의 절차로 보았다. 존슨

---

3 존슨, 『마음 속의 몸』, p. 290. (고딕은 원문의 강조.)

4 임마누엘 칸트, 『순수이성비판 1』, 백종현 역 (서울: 아카넷, 2006), A138.

의 영상도식 개념은 직접적으로 칸트의 '도식' 개념이 담고 있는 문제의식을 공유하지만, 존슨은 그것이 선험에 의지해서 해명되어야 할 문제가 아니라 경험적으로 해명되어야 할 문제라고 본다.[5] 말하자면 존슨은 칸트가 가정했던 선험적 도식을 경험적인 어휘로 재구성하려고 한다.

존슨은 영상도식뿐만 아니라 이 영상도식의 확장 방식을 설명하기 위해 도입된 '은유적 투사' 개념의 연원 또한 칸트에게서 찾고 있다.

> 그런데 어떤 개념의 근저에 상상력의 표상이 놓이면, 이 표상은 그 개념을 현시하게 되나, 그 자체만으로는 결코 하나의 특정한 개념 안에 총괄될 수 없을 만큼 많은 것을 생각하게 되는 기연이 되며, 그러니까 그 개념 자신을 무제한하게 미감적으로 확장하게 되는데, 그래서 이런 경우에 상상력은 창조적이고, 지성적인 이념들의 능력(즉 이성)을 작동시켜서, 곧 하나의 표상을 기연으로 해서, 그 표상 안에서 포착되고 분명하게 될 수 있는 것 이상의 것을 생각하도록 — 물론 이러한 것은 대상의 개념에 속하는 것이지만 — 하는 것이다.[6]

존슨에 따르면 칸트의 상상력 이론은 그 중요한 통찰에서 출발했지만 선험적 사변에 의존함으로써 스스로 풀 수 없는 난제에 직면하게 되었다. 이 때문에 칸트의 상상력은 개념화와 감각 사이의 애매한 영역에 설정되며, 법칙 지배적 기능과 비법칙 지배적 기능을 동시에 드러낸다. 이런 관점에서 존슨은 칸트의 문제의 뿌리를 이렇게 말한다.

---

5 존슨, 『마음 속의 몸』, p. 288 참조.

6 칸트, 『판단력비판』, 백종현 역 (서울: 아카넷, 2009), B194–95.

이 문제들은 모두 칸트의 철학체계의 구조 안에서 동일한 뿌리를 갖는다. 두 문제는 모두 칸트가 특정한 종류의 형이상학적 분리 — 그는 실재가 근원적으로 상이하며, 근원적인 두 영역으로 구분된다고 본다 — 를 가정하기 때문에 생겨난다.[7]

칸트의 문제는 본성상 플라톤 이래로 초월적인 것을 설정했던 사변적 철학자들이 반복적으로 직면했던 '관여'(*methexis*) 문제의 근세적 버전이다. 플라톤은 초월이라는 분리된 세계를 다시 이 세계와 연결하기 위해 새로운 이론적 장치를 도입해야 하는 악순환 속에서 좌절을 거듭했다. 이러한 시각에서 본다면 초월 대신에 선험을 논의의 방법으로 끌어들였던 칸트의 실패 또한 예고된 것이다. 이제 존슨의 과제는 이러한 두 영역의 간극을 제거하고 칸트가 선험적 사변에 의존해서 해명하려고 했던 문제들을 경험적 어휘로 재구성하는 일이다. 그것이 바로 존슨의 새로운 상상력 이론이다. 그 결과는 칸트가 생각했던 것과는 달리 상상력이 감성과 오성이라는 인식 능력에 앞서 작용하는 근원적 능력이라는 것이다.

영상도식은 신체적 활동으로부터 직접 발생하는, 비교적 단순한 요소로 이루어진 인식의 기본 패턴들이다. 칸트의 도식이 선험적이라는 것은 그것이 순수하며, 동시에 확정적이라는 것을 의미한다. 반면에 존슨의 영상도식은 비교적 안정된 패턴들이지만 경험에 의해 수정될 수 있을 만큼 '유연한'(malleable) 것이다. 즉 영상도식은 경험적 요소를 포함하고 있으며, 따라서 확정적이지 않다는 것이다.

한편 영상도식들은 상이한 언어나 문화를 통해 거의 공통적으로 발

7 존슨, 『마음 속의 몸』, p. 304. (고딕은 원문의 강조.)

견된다는 점에서 매우 안정된 패턴이라는 것을 알 수 있다. 존슨은 영상도식이 드러내는 이러한 안정성이 현재와 같은 몸을 가진 인간의 자연적 조건에 근거한 것이라고 본다. 이런 점에서 영상도식은 우리 경험의 '공공성'을 강력한 방식으로 예증해 준다고 할 수 있다. 영상도식이 신체적 층위에서 직접 발생한다는 주장은 우리 경험의 출발점이 신체적 활동이라는 사실을 함축하며, 신체적 층위에서 확연한 공공성이 드러난다는 사실은 신체적 층위의 경험이 경험적 공공성의 원천이라는 것을 함축한다.

영상도식 개념은 물론 이론적 가설의 하나다. 적어도 영상도식이 그 자체로 우리 경험 영역에 직접 모습을 드러내는 것은 아니기 때문이다. 그러나 칸트의 도식 개념이 순수한 사변의 산물이라면 존슨의 영상도식은 다양한 경험적 탐구의 성과를 근거로 새롭게 재구성되고 있다는 점에서 부인하기 힘든 설득력을 갖는다. 더 중요한 것은 이렇게 제시되는 가설이 이와 관련된 수많은 경험적 사실을 훨씬 더 정합적인 방식으로 해명할 수 있다는 점이다.

칸트의 통찰에 크게 빚지고 있지만 존슨은 영상도식 개념을 경험적으로 재구성함으로써 이후의 철학적 논의는 칸트의 철학으로부터 더 이상 화해될 수 없는 방식으로 멀어지고 있다. 존슨은 칸트의 시대에 주어지지 않았던 경험적 탐구 성과에 의존함으로써 칸트의 철학과 결별한다. 경험의 모든 구조를 경험적인 것의 영역으로 옮겨 온 존슨의 철학적 논의가 전개되어 가면서 점차 선명해진 것은 그의 철학적 구도가 큰 틀에서 듀이적 실용주의와 유사하게 되어 가고 있다는 점이다. 그러나 듀이의 철학은 존슨이 철학적 사유의 출발점에서 선택한 목표가 아니라 그 전개 과정에서 점차 드러나게 된 귀결의 하나다.

존슨의 상상력 이론은 우리 경험이 드러내는 두 층위, 즉 신체적 층위와 정신적 층위가 어떻게 확장되어 가는지를 해명하고 있다는 점에서 결정적인 중요성을 갖는다. 모든 정신적 층위의 경험은 신체적 층위의 경험에 근거하고 있으며, 그 확장의 방식이 '은유적'이라는 점에서 산술적 환원은 불가능하다. 마음의 철학이라고 불릴 수 있는 사변적 전통의 이론들은 정신적 층위가 신체적 근거를 갖는다는 사실을 간과함으로써 순수하게 사변적인 사유 안에서 모든 철학적 문제를 해명하려고 했다.

『마음 속의 몸』에서 상상력 이론이 우리 경험의 기본적 본성과 구조를 해명하고 있다면, 『도덕적 상상력』(1993)은 도덕적 경험의 상상적 구조에 대한 해명이다. 존슨은 이 책에서 모든 추상적 층위의 도덕적 개념이 은유적 구성물일 수밖에 없으며, 따라서 이러한 개념에 의존하고 있는 도덕 이론 또한 은유적 구성물이라고 주장한다. 존슨의 이러한 주장은 보편적 도덕원리의 탐구를 기치로 내세우는 절대주의 윤리학의 '절대성' 주장이 근원적으로 허구라는 것을 함축한다.

존슨의 상상력 이론은 『몸의 의미』(2007)에 이르러 충분히 확장된 모습을 드러낸다. 미학적 경험이 상상력의 문제라는 것은 전통적 시각이다. 그러나 존슨은 상상력의 역할을 미학적 경험 영역에 국한하지 않고 지적·도덕적 경험 또한 상상적 구조에 의존하고 있다는 주장으로 나아간다. 즉 우리의 모든 경험이 상상력이라는 편재적 기제에 의존하고 있으며, 그런 의미에서 우리의 모든 경험은 '미학적 구조'를 갖는다는 것이다. 이러한 존슨의 시도는 지적 영역과 도덕적 영역, 미학적 영역을 엄격하게 구분하는 전통적 가정들을 근원적으로 수정하려는 급진적 시도라고 할 수 있다.

제 8 장

이성 없는 철학

그리스인들이 인간의 능력으로서의 '누스'(*nous*)를 발견한 이래로 '이성'은 서구의 철학적 사유를 이끌어 온 핵심적 축이 되었다. '로고스'(*logos*)가 우주의 법칙과 질서를 포괄하는 것이었다면 누스는 순수한 인간의 능력을 가리키는 말이 되었다. 그것이 오늘날 우리가 말하는 이성이다. 적어도 서양철학사에서 누스의 탄생은 '철학'이라는 장르의 출발을 의미한다. 그래서 많은 사람들은 서양철학 자체를 이성의 담론으로 간주하기도 한다. 적어도 서양철학사만을 본다면 그것은 맞는 말이다. 따라서 서구의 이성주의적 전통 안에 있는 사람들에게 '이성 없는 철학'은 마치 '둥근 사각형'처럼 일종의 모순어법과 다름없다.

'이성'이 심각한 도전에 직면하게 된 것은 20세기 후반의 일이다. 이성을 어떻게 규정하든 그것이 몸의 능력이 아니라는 것은 분명해 보이며, 이성을 인간의 고유한 능력으로 규정하는 한 이성은 인간의 정신 능력이며, 동시에 그것이 인간의 '본질'이다. 이러한 이성은 지적·도덕적 담론에서 보편적 진리에 이르는 배타적 능력이다.

그러나 20세기 후반에 지속적으로 제기된 이성 비판은 이성 개념 자체를 무너뜨리는 데 기여했으며, 그것은 보편적 진리 개념의 붕괴를 뜻한다. 이 때문에 20세기 후반의 반이성주의 담론은 이성의 빈자리를 대부분 상대주의적 담론으로 채우게 되었다. 필자는 이러한 20세기 후반의 지적 상황을 '상대주의적 전환'(Relativistic Turn)이라고 부른다.[1] 서구 지성사에서 소피스트의 시대 이래로 상대주의적 담론이 '과잉'이라고 불릴 만큼 이처럼 성행한 적이 없기 때문이다.

상대주의를 지탱해 주는 결정적인 증거는 우리 경험에서 드러나는 실제적인 상대성이다. 그러나 상대성을 옹호하려는 이론으로서의 '상대주의'는 자기 반박적이라는 고전적인 비판 속에서 적어도 상식 있는 지식인은 모두가 비켜서야 할 위험한 오염지역처럼 기피되어 왔다. '상대주의'라는 이름이 불러오는 허무주의적 우려 때문에 상대성을 옹호하는 대부분의 철학자들은 자신의 입장을 '상대주의'라고 부르는 대신에 '다원주의'라고 부른다. 그러나 새로운 이름만으로 허무주의적 우려가 사라지는 것은 아니다. 다원주의는 사실상 상대주의의 다른 이름일 뿐이다.

상대주의의 성행은 이성주의에 대한 결정적 도전이다. 이성은 처음부터 객관성 개념과 묶여 있으며, 따라서 객관성의 거부는 이성의 거부를 의미하기 때문이다. 사실상 이성주의자로서도 현실적인 다원성을 거부하는 것은 불가능해 보인다. 다원성은 부인할 수 없는 경험적 사실이기 때문이다. 그러나 변형된 형태라 하더라도 이성 개념을 받아들이는 한 우리는 진정한 의미에서 다원주의자일 수 없다. 만약 이성이 다원적이라면 그것은 단순히 모순어법의 문제가 아니라 개념적으로 비정합적이기 때문이다. 플라톤 이래로 이성은 처음부터 다원성을 벗어나기 위해 고안된 개념이며, 따라서 다원성을 인정하는 것은 이성을 거부함으로써만 가능하다. 이런 의미에서 다원주의는 처음부터 반

---

1 노양진, 『상대주의의 두 얼굴』(파주: 서광사, 2007), p. 22 참조.

이성주의적 담론이다.

그러나 이성의 거부가 그 자체로 철학의 길은 아니다. 주류적 흐름을 따른다면 서양철학사는 이성 담론의 역사이며, 따라서 이성이 거부된 자리에 새로운 철학적 담론을 요구하기 때문이다. 이성주의는 이성을 거부하는 것이 곧 허무주의에 굴복하는 것이라는 이분법 안에서 오랫동안 스스로의 이론적 위상을 지켜 왔다. 사실상 이성주의자든 반이성주의자든 허무주의를 받아들이는 것은 불가능해 보인다. 따라서 이성을 거부하는 새로운 철학적 논의는 이성 없는 철학적 사유가 어떻게 허무주의를 비켜서서 열리게 되는지를 밝혀야 한다.

1. 이성의 신화

서구 지성사를 통해 이성은 너무나 많은 것을 가리키게 되었으며, 정작 이성주의자조차도 그 정체를 밝히는 일이 어렵게 되었다. 이성은 진리의 주인이며, 도덕의 주인이다. 모든 좋은 것이 이성의 편에 서 있으며, 그렇게 해서 '이성은 좋은 것'이라는 신화가 탄생했다. 신화가 문제인 것은 그것이 단지 신화이기 때문이 아니라 그 그림자 때문이다. 이성은 좋은 것이라는 신화는 '비이성은 나쁜 것'이라는 그림자를 드리운다. 그 그림자 안에 욕망이나 감정, 상상력이 있다.[2]

이성 담론을 궁지로 몰아가는 결정적인 지적 경향은 상대주의적 이론의 확산이다. 절대적 진리 개념에 대한 지속적인 비판 속에서 다수의 진리 이론들이 주도적 위상을 얻게 되면서 이성의 자리는 매우 불

2 노양진, 「이성의 이름」, 『몸 · 언어 · 철학』 (파주: 서광사, 2009), p. 240 참조.

투명한 것이 되었다. 실제적으로 드러나는 상대적 현상을 완전히 제거하거나 해소하지 못하는 한 절대적 진리를 옹호하는 이성주의는 이론적 궁지에 몰릴 수밖에 없기 때문이다.

실제적인 다원성 앞에서 이성이 전면에서 물러선다고 하더라도 이성이 포기되는 것은 아니며, 그래서 이성주의자는 다원적 현상이 드러내는 불가피한 충돌이나 갈등을 또다시 이성을 통해 해결하려고 할 것이다. 모든 것의 전면에 서 있던 이성은 이제 실제적인 다원성의 배후로 물러서지만 여전히 궁극적인 판정자로서의 위상을 포기하지 않는다. 필자는 이러한 이성을 '후퇴한 이성'이라고 부른다.[3]

그러나 이성의 후퇴가 왜 부적절한 전략일 수밖에 없는지는 비교적 쉽게 드러난다. 우리는 이성 개념 자체가 본성상 다원성을 거부하거나 극복하기 위한 이론적 시도의 산물이라는 점을 상기해야 한다. 만약 이성이 다원적이라면 그것은 자기 부정을 의미한다. 만약 다수의 이성이라는 말이 가능하다면 그것은 이미 개념적으로 이성일 수 없다.

이성의 신화를 넘어서려는 시도로 이성의 감성화나 감성의 이성화가 있다. 감성도 이성적이라고 말하거나 이성에도 감성적 측면이 있다고 말하는 것이 그것이다. 이런 관점에서 수사(R. de Sousa)는 감성의 합리성을 이야기한다. 김영정은 그 시도를 지지한다. 이성의 감성화나 감성의 이성화 어느 쪽을 선택하든 그 결과는 항상 이성의 승리다. 근원적으로 이성 개념을 포기하지 않는 한 두 전략 모두 결과적으로 이성의 영역을 넓히는 일이기 때문이다.

이러한 상황에서 이성주의가 선택하는 또 다른 주목할 만한 대안은 '이성의 후퇴'다. 이러한 전략은 하버마스(J. Habermas)를 통해 극적

---

3 같은 책, pp. 250–51 참조.

으로 나타난다. 하버마스는 이성의 본성을 의사소통을 위한 선험적 지반이라는 시각에서 접근한다. 하버마스가 제시하는 '의사소통적 합리성'은 계몽의 기획을 이끌어 가는 적극적 이성이 아니라, 차이들의 분기(分岐)가 뿌리 없는 허무주의로 전락하는 것을 막아 주는 방파제다.

20세기 후반의 '상대주의적 전환' 속에서 이성주의의 옹호자들은 예외적인 소수에 속한다. 기든스(A. Giddens)의 말처럼 하버마스는 "물길을 거슬러 헤엄을 치고 있다."[4] 하버마스는 근세가 실패한 기획이 아니라 미완의 기획이라고 말한다. 하버마스는 '모더니티'가 이성의 자율성을 바탕으로 한 분화의 시대라고 본다. 그러나 이러한 모더니티의 이념은 영역들의 분화를 인정하는 동시에 이러한 분화의 보편적 통합이라는 목표를 설정하는데, 하버마스는 이러한 모더니티의 기획이 자기 모순적이라고 본다. 이 때문에 하버마스는 모더니티가 이러한 모순을 극복하기 위해서 자기 변형을 시도해야 한다고 본다. 그는 모더니티의 기획이 성공적이지 못하다는 점에서 포스트모던 철학자들과 시각을 공유하면서도 완전한 단절 대신에 미완의 모더니티를 방어 가능한 방식으로 재구성하려고 한다.

하버마스는 실제적인 다원성을 인정하면서도 그 보편성의 지반을 의사소통적 합리성으로 유지하려고 한다. 하버마스가 다원성을 수용하는 만큼 그의 이성은 물러서 있다고 말할 수 있다. 그렇다 하더라도 이성이 안고 있는 두 갈래의 난점은 여전히 완화되지 않은 채로 남아 있다. 이성은 이론적으로 요청되고 있으며, 스스로를 증명하지 못한다. 이성은 여전히 이상적 담화 상황을 위해 요청되는 어떤 것이며, 그

4 Anthony Giddens, "Reason without Revolution?: Habermas's *Theorie des kommikativen Handelns*," in Richard Bernstein, ed., *Habermas and Modernity* (Cambridge, Mass.: MIT Press, 1985), p. 97.

것은 이성주의자들이 의지해 왔던 '초월론적' 논증의 한 형태를 벗어나지 못한다. 나아가 이성을 인정하는 한 다원성은 표피적인 수사에 불과하다. 이성은 충돌하는 다원성을 통합할 수 있는 최종적 지반이기 때문이다. 통합되는 다원성은 더 이상 다원성이 아니다. 반면에 만약 이성이 그런 역할을 포기한다면 이성은 더 이상 '이성'이라고 불려야 할 이유가 없게 된다.

아마도 하버마스가 마지막 이성주의자는 아닐 것이다. 여전히 완고한 이성주의자들은 하버마스의 전략에 불만을 드러낼지도 모른다. 그들은 새로운 전략을 통해서 여전히 이성을 옹호해야 하며, 그것이 반철학적 도전들로부터 '철학'을 지키는 일이라고 믿고 있을지도 모른다. 하버마스의 전략이 실패했다고 인정하는 사람들조차도 여전히 새로운 전략의 출현을 기대하고 있을지도 모른다. 그러나 이성의 문제는 전략의 층위를 넘어서 훨씬 더 깊은 뿌리를 갖고 있으며, 전략을 통해 수정하거나 보완할 수 있는 성질의 것이 아니다.

2. 이성의 원천

서구의 모든 철학자가 이성에 관해 이야기해 왔지만 이성의 존재는 증명된 적이 없다. 이성이 이성 담론의 출발점을 이루고 있으며, 이성은 초월론적으로만 증명된다. 바꾸어 말하면 수천 년에 걸친 이성의 역사 속에서도 이성은 그 실체가 드러나지 않는 수수께끼로 남아 있다. 이성주의자는 예외 없이 이성의 존재를 제시하는 대신에 이성이 왜 필요한지를 설명한다. 그래서 이성은 이론적 구성물이다. 이론이 없는 곳에 이성은 스스로 존재하지 않는다.

그리스인들이 '누스' 라는 개념을 발명한 이래로 이성은 인간적/철학적 사유를 이끌어 가는 인간의 배타적 능력으로 간주되어 왔다. 그러나 지성사를 통해 이성은 인간의 다양한 능력을 묶어 부르는 비대한 이름이 되었다. 이성은 논리를 가능하게 하며, 계산을 하며, 진리를 파악하며, 보편적이고 객관적이며, 도덕적 행위를 가능하게 해 주는 능력이다. 이성을 부정하는 것은 이 모든 능력을 부정하는 일이며, 그것은 스스로 허무주의의 늪에 빠져드는 일이다. 그것은 퍼트남(H. Putnam)의 표현처럼 '정신적 자살' 과 다르지 않다.[5] 그래서 이성은 어떤 방식으로든 있어야만 한다.

그러나 이성주의자의 이러한 논변은 자기 순환적인 이성 개념이 낳은 공허한 이분법일 뿐이다. 아마도 서양철학사의 이성주의적 전통에서 벗어난 이례적인 철학자로 듀이(J. Dewey)를 들 수 있을 것이다. 듀이는 인간이 자신의 조건을 반성적으로 이해하며, 또 환경에 성공적으로 대응하는 능력을 갖고 있다고 말한다. 듀이는 그런 포괄적 능력을 '지성' (intelligence)이라고 부른다. 그래서 듀이의 철학에는 이성이 없다. 과인록(J. Gouinlock)은 듀이가 제안하는 '지성' 이 전통적인 '이성' 개념을 넘어서는 획기적인 성과라고 말한다.[6] 듀이는 이렇게 말한다.

경험과 유리된 능력으로서의, 우리에게 보편적 진리의 고차적인 영역을

---

5 힐러리 퍼트남, 『이성 · 진리 · 역사』, 김효명 역 (서울: 민음사, 2002), p. 205 참조.

6 James Gouinlock, "Dewey and Contemporary Moral Philosophy," in John Stuhr, ed., *Philosophy and the Construction of Culture* (Albany, N.Y.: SUNY Press, 1993), p. 83.

소개하는 능력으로서의 '이성'은 이제 우리와 무관하고, 시시하며 중요하지 않은 것으로 여겨진다. 경험에 일반성과 규칙성을 도입하는 칸트적인 능력으로서의 이성은 우리에게 더욱더 불필요한 것으로 여겨진다. 즉 그것은 전통적인 형식주의와 정교한 전문용어에 빠진 인간의 불필요한 창조물이다. 과거의 경험에서 나온 구체적인 제안들, 현재의 요구와 결핍의 조명을 받아 발전하고 성숙한 제안들, 특정한 재구성의 목표와 방법으로 채택되고, 그런 재조정의 작업을 수행함에 있어서 겪게 되는 성공과 실패에 의해 검증된 구체적인 제안들로 충분하다. 구성적인 방식으로 새로운 목표를 위해 사용된 그런 경험적인 제안들에 대해서 '지성'이라는 명칭이 주어진다.[7]

레이코프와 존슨은 여전히 '신체화된 이성'이라는 개념을 사용한다. 신체화된 이성은 다음과 같은 특징을 갖는다.

- 신체화된 개념들: 우리의 개념체계는 지각과 근육운동 체계들에 근거하고 있으며, 그것을 신경계적으로 사용하며, 그것에 의해 결정적으로 형성된다.
- 몸만을 통한 개념화: 우리는 몸을 통해서만 개념을 형성할 수 있다. 따라서 세계, 우리 자신, 타인들에 대한 우리의 모든 이해는 우리의 몸에 의해 형성된 개념들의 관점에서만 틀 지어질 수 있다.
- 기본층위 개념들: 이 개념들은 우리의 지각 체계, 영상 체계, 근육운동 체계를 사용함으로써 일상생활에서의 최적의 활동을 특징짓는다. 이것이 우리 환경의 실재와 최대한 접촉하는 층위이다.

---

7 존 듀이, 『철학의 재구성』, 이유선 역 (서울: 아카넷, 2010), pp. 132-33.

- 신체화된 이성: 합리적 추론의 주된 형식들은 감각운동 추론의 사례들이다.
- 신체화된 진리와 지식: 우리의 관념들이 무의식적인 신체화된 개념체계의 관점에서 짜이기 때문에 진리와 지식은 신체화된 이해에 의존한다.
- 신체화된 마음: 개념들과 이성은 모두 감각운동 체계에서 비롯되고, 또 그것을 사용하기 때문에 마음은 몸으로부터 분리되거나 독립적이지 않다. 따라서 고전적인 능력심리학은 옳지 않다.[8]

레이코프와 존슨이 사용하는 '신체화된 이성'(embodied reason)이라는 어휘에는 오해의 소지가 있다. 체험주의가 여전히 모종의 이성 개념을 유지하고 있다는 오해를 불러올 수 있기 때문이다. 적어도 체험주의적 시각에서 이성은 더 이상 전통적인 함축을 갖지 않는다. 사실상 고전적인 이성주의적 전통 안에서 '신체화된 이성'이라는 말은 그 자체로 모순어법과 다름없다. 신체화된 이성은 더 이상 과거의 이성주의가 생각했던 이성의 한 변형이 아니라 전통적인 이성 개념을 거부하는 전적으로 새로운 개념이다.[9] 이러한 관점에서 오히려 이성 개념 자체를 포기하고 '지성'이라는 새로운 개념을 사용했던 듀이의 선택이 더 나은 것일 수도 있다.

---

8 G. 레이코프 · M. 존슨, 『몸의 철학: 신체화된 마음의 서구 사상에 대한 도전』, 임지룡 외 역 (서울: 박이정, 2002), pp. 800-801.

9 이러한 상황은 듀이의 경우를 떠올리게 한다. 듀이는 '경험'이나 '지성'과 같은 어휘를 과거의 철학자들과 달리 자신의 새로운 철학적 맥락에서 사용했으며, 그것은 심각한 오해와 불필요한 비판을 불러왔다. 유사한 상황은 듀이가 제안했던 '자연주의적 형이상학'(naturalistic metaphysics)이라는 말에서도 크게 다르지 않다.

3. 이성과 감정

이성과 감정의 이분법적 구분에 대한 결정적인 반박은 다마지오(A. Damasio)에게서 찾아볼 수 있다.[10] 신경생리학자인 다마지오는 엘리엇이라는 환자를 치료한다. 지적이고 쾌활하고 세련된 젊은 직장인인 엘리엇은 뇌종양 수술을 받았으며, 이때 종양과 함께 손상된 전두엽의 일부를 제거했다. 수술은 성공적이었고 언어 능력을 포함한 모든 능력들이 온전한 것으로 판명되었지만 엘리엇은 매우 특별한 형태의 성격 변화를 나타냈다. 회의 시간을 잘 지키지 않게 되었으며, 서류를 분류하다가 잠시 흥미로운 것을 보게 되면 하루 종일 그것을 읽는 데 시간을 보내는가 하면, 서류를 연대별로 분류할 것인지, 내용별로 분류할 것인지를 결정하는 데 하루 종일을 보내기도 했다.

엘리엇은 실직을 거듭했고, 이혼을 거듭했다. 엘리엇은 일상적인 사람들이 우발적으로 범하게 되는 정도의 실수를 넘어서서 '판단'이나 '결정'을 하는 데 체계적인 문제를 안게 되었던 것이다. 엘리엇은 일상적인 의미에서 무식하거나 우둔한 사람이 아니었지만 '합리적' 결정 능력을 상실한 것이다. 더욱 심각한 것은 엘리엇에게는 자신의 실수를 통해 스스로 학습하는 능력이 결여되어 있었다.

검사 결과 엘리엇은 전두엽 오른편과 왼편에 모두 손상을 입고 있었으며, 오른편의 손상이 더 큰 것으로 나타났다. 그렇지만 손상을 입은 곳은 전두엽 피질 부분이 전부였다. 두뇌의 다른 모든 부분은 온전했으며, 따라서 운동 능력, 언어 능력, 기억력 등도 온전했다. 다마지

---

10 Antonio Damasio, *Descartes's Error: Emotion, Reason, and the Human Brains* (New York: Avon Books, 1994), p. 39.

오는 수많은 검사를 동원해서 엘리엇의 능력을 측정했다. 엘리엇은 지능검사에서도 매우 높은 결과를 나타냈다. 언어 능력 검사에서도 정상으로 판명되었다. 시각 능력은 물론 공간 지각 능력도 마찬가지였다. 기억력도 정상이었다. 그 외에도 수많은 검사가 행해졌다. 다면성 인성검사(MMPI)에서도 아무런 문제가 발견되지 않았다. 모든 검사에서 엘리엇은 정상이었다. 그러나 엘리엇은 개인적이거나 사회적인 문제의 결정 과정에서 이상 행동을 드러내고 있었다.

오랜 노력 끝에 결국 다마지오가 발견했던 놀라운 사실은 엘리엇이 감정을 잃었다는 것이었다. 그는 자신의 과거에 관해서 또는 자신의 실수에 대해서 이야기할 때에도 전혀 심적으로 동요하지 않았으며, 자신의 문제를 마치 남의 일처럼 받아들이고 있었다. 엘리엇은 '알지만 느끼지는 못하는' 사람이 되어 있었던 것이다. 그리고 그것이 '합리적인' 사회생활을 가능하게 해 주는 결정 행위를 가로막는 핵심적인 원인이라는 것이 밝혀졌다. 이성과 감정이 서로 구분될 수 있는 능력이라는 가정은 엘리엇의 사례를 통해 부정된 것이다. 그리고 그러한 상관관계가 두뇌의 특정한 부위의 손상에서 비롯된다는 것이 알려진 것이다.

다마지오의 주장은 이성과 감정의 이분법적 구분이 적어도 신경과학적 근거가 없는 이론적 가상이라는 것이다. 엘리엇 사례를 근거로 다마지오가 제기하는 주장은 이성/감정 구분에 대한 강력한 반론이며, 이성 개념에 대한 강력한 회의를 불러온다. 그러나 그의 주장이 이성 담론에 대한 대안적 논의를 담고 있는 것은 물론 아니다. 이러한 관점에서 대안적으로 제시되는 '이성 없는 철학'은 이성을 축으로 제기되었던 수많은 문제들에 얼마나 성공적으로 대응할 수 있는지에 따라 그 정당성이 가늠될 것이다. 이것은 오늘날 이성주의를 비켜선 철학이 안게 된 새로운 짐이다. 다마지오는 새로운 철학적 해명을 한 것이 아니라 철학자에게 새로운 짐을 안겨 주고 있는 것이다.

한편 이성과 감정의 이분법을 극복하기 위해 이성의 감성적 측면을 부각하거나 감성의 이성적 측면을 부각하려는 노력이 있다. 그것은 일견 이성과 감성을 화해시키려는 노력의 하나로 보인다. 그 전형적인 예로 앞에서 언급한 수사의 시도를 들 수 있다. 그의 논의는 감정에 대한 합리적인 평가가 가능하다는 주장으로 집약된다.[11] 그것은 일견 배척된 감정의 합리성을 복구하려는 시도로 보일 수 있다. 그러나 그러한 시도는 오히려 이성의 영역을 감정의 영역까지 확장하는 예기치 않은 귀결을 낳게 된다. 이러한 시도 자체가 처음부터 이성 중심적 시각에 근거하고 있기 때문이다.

이성주의적 논의가 드러내는 이러한 난점은 이성 개념 자체에서 비롯되는 근원적인 종류의 것이다. 이 난점은 이성 개념의 부분적 수정이나 조정을 통해 해결되거나 해소될 수 있는 문제가 아니라는 것이다. 이성이 소위 '초월론적 논증'이라고 불리는 자기 순환적 정의로부터 벗어나기 위해서는 이성이라는 개념에 부여되었던 다양한 능력들을 경험적으로 해명해야 한다. 만약 경험적 해명이 불가능한 것이라면 이성은 근거 없는 이론적 요청의 산물이라는 비판을 벗어날 수 없을 것이기 때문이다.

이러한 지적에 대해 여전히 이성의 옹호자들은 이성 개념이 이론적 구조 안에서 필수적인 역할을 하며, 그렇게 구성된 이론이 '실제적인' 긍정적 귀결을 불러왔다고 말할지도 모른다. 이 두 갈래의 논변은 이

---

11 Ronald de Sousa, *The Rationality of Emotion* (Cambridge, Mass.: MIT Press, 1987), p. xv 참조.

성을 옹호하는 것이 아니라 사실상 이성의 본성에 대한 의구심만을 불러오는 논변이다. 이성주의자의 논변이 사실상 '이론적 필요성'에 국한되어 있다면 그것은 이성이 이론적 개념이라는 것을 자인하는 것이다. 반면에 이성주의가 이성의 실제적 귀결에 근거해서 이성 개념을 옹호하는 것이라면 그것은 이성 개념이 그 자체로 정당화되기보다는 '실용주의적' 국면에서만 옹호될 수 있다는 것을 의미한다. 그래서 이성은 원초적 개념도 아니며, 필연적 개념도 아니다. 이성은 서구의 지적 전통이 고안해 낸 철학적 상상력의 특수한 산물이다.

제 9 장
나쁜 것의 윤리학

도덕 이론의 끊임없는 변형과 부침 속에서도 도덕은 여전히 인간 삶의 핵심적 일부를 이루고 있다. 동 · 서양의 철학사를 통해 도덕 이론을 지배해 왔던 주류적 시각은 '도덕적 절대주의'(moral absolutism)다. 도덕적 절대주의는 보편적 도덕원리가 있으며, 그것이 구체적인 도덕적 행위를 규정해 준다고 믿는다. 도덕적 절대주의는 보편적 도덕원리가 없으면 우리 삶은 아무런 기준도 없이 떠도는 도덕적 허무주의에 빠지게 될 것이라고 주장한다.

서구 규범윤리학의 지배적 전통은 보편적 도덕원리의 발견을 일차적 과제로 삼았으며, 그 구도는 20세기 초반 분석철학의 의미론적 도전에 의해 무너질 때까지 유지되었다. 규범윤리학에 대한 분석철학적 비판의 초점은 도덕 이론을 구성하는 규범적 명제들에 의미론적 근거가 없다는 것이다. 분석철학자들은 한 명제의 참/거짓이 그것에 대응하는 세계의 사태에 의해 결정된다고 보았다.

이러한 관점에 따르면 "~해야 한다" 또는 "~하지 않아야 한다"라는 규범적 명제는 인지적 근거를 갖지 않으며, 따라서 무의미한 명제다. 규범적 명제에 대한 이러한 메타적 분석은 '정서주의'(emotivism)라는 이름으로 불렸다. 정서주의의 분석에 따르면, "살인해서는 안 된다"라는 형태의 규범적 명제가 갖는 인지적 의미란 고작해야 발화자의 입장에서 "나는 살인을 싫어한다"라는 것이다. 그것은 그렇게 주장하는 발화자의 개인적 정서를 표현하는 것에 불과하다. 여기에서 개인적 정서라고 말하는 것은 그 명제의 참/거짓을 검증할 수 있는 경험적 근거가 없다는 것을 말하며, 그런 의미에서 무의미한 명제다.

규범윤리학에 대한 분석철학의 급진적 비판은 윤리학 자체가 학문으로서 가능한가라는 근원적 물음을 불러왔다. 그러나 규범윤리학이 무너진 후에도 도덕적 문제는 여전히 우리 삶의 핵심적 일부를 이루고 있다. 절대주의적 시각이 아니라 하더라도 우리는 여전히 도덕에 관해서 이야기해야 하는 것이다. 이러한 상황에서 체험주의는 새로운 도덕적 탐구의 방향으로 우리의 실제적인 도덕적 경험의 본성과 구조에 대한 새로운 해명을 제안한다. 체험주의에 따르면 도덕적 경험은 초월적이거나 선험적인 문제가 아니라 경험적 탐구의 문제이며, 오늘날 우리에게 주어진 인지과학의 새로운 발견은 그 해명의 핵심적 고리를 마련해 주고 있다.

1. 인간의 도덕

도덕성은 두 가지 측면에서 인간의 문제다. 먼저 도덕성은 인간의 삶을 규정하는 원리라는 점에서 초월적 원리의 문제가 아니라 인간의 삶의 문제다. 한편 도덕성은 일차적으로 인간과 인간의 문제다. 인간의 도덕성 개념은 이 세계에 공존하는 다른 종(種)과의 관계로 확장될 수 있지만 그 반대는 아니다. 특수한 형이상학적 믿음에 의존하는 것이 아니라면 우리 자신을 넘어선 곳에서 우리의 담론을 시작할 수 없기 때문이다.

보편적 도덕원리를 추구했던 절대주의 도덕 이론들은 도덕의 객관적 기준을 찾기 위해 초월적 사변에 의지했다. 그것은 도덕성의 원천을 우리를 넘어선 어떤 곳에서 찾으려는 시도다. 서구의 도덕적 전통은 근세에 이르기까지 도덕성의 원천을 초월적인 것에서 찾으려고 했다. 플라톤은 초월적 이데아의 세계를 제안했으며, 중세의 기독교적 세계관은 이러한 플라톤적인 구도를 신학이라는 이름으로 재구성했다.

근세에 들어 '과학적 정신'이라는 이름으로 탈초월적 반성이 이루어졌지만 절대주의적 도덕 개념은 포기되지 않는다. 벤담(J. Bentham)과 밀(J. S. Mill)이 주도했던 공리주의는 쾌락/고통(pleasure/pain)을 도덕적인 것을 결정하는 원리로 삼았다. 반면에 칸트(I. Kant)는 '의무'(duty)를 도덕성의 유일한 본질이라고 주장했다. 이 두 갈래의 도덕 이론은 적어도 20세기에 이르기까지 서양윤리학의 두 축을 이루어 왔다. 그것들은 매우 다른 도덕성 개념을 유지하지만 공통적으로 도덕성의 객관적 기준을 탐색한다는 점에서 절대주의적 도덕 이론의 틀 안에 있다.

도덕적 절대주의는 보편적 도덕원리를 포기하는 것이 우리를 허무주의로 이끌어 갈 것이라는 이분법적 가정 속에서 완고한 입지를 유지해 왔다. 적어도 지적 담론 자체를 포기하려는 사람이 아니고서는 누구도 허무주의를 택하려고 하지 않을 것이다. 이러한 이분법적 구도 안에서 우리의 선택은 절대주의밖에 없는 것처럼 보인다. 그러나 이러한 그릇된 이분법을 벗어나면 우리에게는 실제적인 도덕적 경험의 본성에 대한 새로운 해명이라는 과제가 주어진다. 도덕적 가치가 가치의 한 종류라는 점에서 도덕적 경험에 대한 해명은 가치 경험 자체의 본성에 대한 해명을 요구한다.

필자는 이 새로운 도덕적 논의의 출발점에서 가치가 세계나 사물의 속성이 아니라 경험의 방식을 가리킨다고 보았다. 도덕적 가치 또한 마찬가지다. 어떤 사물 또는 행위가 가치 있다는 것은 우리가 그 사물 또는 행위를 이런저런 방식으로 경험한다는 것을 의미한다. "이 그림은 가치가 있다"고 말하는 것은 우리가 이 그림을 특정한 방식으로 경험한다는 것을 말한다. 즉 그림을 소유하려고 하거나 집착하거나 그 그림을 볼 때마다 특별한 느낌을 갖는다는 것 등이 바로 그것이다. '가치'는 그 자체로 존재하는 어떤 것의 이름이 아니라 이러한 경험의 갈래를 가리키는 이름이다.[1]

이러한 생각은 가치의 주관주의라는 고전적인 비판에 직면할 수 있다. 주관주의의 핵심적 난점은 도덕적 기준이 개개인의 정서나 감정에 영향을 받으며, 따라서 객관적 기준을 찾을 수 없다는 것이다. 이러한 주장은 자연스럽게 상대주의에 대한 우려를 불러온다. 그러나 가치가 경험의 방식이라는 주장은 처음부터 객관주의/주관주의 논쟁과는 매우 다른 가정에서 출발한다. 즉 객관주의/주관주의 이분법은 근원적으로 객관/주관 분리라는 근세 인식론적 구도가 만들어 낸 이론적 가상이라는 것이다.

근세적 가정을 벗어나 체험주의적 시각에서 우리 경험을 '신체화된 경험'으로 받아들이면 이 문제는 매우 다른 국면을 향하게 된다. 우리는 몸을 통해 이 세계의 일부로 존재하며, 동시에 이 세계와 상호작용한다 이 상호작용은 신체적 층위에서 출발해서 정신적 층위로 이어지며, 거기에는 아무런 단절도 없다. 소위 '인식'이 순수하게 객관에 의해 결정되는가, 아니면 순수하게 주관에 의해 결정되는가라는 이분법

1 노양진, 「경험으로서의 가치」, 『범한철학』, 제39집 (2005 겨울) 참조.

적 구도에서만 객관주의나 주관주의가 생겨난다. 객관주의/주관주의 이분법은 우리 경험의 중층성을 간과한 근세 인식론의 그릇된 가정의 산물이다.

가치 경험은 신체화된 경험의 중층성 속에서 드러나는 포괄적인 경험의 한 국면이다. 가치는 우리와 독립해서 존재하는 사물도 아니며, 추상적인 실체도 아니다. 가치에 대한 체험주의적 접근은 가치가 그 자체로 존재한다고 주장하는 가치 실재론이나 가치는 분석될 수 없는 어떤 것이라는 직관주의 모두 적절한 근거를 갖지 못한다는 것을 말해준다. 이러한 체험주의적 접근은 가치의 본성에 대한 탐구가 우리 경험의 본성과 구조에 대한 포괄적 탐구의 일부가 되어야 한다는 것을 의미하며, 동시에 가치가 근원적으로 객관적이거나 보편적이지 않다는 것을 함축한다.

2. 도덕적 이해의 탐구

『마음 속의 몸』에서 전개된 존슨의 상상력 이론은 윤리학의 영역으로 확장되어 도덕적 경험의 상상적 구조에 대한 해명으로 이어진다. 존슨은 전통적인 도덕적 탐구를 보편적 도덕원리의 탐구로 특징지으며, 그러한 탐구가 근원적으로 그릇된 인지적 가정에 근거하고 있다고 주장한다. 존슨은 모든 도덕적 개념과 이론이 은유적 구성물이라고 분석함으로써 전통적 도덕 이론이 가정하는 '절대성'의 근거를 무너뜨린다. 이러한 존슨의 시도는 『도덕적 상상력』에서 서구 윤리학을 주도해 온 핵심적인 도덕적 개념들의 은유적 구조를 밝히는 작업을 통해 구체화되고 있다. 도덕적 개념들이 은유적이라는 사실은 절대주의 도덕 이론이 추구하는, 더 나아가 스스로 자임하는 도덕원리의 '절대성'이 인지적으로 허구일 수밖에 없다는 것이다.

존슨은 보편적 도덕원리를 추구하는 서구의 절대주의 도덕의 전통이 스스로 거의 의식하지 못하고 있는 「도덕법칙」 통속 이론(Moral Law Folk Theory)에 근거하고 있다고 주장하며, 이 통속 이론의 배후에 있는 기본적 가정들에 의문을 제기한다. 존슨은 「도덕법칙」 통속 이론을 이렇게 서술한다.

「도덕법칙」 통속 이론

인간은 부분적으로 신체적이며 부분적으로 정신적이라는 이중적 본성을 갖는다. 우리 자신을 야수적 동물과 구별해 주는 것은 합리적 원리에 따라 추론하고 행위할 수 있는 능력이다. 동물에게는 없지만 인간이 가진 자유 의지란 바로 스스로 우리의 행위를 이끌어 가기 위해서 우리 자신에게 부여한 원리들에 따라 행위하는 능력이다. 따라서 자유는 이성이 우리 자신에게 부여하는 원리들에 따라 행위함으로써 유지된다. 신체적 열정과 욕구는 본유적으로 합리적이지 않기 때문에 신체적 측면과 정신적 측면 사이에는 뿌리 깊은 긴장이 있다. 그것이 바로 우리의 행위가 우리 자신과 타인들의 평안에 영향을 미칠 수 있는 상황에서 어떻게 행위해야 할 것인지를 말해 주는 이성을 필요로 하는 이유다.

이성은 도덕법칙 — 어떤 행위가 도덕적으로 금지되며, 어떤 행위가 요구되며, 어떤 행위가 허용되는지를 규정해 주는 — 을 부여함으로써 의지를 지도한다. 보편 이성은 모든 도덕법칙의 원천인 동시에 그 원리들을 구체적 상황에 어떻게 적용할 것인지를 알려 준다. 따라서 도덕적 추론이란 일차적으로 상황에 대한 정확한 기술에 도달하고, 어떤 도덕법칙이 그것에 관련되는지를 결정하며, 또 그 도덕법칙이 주어진 상황에서 어떤 행위

를 요구하는지를 추론하는 문제다.[2]

존슨은 「도덕법칙」 통속 이론을 지탱해 주는 기본적 가정들을 다음과 같은 세 갈래로 나누고 있다.[3] (1) 모든 상황에 대해 유일하게 정확한 개념화가 있어야 한다. (2) 그 도덕법칙이 진술되는 척도가 되며, 또한 고려되고 있는 상황에 적용되는, 일의적 의미를 지닌 개념들이 존재해야 한다. (3) 상황들은 그것들을 유일한 방식으로 기술하는 특성들의 목록에 의해 개념화될 수 있어야 한다. 존슨은 이 가정의 대부분이 개념과 이성, 이해의 본성에 관해 인지과학이 밝혀낸 경험적 증거들과 양립 불가능하다고 보며, 이를 근거로 이성 중심의 전통적인 윤리학 개념을 근원적으로 수정하려고 한다.

이러한 관점에서 존슨은 우리에게 전승된 도덕원리나 도덕법칙에 관한 이론들이 스스로 자임하는 것처럼 절대적 진리에 근거한 것이 아니라 특정한 전통이나 문화가 축적해 온 도덕적 숙고의 요약이라는 듀이적 입장을 유지한다.

> 나는 도덕법칙들이 존재하며, 또 그 일부는 행위에 있어서 인간적 보편성에 매우 근접한 것일 수도 있다는 점을 인정한다. 비록 필연적으로 도덕법칙들은 구체적 상황에서 어떻게 행위해야 하는지에 관한 지침으로서만 유용할 정도로 일반적이기는 하지만, 어떤 전통이나 문화의 도덕적 지혜의 축적물로서 도덕법칙은 사람들의 경험의 요약으로 기능할 수 있다. 그러나 그 사실로부터 도덕적으로 행위하는 것이 합리적으로 도출된 규칙들

2 마크 존슨, 『도덕적 상상력: 체험주의 윤리학의 새로운 도전』, 노양진 역 (파주: 서광사, 2008), pp. 37-38.

3 같은 책, p. 38 참조.

의 체계에 정확히 부합하게 행위하는 것으로 환원될 수 있다는 결론이 따라 나오는 것은 결코 아니다. 나는 도덕성에 대한 「도덕법칙」 견해가 인간의 도덕적 숙고에서 핵심적인 상상적 활동을 간과하고 있다고 주장하려고 한다. 현존하는 규칙들이 어떤 의미인가를 얻는다면 그것은 오직 그 규칙들에 대한 우리의 해석을 통해서만 가능하며, 모든 해석은 성격상 근원적으로 상상적이다. 나아가 나는 도덕적으로 행위하는 것이 도덕적 문제 상황에서 우리에게 열려 있는 가능성들에 대한 상상적 탐색을 요구한다는 점에서 도덕성이 결코 단순히 엄격한 규칙을 준수하는 문제가 아니라고 주장할 것이다.[4]

레이코프와 존슨은 서구의 주도적 도덕 이론들의 은유적 구조를 분석한다. 여기에서는 근세 이래로 서양 윤리학의 한 축을 이루어 온 칸트 윤리학에 대한 이들의 분석을 살펴보자. 이들의 분석에 따르면 칸트의 도덕성 이론은 유대-기독교 도덕 전통의 근세적 재구성이다. 초월적 신을 중심으로 구성된 유대-기독교 도덕성은 근세적 이성 개념을 축으로 재구성되고 있는데, 여기에는 다음과 같은 독특한 칸트적 은유들이 동원된다.[5]

「본질의 통속 이론」(Folk Theory of Essence)

「엄격한 아버지」(Strict Father) 가족 도덕성

「마음의 사회」(Society of Mind) 은유

「사람의 가족」(Family of Man) 은유

---

4 같은 책, pp. 82-83.

5 G. 레이코프 · M. 존슨, 『몸의 철학: 신체화된 마음의 서구 사상에 대한 도전』, 임지룡 외 역 (서울: 박이정, 2002), p. 606 참조.

레이코프와 존슨은 이러한 통속 이론과 은유들로 구성된 칸트의 도덕성 개념을 다음과 같이 특징짓는다.

- 도덕성은 순수이성에만 근거해야 한다.
- 도덕성의 원천은 우리 자신에게 도덕법칙들을 부과할 수 있는 능력이다.
- 모든 도덕법칙들은 보편적 구속력이 있다.
- 우리에게는 합리적 존재들을 결코 수단이 아니라 목적 자체로 다루어야 할 절대적 의무가 있다.
- 도덕성은 "동시에 하나의 보편적 법칙이 되기를 의욕할 수 있는 근거가 되는 준칙에 따라 행위하라"는 정언명령 안에만 존재할 수 있다.[6]

지적이든 도덕적이든 우리의 신체적 활동과 완전히 분리된 순수한 개념은 존재하지 않는다. 모든 개념은 신경적 과정을 거쳐 구성되며, 따라서 그것은 필연적으로 신체적 층위의 경험의 확장을 통해 생겨난 것이기 때문이다. 칸트의 도덕성 개념을 규정하는 데 사용된 지각이나 개념, 추론은 제2세대 인지과학의 경험적 발견과 상충한다. 예를 들어 이러한 경험적 발견에 따르면 칸트가 가정했던 순수한 개념은 이론적 구성물이다. 경험적 발견과의 충돌과 불일치는 단순히 칸트만의 문제가 아니라 선험적 사변에 의존하는 모든 철학적 이론들에 재앙과 같은 것이다.

만약 개념들이 이런 강한 의미로 신체화되어 있다면, 그 철학적 결과는

6 같은 책, pp. 606–607.

엄청난 것이다. 이성(개념적 추론)의 위치는 신체적 기능인 지각과 근육 운동 통제의 위치와 동일할 것이다. 만약 이것이 급진적 주장처럼 보인다면, 그것은 능력심리학, 즉 이성적 능력과 감각운동계를 근본적으로 구분하는 철학의 관점에서만 급진적이다. 이것은 이성, 지각, 그리고 운동의 공유 지점인 두뇌의 관점에서 보면 전혀 급진적이지 않다.[7]

도덕 이론의 은유적 구조에 대한 체험주의적 분석은 본성상 메타적이다. 한 이론과 동일한 이론적 층위에서 그 이론을 반박하거나 동의하려는 것이 아니라 그 이론 구성에 근원적으로 개입되는 인지적 구조라는 층위에서 접근하고 있기 때문이다. 이 때문에 전통적인 윤리학에 대한 체험주의적 비판은 데리다(J. Derrida)의 '해체'와 유사한 급진적 국면을 드러낸다. 그러나 체험주의는 경험적 지식의 안정성에 의지하고 있으며, 동시에 해체를 넘어선 새로운 탐구의 방향을 전제하고 있다는 점에서 해체론과 궤를 달리한다. 그것은 우리의 실제적인 '도덕적 이해'에 대한 경험적 탐구를 향하고 있다.

존슨은 보편적 도덕원리의 발견을 목표로 삼는 일련의 도덕 이론을 '절대주의' 도덕 이론으로 규정한다. 절대주의 도덕 이론은 보편적 도덕원리가 존재하며, 이 원리를 적용하는 구체적인 규칙의 체계가 존재한다고 주장한다. 서구 윤리학을 대변하는 두 갈래의 전통은 칸트적 의무론(deontology)과 공리주의(utilitarianism)로 나누어진다. 칸트적 의무론은 도덕성의 근거를 우리의 '의무' 개념에서 찾는다. 반면에 공리주의는 도덕성의 근거로 '쾌락'을 제시한다.

도덕성의 본성에 관한 시각이 매우 다르지만 이 두 흐름은 보편적

---

7 같은 책, p. 51.

도덕원리를 추구한다는 점에서 절대주의적 도덕 이론으로 간주된다. 도덕적 절대주의의 함정은 도덕원리가 실제적인 사고와 행동의 절대적 척도를 제공할 수 있다는 믿음에 있다. 칸트에 따르면 의무감에 따라 행위하는 것이 도덕적으로 행위하는 유일한 척도이며, 공리주의에 따르면 최대의 쾌락을 추구하는 것이 도덕적으로 행위하는 유일한 척도다.

도덕적 절대주의를 지탱해 온 완고한 믿음의 하나는 도덕의 절대성을 거부하는 것이 우리를 허무주의의 늪으로 이끌어 간다는 것이다. 이러한 우려에 적절히 대처할 수 없는 한 어떤 형태든 도덕적 절대주의만이 우리의 유일한 대안처럼 보인다. 그러나 존슨은 도덕적 절대주의나 그에 대립되는 도덕적 상대주의가 모두 상상력을 '무제약적인 영상들의 놀이'라고 보는 그릇된 생각에 근거하고 있다고 지적한다.

> [도덕적 절대주의나 도덕적 상대주의와는] 반대로 우리는 상상력이 주관적이거나 무제약적이지 않으며, 또 비합리적이지도 않다는 것을 보일 수 있다. 도덕적 이해가 상상적이라는 사실은 두려워하거나 우려할 만한 일이 아니다. 그것은 공유된 도덕적 지식의 가능성을 거부하지 않는다. 공유된 도덕적 이해를 구성하는 은유들 — 도덕성의 '통속 이론들' — 은 어떤 도덕적 전통에서 우리 모두에게 공통적으로 수용되며, 나아가 하나의 공유된 세계를 살아갈 수 있도록 만들어 주는 것의 일부를 이룬다.[8]

이러한 관점에서 존슨은 도덕 이론이 보편적 도덕원리를 향한 사변적 탐구를 포기하고 우리의 도덕적 이해에 관한 경험적 탐구가 되어야

8 존슨, 『도덕적 상상력』, p. 31.

한다고 주장한다. 이것은 전통적 윤리학의 근본적 구도를 거부하는 급진적 주장이다.

> 도덕 이론은 도덕적 이해의 이론이 되어야 한다. 그 목표는 자신과 타인들, 그리고 인간 존재의 복합성에 대한 깊고 풍부한 이해에서 비롯되는 도덕적 통찰, 그리고 안내와 지침이 되어야 한다. 도덕적 사유의 핵심에 자리 잡고 있는 것은 우리가 다른 사람들과 함께 잘 살 수 있게 해 주는 좀 더 포괄적인 목표들을 구성하고 실현하는 능력이다. 그것은 변화하는 경험을 조작하고 새로운 우연성들에 지성적으로 대처할 수 있을 만큼 충분히 유연한, 방대한 형태의 상상적 이성을 포함한다. 도덕적 지성의 핵심은 주어진 상황에서 행위의 가능성들을 상상적으로 파악하고, 어떤 행위가 의미와 평안함을 고양할 가능성이 가장 큰지를 식별하는 일이다.[9]

도덕적 절대주의는 도덕적 경험이 다른 유형의 경험과 본성적으로 다르다는 전통적 가정에 의지하고 있다. 이것은 사실과 가치의 구분에 근거한다. 이 때문에 도덕적인 것을 규정하는 독립적인 원리를 추구한다. 그러나 도덕적 경험이 우리의 '인지'의 일부라는 사실을 받아들이면, 도덕적 경험에 대한 해명은 일반적 경험의 인지적 구조에 대한 해명의 일부가 될 것이며, 그것은 도덕적 경험이 다른 모든 경험과 마찬가지로 상상적 구조를 통해 구성된다는 사실을 보여 줄 것이다.

---

9 Mark Johnson, "How Moral Psychology Changes Moral Theory," in Larry May et al., eds., *Mind and Morals: Essays on Ethics and Cognitive Science* (Cambridge, Mass.: MIT Press, 1996), p. 66.

3. 도덕의 영역들

'도덕적인 것' 을 규정하는 보편적 도덕원리가 존재한다고 가정하는 도덕적 절대주의가 간과하고 있는 것은 두 가지 유형의 '도덕' 이 존재한다는 사실이다. 그것은 '금지의 도덕' 과 '권고의 도덕' 이다.[10] 필자는 도덕적 경험의 본성이 '규범적 강제성' 에 있으며, 그 규범적 강제성의 근거를 밝히는 것이 '도덕적인 것' 의 본성을 규정하는 출발점이 되어야 한다고 보았다. 이러한 관점에서 규범적 강제성을 정당화할 수 있는 원형적 영역은 '좋은 것' 이 아니라 '나쁜 것' 이며, 그것을 금지하는 것이 도덕의 주된 기능이다. 나쁜 것을 막으려는 것이 '금지의 도덕' 이라면 좋은 것을 추구하려는 것이 '권고의 도덕' 이다.

초월이나 선험에 근거하지 않는다면 강제성을 정당화할 수 있는 가장 유력한 근거는 '타인에 대한 해악' (harm to others)일 것이다. 이 기준은 밀(J. S. Mill)이 『자유론』(*On Liberty*)에서 제시한 것이다. 밀은 국가가 본래적으로 자유로운 개인에게 부과할 수 있는 강제성의 유일한 근거로 '타인에 대한 해악' 을 제시했다.

> 이 논문의 목적은 …… 대단히 간단한 한 원칙을 주장하려는 것이다. 그 원칙은 인류가 개인적으로나 집단적으로 어느 한 개인의 자유에 정당하게 간섭을 하는 유일한 목적은 자기 방어라는 것이다. 권력이 문명사회의 한 구성원에게 본인의 의사에 반해서 정당한 제재를 가할 수 있는 유일한 목적은 타인에게 가해지는 해악을 방지하는 것이다.[11]

---

10 이 문제에 관한 좀 더 상세한 논의는 노양진, 「도덕의 영역들」, 『범한철학』, 제47집 (2007 겨울) 참조.

11 존 스튜어트 밀, 『자유론』, 김형철 역 (서울: 서광사, 1992), pp. 22-23.

이러한 자유주의적 구도를 받아들이면 좋은 것의 문제는 강제성의 문제가 아니라 사적 가치의 문제가 된다. 과거에 도덕의 핵심적 문제였던 것들의 많은 부분은 오늘날 사적 선호나 선택의 문제가 되었다. 그런데도 우리가 종종 그것들을 여전히 도덕적 문제라고 인식하는 주된 이유는 '좋은 것의 윤리학'이라고 부를 수 있는 전통적인 도덕 이론들이 남겨 준 관성 때문일 것이다.

도덕적 절대주의는 최고선이라는 단일한 원리를 확립함으로써 '나쁜 것'의 문제는 부수적으로 규정되거나 해소될 수 있을 것이라고 가정했다. 이 때문에 서양윤리학은 최고선의 탐구를 핵심적 목표로 삼았으며, 이런 의미에서 그것을 '좋은 것의 윤리학'이라고 부를 수 있다. 좋은 것의 윤리학은 필연적인 것은 아니지만 거의 자연스럽게 '꼭짓점 이론'을 산출한다. 즉 다양한 가치들을 단일한 최고선으로 수렴하는 닫힌 이론이 구성되는 것이다. 모든 좋은 것을 수렴하는 하나의 원리는 필연적으로 은유적으로 구성될 수밖에 없으며, 그것은 도덕원리의 '절대성'에 대한 탐구가 근원적으로 불가능한 기획이라는 것을 말해 준다.

도덕적 경험을 지적 경험 또는 예술적 경험과 같은 여타의 경험과 구분해 주는 것은 '규범적 강제성'이다. 도덕적 경험은 "~해야 한다" 또는 "~하지 않아야 한다"라는 형태를 띤다. 만약 어떤 경험에 이러한 강제성이 주어지지 않는다면 그것은 개인적 취향이거나 선호의 문제가 될 것이다. 예를 들면 내가 원하는 것을 갖기 위해 다른 사람을 해치는 행위는 전형적으로 도덕적 문제가 된다. 그러나 내가 이번 휴가를 산으로 가는 대신에 강으로 간다고 해도 그 결정이 타인에 대한 해악을 불러오지 않는 한 도덕적 문제로 간주되지 않는다. 이러한 관점에서 도덕적 탐구의 일차적 과제는 최고선의 탐구가 아니라 규범적 강제성의 경험적 근거를 밝히는 일이며, 그것은 다시 타인에 대한 '나쁜 것'의 본성과 구조를 밝히는 문제가 된다.

4. 나쁜 것의 윤리학으로

금지의 도덕이 도덕적 탐구의 핵심적 주제라면 그것은 '나쁜 것'의 본성과 구조에 대한 탐구를 요구한다. 이러한 관점에서 전통적인 절대주의 윤리학의 실패는 '좋은 것'을 통해 규범적 강제성의 근거를 확립하려는 시도에서 비롯된 것이다. 이 때문에 절대주의 도덕 이론의 핵심적 과제는 최고선의 근거를 밝히는 일이었으며, 이것은 경험적 영역을 넘어서야만 가능한 것으로 인식되었다. 그 결과 절대주의 도덕 이론은 대부분 초월이나 선험에 의지하는 사변의 길을 택한다.

더 나쁜 것은 최고선을 앞세운 도덕 이론들이 인간을 도덕적으로 만드는 데 기여하기보다는 오히려 특정한 권력을 옹호함으로써 인간을 억압하고 소외시키는 도구로 변질되었다는 점이다. 그것은 단지 시대적 우연이 아니라 경험적 세계를 넘어서려는 사변적 이론이 본성적으로 안고 있는 위험성이다. 사변적 이론이 도달한 최고선은 '우리의 것'이라기보다는 '우리가 원하는 것'이며, 그것이 실제 세계에 대한 해명을 자처하고 나설 때 그에 부합하지 않는 실제 세계의 일부는 억압되거나 소외될 수밖에 없기 때문이다.

나쁜 것의 윤리학으로의 전환은 그저 낯선 길만은 아니다. 초월적 사변을 버리고 자연주의의 길을 선택한 니체의 윤리학은 나쁜 것의 윤리학의 한 형태로 읽힐 수 있다. 니체는 서구를 지배해 왔던 기존 도덕 개념이 추상화된 이론의 산물이라는 점에 주목하고 그 이론을 출발시

킨 자연적 지반에 눈을 돌린다. 니체의 이러한 전환은 새로운 도덕원리를 향하고 있는 것도 아니며, 도덕적 삶을 거부하는 허무주의를 향하고 있는 것도 아니다. 니체는 오히려 자연주의적 행로를 따라 도덕의 원천을 탐색하며, 그 핵심적 출발점이 바로 나쁜 것의 문제라는 점에 눈을 돌린다.[12]

현대에 들어 레비나스(E. Lévinas)와 로티(R. Rorty)는 매우 다른 지적 여정을 따라 나쁜 것의 윤리학으로의 길을 열고 있다. 레비나스는 전체성의 이념을 넘어서서 개인에 대한 존중과 타인에 대한 윤리적 책임을 강조하는 새로운 윤리학을 제안한다. 그는 존재(*être*)로부터 존재자(*étant*)로의 깨어남이 고통받는 타자의 얼굴과 대면함으로써 이루어진다고 말한다.

> 타인은 신의 육화(incarnation)가 아니다. 그러나 타인은 바로 그의 얼굴 — 여기에서 타인은 탈육화(disincarnate)된다 — 을 통한 높은 것의 현시이며, 그 안에서 신이 드러난다.[13]

레비나스에게 타자의 고통은 새로운 윤리학의 출발점이다. 그는 신의 이름으로 나쁜 것, 즉 고통이 바로 윤리학의 출발점이라는 인식에 이르고 있다. 레비나스의 윤리학에서 신은 선의 이름으로 현현하는 것이 아니라 고통의 이름으로 현현한다. 이런 관점에서 레비나스의 윤리학은 나쁜 것의 윤리학의 변형된 형이상학적 버전이다. 만약 레비나스

12 이 문제에 관한 좀 더 구체적 논의는 전경진, 「도덕적 자연주의와 나쁜 것의 윤리학」, 『철학연구』, 제121집 (2012 봄) 참조.

13 Emmanuel Levinas, *Totality and Infinity: An Essay on Exteriority*, trans. Alphonso Lingis (Pittsburgh, Pa.: Duquesne University Press, 1969), p. 79.

의 윤리학에서 신 개념을 걸러 낸다면 우리에게는 고통, 즉 나쁜 것이 도덕의 출발점이 된다는 논제가 남게 될 것이다.

한편 로티의 낭만적 실용주의는 '우연성' (contingency)이라는 이름으로 모든 철학적 담론을 이끌어 간다. 로티는 언어, 세계, 자아 등 서양철학의 주도적 개념들이 본성상 우연적이라는 주장을 바탕으로 전통적인 토대주의적 철학의 근거를 바탕부터 무너뜨린다. 로티는 절대적인 모든 것이 근원적으로 해체된 지적 공간을 '대담한 시인' (strong poet)들의 참신한 은유들로 채워 가야 한다고 제안한다.

> 진리 추구의 난점은 만약 당신이 실제로 진리에 도달했다 하더라도 그것을 식별할 수 없다는 점이다. 그러나 당신이 더 나은 정당화, 즉 더 큰 의심을 완화하는 것은 실제로 가능하다. 마찬가지로 '옳은 행위'를 추구하는 것은 불가능하다. 왜냐하면 당신이 정말로 표적을 맞추었는지를 알 수 없을 것이기 때문이다. 당신이 죽고 난 먼 후일, 더 지혜롭고 정교한 사람이 당신의 행동을 비극적인 실수였다고 판단할 수도 있기 때문이다. 마치 그들이 당시의 과학적 믿음을 낡아빠진 패러다임에 의거해서만 이해 가능한 것으로 판단할 수 있는 것처럼. 그러나 당신이 여전히 고통에 대한 더 큰 감수성, 그리고 더 다양한 욕구들에 대한 더 큰 충족을 추구하는 것은 실제로 가능하다.[14]

로티가 제안하는 자유주의적 세계 안에서 우리의 사적 자유를 제한할 수 있는 유일한 근거는 '잔인성' 뿐이다. 그래서 로티는 슈클라(J.

---

14 Richard Rorty, "Ethics without Principles," in his *Philosophy and Social Hope* (London: Penguin Books, 1999), p. 82. (고딕은 원문의 강조.)

Shklar)의 말을 빌어 '잔인성이야말로 우리가 할 수 있는 가장 나쁜 짓'이라는 믿음을 자명한 것으로 제시한다. 로티는 그것이 논증되어야 할 종류의 믿음이 아니라 자유주의가 출발하는 상식적 지반이라고 믿는 듯하다. 이것이 바로 낭만적 실용주의자 로티의 가장 로티다운 모습이다.[15]

> 자유주의 아이러니스트들에게는 "왜 잔인해서는 안 되는가?"라는 물음에 대한 대답은 없다. 바꿔 말해서 잔인성은 소름끼치게 하는 것이라는 신념에 대한 비순환적인 어떠한 이론적 근거도 그들에게는 없다. …… 이런 유의 물음에 대해 잘 근거 지어진 이론적인 대답이 존재한다고, 즉 이런 유의 도덕적 딜레마를 푸는 알고리즘이 존재한다고 생각하는 사람은 누구라도 가슴 깊은 곳에서는 여전히 신학자나 형이상학자이다. 그런 사람은 인간이 존재하는 요점을 결정하며 동시에 책임의 우선순위를 수립해 주는, 시간과 기회를 넘어선 어떤 질서를 믿고 있다.[16]

레비나스와 로티는 공통적으로 나쁜 것을 도덕적인 것의 출발점으로 삼고 있다. 레비나스의 나쁜 것은 신의 이름으로 가려져 있으며, 로티의 나쁜 것은 우연이라는 이름으로 가려져 있다. 이러한 상황은 이 대립적인 두 철학자가 도덕성의 원천에 대한 날카로운 통찰에도 불구

---

15 아쉽게도 로티는 지난 2007년 6월에 76세를 일기로 작고했다. 필자는 로티의 철학 개념에 대해 비판적 시각을 유지하면서도 로티가 전해 준 폭넓은 철학적 통찰에 항상 감사하며, 그가 듀이 이래로 영어권의 철학계에서 가장 풍부하고 자유로운 정신을 가진 철학자라고 믿고 있다.

16 리처드 로티, 『우연성 · 아이러니 · 연대성』, 김동식 · 이유선 역 (서울: 민음사, 1996), p. 23.

하고 여전히 나쁜 것의 윤리학으로 나아가는 적절한 통로를 찾지 못하고 있다는 것을 말해 준다.

규범적 강제성이 윤리학의 핵심적 과제라는 점을 받아들인다면 윤리학의 실질적 과제는 좋은 것의 발견이 아니라 오히려 나쁜 것의 본성과 원천을 밝히는 일이다. 여기에는 인간의 존재 조건과 경험의 구조에 대한 해명이 선행되어야 한다. 이 해명에는 레비나스가 의지하는 신의 현시도 없으며, 로티가 믿는 자유주의적 낭만도 없다. 그 해명을 통해서 드러나는 것은 현재와 같은 몸을 가진 유기체로서 인간의 모습이며, 거기에는 신비도 허무도 없다.

나쁜 것이 왜 보편적인지의 문제는 원리적인 것도 이론적인 것도 아니고 현재와 같은 몸을 가진 유기체인 우리 인간이 공유하는 '경험의 공공성'의 문제다. 필자는 경험의 공공성에 대한 이 믿음을 '종적 신뢰' (specific commitment)라고 부른다.[17] 다른 모든 인간의 담론과 마찬가지로 윤리학 또한 이 지반에서 출발한다. 그 지반은 우리가 출발해야 할 지점을 알려 주지만 도달해야 할 지점은 알려 주지는 않는다. 도덕적 경험은 다른 모든 경험과 마찬가지로 본성상 열려 있는 경험의 한 국면이다. 나쁜 것의 윤리학은 좋은 것의 척도를 제공하지 않지만 더 이상 우리가 물러설 수 없는 지반이 어디인지를 말해 준다. 이것이 '나쁜 것의 윤리학'이다.

---

17 노양진, 『몸 · 언어 · 철학』 (파주: 서광사, 2009), p. 179 참조.

제10장

체험주의적 문화 해석*

문화 해석의 문제는 20세기 후반 서구의 지적 세계에서 급속히 확산된 상대주의적 기류와 맞물리면서 매우 복잡한 논란의 주제가 되었다. 단일한 문화 해석의 모형 또는 체계가 존재할 것이라는 객관주의적/보편주의적 열망 속에서도 점차 증가하는 경험적 증거들 속에서 문화의 다양성이 보편적 지반으로 환원되거나 수렴되지 않는 근원적 현상이라는 인식과 함께 '문화상대주의'(cultural relativism)가 폭넓게 확산되었다.[1]

그러나 문화상대주의의 실제적 유용성과 설득력에도 불구하고 그 이론적 귀결이 우호적인 것만은 아니다. 적절하게 제약되지 않은 상대주의적 분기는 극단적인 회의주의 또는 허무주의에 이를 수 있기 때문

---

* 이 장은 노양진, 「다원주의적 문화 해석: 체험주의적 접근」, 『철학연구』, 제101집(2007 봄): 49-69를 이 책의 편제에 맞게 부분적으로 수정한 것이다.

1 반즈와 블루어(B. Barnes and D. Bloor)는 경험적 탐구의 수준에서는 상대주의에 반하는 것보다도 그것을 지지하는 증거가 훨씬 더 많이 제시되고 있으며, 상대주의에 대해 확정적인 반론이 제기되는 것은 대부분 원리적인 측면에서일 뿐이라고 지적하며, "지식과 인식에 대한 과학적 이해에 실제적 위협을 제기하는 사람들은 바로 상대주의에 반대하고 특정한 유형의 지식에 특권을 부여하는 사람들"이라고 주장한다. Barry Barnes and David Bloor, "Relativism, Rationalism, Sociology of Knowledge," in Martin Hollis and Steven Lukes, eds., *Rationality and Relativism* (Cambridge, Mass.: MIT Press, 1982), pp. 24-25.

이다. 만약 어떤 문화들 사이에 공약 불가능한 차이들만이 존재하며, 그에 관해 더 이상 어떤 유의미한 해석도 가능하지 않다면 상이한 문화 현상은 합리적 이해나 해석이 불가능한 '신비'로 남게 될 것이다. 이러한 난점 때문에 객관주의는 또다시 유일한 대안처럼 고개를 내민다. 이러한 딜레마를 극복하기 위해서 문화의 실제적 다원성을 해명하면서도 최소한의 공공 지반을 유지할 수 있는 제3의 길이 필요한 것으로 보인다. 과연 그러한 길은 가능한가?

이 물음에 적절하게 답하기 위해서 선결되어야 할 것은 문화의 본성과 구조에 대한 적절한 해명이다. '신체화된 경험'의 본성에 대한 체험주의의 해명은 문화 해석의 딜레마를 벗어날 수 있는 매우 유용한 통로를 열어 준다. 체험주의적 시각에 따르면 우리 경험의 총체로서 문화는 물리적(비기호적) 층위의 경험과 기호적 층위의 경험의 연속적 중층성으로 구성된다. 나아가 문화의 이러한 중층성은 전통적인 객관주의 아니면 허무주의적 상대주의라는 이분법적 시각이 왜 근원적으로 문화 해석을 위한 적절한 시각이 될 수 없는지를 보여 준다.

다양한 문화들은 모두 현재와 같은 몸을 가진 인간의 산물로서 종적(種的) 공공성을 공유하지만 그 확장 과정은 매우 복합적인 요소들에 의해 다양한 변이를 드러낸다. 이 때문에 많은 경우에 법칙 지배적인 문화 해석은 가능하지 않다. 그럼에도 우리는 그 모든 문화적 변이들이 우리와 유사한 몸을 가진 인간의 산물이라는 점에서 공유된 자연적 조건에 의해 강하게 제약되고 있다고 말할 수 있다. 바꾸어 말하면 다양한 문화는 물리적 층위로 갈수록 더 큰 공공성을 드러내며, 기호적 층위로 갈수록 더 큰 변이를 보일 것이다. 이 때문에 문화들 사이에 전적인 공약 불가능성은 존재하지 않는다. 만약 전적으로 공약 불가능한 문화가 존재한다면 우리는 처음부터 그것에 관해 이야기해야 하는 이유조차 찾을 수 없을 것이다.

체험주의적 시각은 문화의 본성을 물리적 층위와 이 층위를 지반으로 확장된 기호적 층위의 중층적 구조로 해명함으로써 문화 해석의 새로운 방향을 제시할 수 있다. 이러한 접근을 위해서 '신체화된 개념체계' (embodied conceptual system)의 모형은 문화의 다원적 구조에 대한 해명의 유용한 틀이 될 것이다. 이러한 해명은 전통적 객관주의와 허무주의적 상대주의의 이분법적 대립을 넘어선 제3의 시각으로서 '완화된 상대주의' 가 될 것이다.

1. 문화와 기호화: 몸과 마음의 갈래

20세기 전반의 지적 세계를 지배했던 객관주의적 태도는 다양하게 제기되는 도전 속에서 점차 지배적 주류로서의 위상을 잃게 되었다. 번스타인(R. Bernstein)은 객관주의를 "합리성이나 인식, 진리, 실재, 선, 옳음 등의 본성을 결정하는 데 궁극적으로 호소할 수 있는 영원하고 초역사적인 어떤 기반이나 구조틀이 존재하며 존재해야 한다는 기본적인 확신"[2]이라고 규정하는데, 이러한 객관주의는 멀리는 플라톤에서 20세기의 논리실증주의에 이르기까지 다양한 변형 속에서 서구 지적 세계의 주류적 전통을 이어 왔다. 그러나 20세기 후반에 들어 전통적인 객관주의에 대한 비판이 격화되는 과정에서 급속도로 확산된 상대주의적 이론들은 지적 탐구 영역 전반에 걸쳐 큰 동요를 불러왔으

2 리처드 번스타인, 『객관주의와 상대주의를 넘어서』, 정창호 외 역 (서울: 보광재, 1996), p. 25.

며, 문화 해석의 영역 또한 예외가 아니다. 문화상대주의의 급속한 확산은 바로 이러한 지적 상황을 반영한다.

문화의 다원성에 대한 관심과 논의가 급속히 확산되는 가운데 문화 해석에 있어서 합리성 자체의 본성 또한 중요한 주제로 떠오르게 되었다. 이러한 측면에서 자비(I. C. Jarvie)는 인류학의 세 가지 기본적 문제를 합리성 문제, 상대주의 문제, 그리고 합리성과 상대주의의 관계 문제로 요약한다.[3] 자비에 따르면 합리성을 단일한 해석의 척도로 사용하는 문화 해석, 즉 보편주의적 문화 해석은 크게 진화주의(evolutionism)와 확산주의(diffusionism)로 나누어진다. 즉 다양한 문화들은 시간적 배열을 따라 진화하는 것으로 해석되거나 공간적으로 하나의 최정점을 중심으로 분산된 것으로 해석된다.[4] 그러나 이러한 해석은 그 기준 자체를 정당화하는 데 난점을 드러낼 뿐만 아니라, 정당화된다고 하더라도 다른 모든 것을 2차적인 것 또는 더 열등한 것으로 규정하는 폭력적 귀결을 불러온다.

이러한 보편주의를 거부하면서 드러나는 '문화상대주의'는 상이한 문화를 해석하는 보편적 기준의 가능성을 거부하고 모든 문화의 가치와 의미가 그 문화 나름대로의 독자적 기준과 척도를 통해 평가되고 해석되어야 한다고 주장한다. 20세기 초 보아스(F. Boas)가 처음 내세웠던 문화상대주의는 원시인의 문명이 스스로의 논리와 질서를 가진다고 주장함으로써 서구 중심적인 문화 해석에 반기를 들었다.[5] 그러

---

3 I. C. Jarvie, *Rationality and Relativism: In Search of a Philosophy and History of Anthropology* (London: Routledge & Kegan Paul, 1984), p. 3 참조.

4 같은 책, pp. 28-29 참조.

5 Franz Boas, *The Mind of Primitive Man*, revised ed. (New York: Macmillan, 1938; 초판은 1911) 참조. 보아스를 전후한 20세기 인류학의 전반적인 흐름에 관

나 최근 성행하는 포스트모던적 문화상대주의는 문화들 사이의 차이를 강조하는 데 멈추지 않고 문화들 사이의 '공약 불가능성'(incommensurability)을 핵심적 논제로 제시한다. 그러나 이러한 급진적인 행보는 특정한 문화를 해석 불가능한 신비로 몰아넣을 수도 있다는 우려를 불러일으킨다.[6]

이러한 상황에서 객관주의는 또다시 이 문제의 극복을 위한 유일한 대안처럼 모습을 드러낸다. 객관주의와 상대주의 사이의 이러한 이분법적 갈등은 특정한 탐구 영역에 국한되지 않고 다양한 지적 논의에서 광범위하게 드러나는 일반적인 문제의 한 유형이다. 그래서 퍼트남(H. Putnam)의 지적처럼 수많은 '이분법적 사고방식'은 우리 시대가 극복해야 할 중요한 철학적 숙제의 하나가 되었다.[7] 이 문제의 심각성은 문화 해석에 있어서도 크게 다르지 않으며, 여기에서 이분법적 갈등을 넘어설 수 있는 제3의 관점의 필요성이 대두된다.

문화 해석의 문제를 다루기 위해서는 우선 그 해석의 대상인 문화의 본성과 구조를 적절하게 규정할 필요가 있다. 체험주의적 시각에

한 선명한 개관은 앨런 바너드, 『인류학의 역사와 이론』, 김우영 역 (서울: 한길사, 2003) 참조.

6 해석학적 태도를 표방하는 것으로 시작된 기어츠(C. Geertz)의 해석인류학은 급진적인 상대주의적 성향을 드러내며, 이후 더 급진적인 포스트모던 인류학의 다양한 확산의 출발점을 이루고 있다. Clifford Geertz, *The Interpretation of Cultures* (New York: Basic Books, 1973) 참조.

7 힐러리 퍼트남, 『이성 · 진리 · 역사』, 김효명 역 (서울: 민음사, 2002), p. 7 참조. 퍼트남의 이러한 지적은 적절한 것이지만 퍼트남 자신이 대안으로 제시했던 '내재적 실재론'(internal realism)은 칸트적 구도에 대한 미련 때문에 심각한 내적 정합성 문제를 드러낸다. 이후 퍼트남은 '자연적 실재론'(natural realism)에 이르러 실질적으로 내재적 실재론을 포기하게 되며, 나아가 '실용주의적 다원주의'(pragmatic pluralism)를 표방하면서 적극적으로 듀이적 실용주의에 접근하고 있다.

따르면 우리가 다루려고 하는 모든 세계는 체험적 세계, 즉 우리와의 지속적인 상호작용을 통해서 주어진 세계다. 따라서 체험주의적 탐구와 분석의 모든 대상은 '경험에 주어진 어떤 것'이다. 문화 또한 이러한 시각에서 접근될 수 있으며, 따라서 체험주의적 문화 해석은 우리의 경험 구조에 대한 해명과 긴밀하게 묶여 있다.

'신체화된 경험'에 대한 체험주의적 해명을 따르면 우리의 경험은 신체적/물리적 층위의 경험과 정신적/추상적 층위의 경험의 중층적 구조로 이루어진다.[8] 정신적/추상적 층위의 경험은 항상 신체적/물리적 층위의 경험에 근거하고 있으며, 그것을 토대로 은유적으로 확장되어 나타난다. 이러한 확장의 과정은 자연적 · 사회적 · 문화적 조건에 따른 다양한 변이를 드러내며, 이 때문에 정신적 · 추상적 층위의 경험은 그 근거를 이루는 신체적 · 물리적 층위의 경험으로 산술적으로 환원되지 않는다. 여기에서 중요한 것은 경험의 확장 과정에서 드러나는 변이가 신체적 근거를 갖는 동시에 그 신체적 근거에 의해 강력하게 제약된다는 점이다.

경험의 구조에 대한 체험주의적 해명은 존슨의 상상력 이론을 통해 매우 섬세하고 체계적인 방식으로 제시되고 있다. 존슨의 해명에 따르면 신체적 활동으로부터 직접 발생하는 소수의 영상도식이 존재하는데, 그것들은 소수의 요소로 구성된 비명제적이고 선개념적인 인식의 패턴이다.[9] 우리는 이러한 영상도식들을 물리적 대상은 물론 추상적 대상에 사상하는 방식으로 우리의 경험을 확장하는데, 이러한 사상의 과정은 대부분 은유, 환유, 심적 영상, 원형 효과 등의 기제를 통해 이

8 신체화된 경험의 구조에 관한 체험주의적 해명은 마크 존슨, 『마음 속의 몸: 의미, 상상력, 이성의 신체적 근거』, 노양진 역 (서울: 철학과현실사, 2000) 참조.

9 영상도식에 관한 설명은 같은 책, 특히 3-5장 참조.

루어진다는 점에서 은유적이다. 체험주의에 따르면 신체적 활동을 통해 직접 발생하는 영상도식들이 신체적/물리적 층위의 경험의 축을 이루고 있으며, 그것들의 은유적 확장을 통해 정신적/추상적 층위의 경험이 구성된다.

필자는 존슨이 말하는 경험의 이러한 은유적 확장 과정을 바로 '기호화'의 과정으로 보았으며, 이러한 관점에서 우리 경험을 물리적(비기호적) 경험과 기호적 경험으로 구분했다.[10] 나아가 필자는 이러한 구분을 토대로 우리가 다루어야 할 문화를 물리적 경험과 기호적 경험을 동시에 포괄하는 복합적 게슈탈트(Gestalt)로 보았다. 이러한 시각에서 본다면 문화 해석의 단일한 척도를 부정하는 오늘날 문화 담론의 핵심은 바로 이 기호적 층위의 경험이 드러내는 다양한 변이의 본성을 설명하는 문제로 모아진다. 문화들 간의 차이 문제 또한 기호적 경험을 통해 드러나는 변이의 인식적 위상에 관한 문제로 집약된다. 즉 다양한 문화들 간에 드러나는 변이들은 과연 근원적인 것인가, 아니면 어떤 방식으로든 모종의 보편적 지반으로 흡수되거나 환원될 수 있는 부차적인 현상인가? 이 물음에 어떻게 답하는가에 따라 이론은 크게 객관주의적인 성격을 띠거나 상대주의적인 성격을 띠게 될 것이다.

물리적(비기호적) 경험과 기호적 경험을 구분하는 것은 우리의 경험 구조를 새롭게 해명하는 데 핵심적인 계기를 제공한다. 한때 자연적인 산의 일부로 여겨졌던 바윗덩어리는 사람의 손을 통해 다듬어지고 사람의 얼굴과 사자의 몸을 가진 스핑크스의 모습을 드러내면서 매우 다른 믿음과 해석의 대상이 된다. 바윗덩어리는 인간의 손을 통해

---

10 노양진, 「기호적 경험의 체험주의적 해명」, 『몸 · 언어 · 철학』 (파주: 서광사, 2009) 참조.

새로운 기표, 즉 기호적 경험의 대상이 된다. 바꾸어 말하면 자연적 존재가 하나의 기표로 전환되는 것은 자연적 현상이 아니라 인간의 경험, 즉 기호화라는 경험의 한 양상이다. 설(J. Searle)은 이러한 '기호화'가 물리적 경험을 넘어서서 기호적 경험 영역으로 접어드는 분기점이라는 점에 주목하고, 그렇게 해서 생겨나는 것들, 예를 들면 결혼제도, 화폐제도 등을 포괄적으로 '사회적 실재'(social reality)라고 부른다.[11] 설은 오늘날 적절한 사회과학적 탐구 방법론이 결여된 이유가 바로 이러한 사회적 실재의 발생에 대한 적절한 해명의 부재 때문이라고 단언한다.[12] 설의 지적이 옳다면 문화 해석 문제 또한 이러한 지적으로부터 벗어나 있지 않을 것이다.

체험주의적 해명에 따르면 기호화란 한 대상을 다른 대상에 대한 경험의 '관점에서'(in terms of) 경험하는 작용이다. 이때 우리는 A라는 대상을 경험하면서 B라는 대상에 대한 경험을 A에 사상한다. 이러한 기준을 따라 우리는 우리의 경험을 물리적(비기호적) 경험과 기호적 경험으로 가를 수 있을 것이다. 물리적 경험은 물리적 직접성에 의해 특징지어진다. 어둠 속에서 돌부리에 채이거나, 알 수 없는 동물의 소리를 듣거나, 포스터의 빨간색을 볼 때 그것은 우리 몸을 통한 직접적 지각으로 주어질 수 있다. 그러나 우리가 항상 돌부리나 동물이나 포스터를 그런 방식으로 경험하는 것은 아니다. 나의 발부리에 걸린

11 John Searle, *The Construction of Social Reality* (New York: The Free Press, 1995), 특히 p. 75 참조. 이 책에서 설의 주된 관심사는 대부분 합리성과 실재론의 옹호에 초점이 맞추어져 있다는 점에서 필자가 이 글에서 제안하는 시각과 분명한 차이를 드러내지만, 기호화를 사회적 실재 구성의 기본적 조건으로 보고 있다는 그의 통찰은 여전히 중요한 것으로 보인다.

12 같은 책, 특히 pp. xi-xii 참조.

그 돌이 운주사(雲住寺) 불상의 한 부분이라는 것을 알게 될 때 나는 매우 다른 방식으로 그 돌을 경험하게 된다. 이때 나는 그 돌을 하나의 '기표'로 경험하게 되는 것이다. 다시 말해서 그 돌을 이제 다른 어떤 것의 '관점에서' 경험하는 것이다.

문화 해석의 핵심적 초점은 바로 특정한 문화의 구성원들이 공유했거나 공유하고 있는 기호적 경험의 구조를 해석하는 문제로 모아진다. 그러나 문화 해석에서 흔히 간과되고 있는 것은 내가 해석하려는 문화의 구성원들과 우리가 유사한 종적 조건을 공유하며, 또 이 때문에 유사한 물리적 경험을 공유한다는 사실이다. 즉 우리가 애당초 해석의 문제를 제기하는 것은 해석하려는 문화의 건설자들이 문화를 해석하려는 우리와 유사한 몸을 가진 동일한 종(種)이라는 점 때문이다.

이러한 가정이 없다면 그 문화는 신비이거나 자연적 현상의 일부로 간주될 것이다. 만약 이스터 섬의 석상을 세웠던 사람들이 우리와 동일한 방식으로 그것을 경험한다고 확신한다면 우리는 그것을 새삼스럽게 해석해야 할 이유가 없다. 그들은 우리와 다른 방식으로 그것을 경험했을 것이다. 그 다른 부분이 바로 그들의 기호적 경험내용이며, 그것은 항상 대부분의 인간이 공유하는 물리적 경험을 토대로 이루어진다. 이러한 의미에서 공유되는 물리적 경험은 모든 문화 해석의 기본적 지반을 구성한다. 이러한 사실을 간과한 문화 해석은 종종 공유된 지반 자체를 넘어서서 과격하거나 기이한 해석으로 흐르게 될 위험성을 안게 된다.

2. 문화의 중층적 본성

몸의 활동의 확장된 형태로 드러나는 정신 활동은 대부분 몸의 제약을 극복하려는 인간의 욕구를 표출하는 방식으로 나타난다. 이러한 노력은 신체적 노력이 아니라 정신적 노력이다. 이러한 노력의 관점에서 본다면 몸은 도구적인 것이다. 모든 신화와 의식은 인간의 이러한 본성적 욕구와 관련되어 있다. 이러한 욕구는 정신을 통해 몸을 부정함으로써만 자유롭게 표출될 수 있다. 인간이 고안해 낸 모든 신화는 물론 초월적인 종교적 이상 또한 이 범주에서 벗어나지 않는다. 이러한 시각에서 이카로스의 꿈은 모두에게 너무나 자연스러운 것이지만 그 위험성에 대한 경고 또한 여전히 유효하다. 태양을 향해 솟아오르다 날개가 녹아 추락하고 말았던 이카로스의 신화는 "너 자신을 알라"는 소크라테스적 메시지를 담고 있다.

초월에의 욕망이 드러내는 이러한 이중성은 어디에서 오는 것일까? 우리는 그 원천을 잠정적으로 몸의 제한성에서 찾아볼 수 있다. 유기체로서의 인간은 다른 동물과 마찬가지로 기본적인 생존의 문제에 직면하며, 이러한 문제는 일회적이거나 우연적인 것이 아니다. 다시 말해서 유기체의 문제는 지속적이고 반복적으로 삶의 전 과정을 통해 나타난다. 생명을 유지하기 위한 영양 섭취, 수면, 생식 활동 등과 관련된 문제는 살아 있는 동안 결코 면제되지 않는다. 우리는 일정한 간격으로 일정한 양의 물과 공기와 음식을 섭취해야 한다. 한 번에 그것을 해결할 수 있는 방법이 없다. 이것은 모든 유기체가 공유하는 삶의 기본적 조건이다.

문화에는 물론 이러한 자연적 조건들이 바탕을 이루고 있다. 따라서 인간의 정신 활동은 이러한 조건을 넘어서려는 본성적 욕구가 중요하게 반영되어 있다고 볼 수 있다. 예를 들면 모든 민족의 제례는 거의 예외 없이 영혼의 불멸성에 대한 기원을 담고 있다. 시신을 태우든, 물에 빠뜨리든, 땅에 묻든, 또는 심지어 티베트 내륙의 조장(鳥葬)처럼 시신을 바위 위에서 토막 내어 독수리의 먹이로 주든, 영혼이 또 다른 어떤 세계로 이행해 갈 것을 기원하는 것은 다르지 않다. 고대문명에서 행해졌던 대규모적 순장은 이러한 기원이 단순한 '의례' 정도에서 멈추지 않았다는 것을 말해 준다. 만약 몸의 죽음이 모든 것의 끝이라는 생각을 받아들이는 문화가 있다면 그것은 사실상 죽음에 대해 어떤 기호적 사고도 하지 않는다는 것을 의미하며, 적어도 죽음이라는 현상에 대한 문화적 확장이 이루어지지 않은 상태라고 할 수 있다. 이러한 현상은 사실상 인류의 문화사에서 매우 드물게 나타나겠지만, 또 존재한다 하더라도 문화적 해석의 소지가 없다.

이처럼 광범위하게 발견되는 현상을 보편적인 정신 현상으로 해명하는 것도, 단지 특정한 문화들에서 합치되어 나타나는 우연이라고 말하는 것도 적절해 보이지 않는다. 대신에 우리는 다양한 문화 현상의 뿌리를 인간의 신체적 조건에서 찾을 수 있다. 각각의 문화 현상은 상호 직접적 비교와 평가가 불가능할 정도까지 극단적으로 확장될 수 있다. 그러나 이러한 현상을 해석하는 데 있어서 그 현상의 근저를 이루고 있는 물리적 경험 영역으로 회귀적 해석을 가함으로써 다른 문화 현상과의 공약 가능성을 넓힐 수 있을 것이다.

물리적 경험과 기호적 경험의 융합으로 형성되는 문화의 중층성은 다음과 같은 형태로 모형화할 수 있다.[13] 이 모형은 상대주의 문제를 해명하기 위해 제시한 '신체화된 개념체계'의 모형이지만 문화를 개

13 노양진, 「개념체계의 신체적 기반」, 『몸 · 언어 · 철학』, pp. 289-90 참조.

념체계들의 게슈탈트적 융합체로 이해한다면 문화의 중층성 또한 이 모형을 통해 적절하게 해명할 수 있을 것이다.

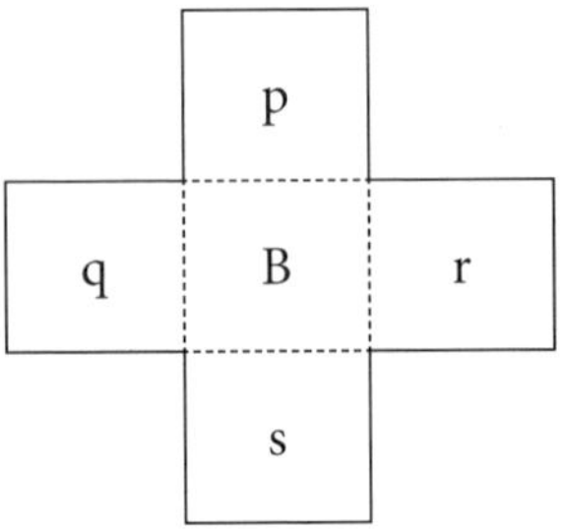

다양하게 확장된 개념체계들(B+p, B+q, B+r, B+s)은 물리적 층위의 경험 영역인 공통지반(B)을 공유한다. 이러한 구도 안에서 하나의 개념체계는 공통지반에 근접할수록 증가하는 공공성을 보일 것이며, 기호적 경험으로 확장될수록 더 큰 변이를 드러낼 것이다. 이러한 경험의 중층적 구조를 감안한다면 전통적인 객관주의나 허무주의적 상대주의는 모두 우리 경험의 부분적 국면으로 편향된 견해들이라고 할 수 있다. 이 때문에 신체화된 경험의 구조에 대한 포괄적 해명의 노력이 주어지지 않았을 때 특정한 문화 현상은 객관주의적 척도에 의해 억압된 해석을 낳거나 공약 가능성의 고리를 잃어버린 '신비'로 남게 될 것이다. 이러한 현상은 매우 제한된 자료나 유물을 해석해야 하는 고고학적인 탐구에서 더 심각하게 나타난다.

이러한 관점에서 문화는 우리가 공유하는 물리적 경험과 그것으로부터 다양하게 확장된 기호적 경험의 게슈탈트적 융합체라고 할 수 있다. 이러한 구조 안에서 문화들은 물리적 층위로 갈수록 현저한 공공성을 드러낼 것이며, 기호적 층위로 갈수록 다양한 변이를 보일 것이다. 문화의 다원성이 드러나는 것은 바로 이 지점이며, 그것은 동시에 문화 해석이 본성상 양면성을 갖는 이유이기도 하다. 일단 기호적 경험의 확장 방식이 은유적이라는 점을 받아들이면, 다양한 문화들 사이에 단일한 객관주의적 해석은 원천적으로 불가능하다는 것을 인정할 수 있지만, 그것이 문화에 대한 해석이 무제약적이라는 것을 의미하지는 않는다. 이러한 구도 안에서 문화 해석에서 우리가 기대할 수 있는 최대한의 보편성은 물리적 층위의 경험 영역 정도로 제한될 것이다.

3. 문화 해석의 종적 지반

체험주의는 우리의 경험과 이해에서 '몸의 중심성'을 주장함으로써 문화의 본성에 관한 새로운 해명의 방향을 제시해 준다. 인간의 모든 정신 활동이 몸의 활동에 근거하고 있으며, 동시에 신체적 요소들에 의해 강력하게 제약되어 있다는 것이다. 이러한 시각에서 본다면 문화는 몸의 발현인 동시에 몸을 극복하려는 노력으로 특징지어진다. 이러한 이중성이 문화의 본질적 특성을 이룬다. 이러한 접근은 전통적인 정신주의적 문화 해석의 한계를 드러내고, 나아가 몸과 마음의 관계에 관한 포괄적 해명을 근거로 한 새로운 문화 해석의 가능성을 제시할 것이다.

체험주의가 말하는 몸의 복권은 마음의 죽음을 의미하지 않는다. 그것은 몸으로부터 벗어나 허공을 떠돌게 된 마음의 자리를 되찾으려는 노력이다. 그것은 '정신주의'라는 이름으로 부과되었던 과도한 짐을 벗어 내려는 지적 시도이며, 그러한 한에서 정당한 시도다. 우리는 다양한 문화적 현상이 우리의 물리적 조건으로부터 다양한 방식으로 확장된 산물들이라는 점에 주목함으로써 모든 문화 현상이 '종으로서의 인간' 의 산물이라는 점을 인식할 수 있다. 그리고 그 한계 안에서만 우리의 해석은 의미를 갖는다.

이러한 시각에서 문화는 몸의 활동의 지속적 확장의 산물이다. 우리는 그 확장 방식의 알고리즘을 찾을 수 없으며, 따라서 문화 해석의 알고리즘 또한 찾을 수 없다. 전통적인 객관주의는 이것을 '학문적 실패' 로 인정해야 할 것이다. 즉 객관주의적 시각에서는 알고리즘의 부재를 원천적인 사실로 받아들임으로써 객관주의라는 믿음을 포기하거나 아니면 아직도 그러한 알고리즘을 계속 추구하게 될 것이다.

이론들의 복합적인 교차 속에서도 문화의 다양성은 상이한 문화를 탐색하는 현장적 작업을 하는 인류학자들에게는 매우 평이한 실제적 현상이다. 해석인류학의 선구자인 기어츠(C. Geertz)는 인류학 자체가 하나의 텍스트 해석일 뿐이라는 주장으로 포스트모던 인류학의 길을 열었다. 그는 문화적 체계의 정합성(coherence)이 문화적 기술의 타당성의 중심적 기준이 될 수 없음을 강조한다.[14] 그러나 기어츠의 극단적인 해석인류학은 무제약적인 해석의 길을 열어 주는 것으로 보였으며, 이 때문에 겔러(E. Gellner)는 기어츠가 극도의 모호성과 주관성을 강조함으로써 결과적으로 인류학자들을 회의주의적 자포자기의 길로 이끌어 가고 있다고 비판한다.[15]

기어츠의 해석인류학에 대한 겔러의 비판은 해석인류학의 무제약적인 해석이 불러오는 허무주의적 또는 신비주의적 귀결을 겨냥하고 있다. 기어츠의 해석인류학의 중요한 지적 원천의 하나를 이루고 있는 것은 후기 비트겐슈타인(L. Wittgenstein)으로 알려져 있다. 그러나

---

14 Geertz, *The Interpretation of Cultures*, pp. 17–18.

15 Ernest Gellner, *Postmodernism, Reason and Religion* (London: Routledge, 1992), p. 45 참조.

역설적이게도 겔러의 비판이 기어츠에게는 적절한 것일 수 있지만 적어도 비트겐슈타인의 후기 철학 자체에는 적절하게 적용되지 않을 것이다. 왜냐하면 기어츠는 비트겐슈타인을 수용하는 과정에서 중요한 한 국면을 간과하고 있기 때문이다.

문화 해석과 관련된 후기 비트겐슈타인의 언급은 매우 제한적이며 다소 불투명한 것은 사실이지만, 그의 의도를 읽어 내는 데 더 큰 어려움을 겪게 되는 것은 비트겐슈타인 때문이라기보다는 우리의 이분법적인 사고방식 때문일 것이다. 즉 비트겐슈타인을 객관주의자 아니면 상대주의자로 규정하려는 태도 자체가 비트겐슈타인 읽기를 편향으로 이끌어 가기 때문이다. 체험주의적 시각을 통해 후기 비트겐슈타인의 입장을 검토해 보면 그것은 전통적인 객관주의도 허무주의적 상대주의도 아닌 제3의 시각으로서 '완화된 상대주의'의 시각을 통해서만 적절하게 설명할 수 있기 때문이다.[16]

반면에 객관주의 아니면 상대주의라는 시각에서 비트겐슈타인을 읽게 되면 기어츠와 같은 편향된 시각을 낳게 된다. 비트겐슈타인은 이렇게 말한다.

> 우리는 어떤 사람에 관해서, 그는 우리에게 투명하다고 말하기도 한다. 그러나 한 사람이 다른 사람에 대해 완전한 수수께끼일 수 있다는 점은 이러한 고찰을 위해 중요하다. 이 점을 우리들은 완전히 낯선 전통을 가지고

16 필자는 후기 비트겐슈타인의 철학을 '완화된 상대주의'로 해석함으로써 그것이 객관주의를 거부하면서도 허무주의적 위협에 빠지지 않는다고 주장했으며, 그러한 시각은 문화 해석 문제와 관련해서 필자가 제안하려는 시각이기도 하다. 이 문제에 대한 상세한 논의는 노양진, 「비트겐슈타인의 상대주의」, 『몸 · 언어 · 철학』 참조.

> 있는 외국에 갈 때 경험한다. 그뿐만 아니라 우리들이 그 나라의 언어를 숙달한 경우에조차도 경험한다. 우리들은 그 사람들을 이해하지 못한다. (그리고 그것은 우리들이 그들이 그들 자신에게 무엇을 말하고 있는지 모르기 때문이 아니다.) 우리는 그들 속에서 익숙해질 수가 없다.[17]

여기에서 비트겐슈타인은 모든 언어를 숙지하고서도 끝내 익숙해질 수 없는 원시인의 문화를 가정하고 있다. 이러한 이해 불가능성은 어디에서 오는 것일까? 그것은 정말 전적으로 이해 불가능한 것일까? 그의 또 다른 언급은 이 물음에 대해 답하기 어려운, 또는 일견 화해되기 어려운 방식으로 제시되고 있다.

> 당신에게 전혀 낯선 언어를 가진 미지의 나라에 당신이 조사자로서 왔다고 생각해 보라. 어떤 상황들 속에서 당신은 그 사람들이 거기서 명령을 하며, 명령을 이해하며, 따르며, 명령에 반항하는 따위를 하고 있다고 말할 것인가?
>
> 인간의 공통적인 행동 방식은 우리가 우리에게 낯선 언어를 해석할 때 의거하는 준거 틀이다.[18]

이 구절은 다분히 오해의 소지가 있다. 비평가들은 이 구절을 공통적인 행동 방식을 해석의 준거로 삼아야 한다는 주장으로 받아들임으로써 비트겐슈타인의 입장을 '행동주의' (behaviorism)의 한 유형으로 몰아간다. 예를 들면 커크(R. Kirk)는 비트겐슈타인이 이 구절을 통해

---

17 루트비히 비트겐슈타인, 『철학적 탐구』, 이영철 역 (서울: 책세상, 2006), p. 395. (고딕은 원문의 강조.)

18 같은 책, 206절.

"삶의 형식과 부분적 실천이 의미와 번역을 결정한다고 생각한 것"[19]이라고 주장한다. 즉 커크는 '공통적인 행동 양식'을 '삶의 형식'과 동일시하고 있으며, 그것이 객관적 번역의 근거가 된다고 주장하고 있는 것이다. 그러나 앞에 인용된 구절을 상기한다면 비트겐슈타인은 행동을 근거로 모든 해석이 가능하다는 주장을 하고 있는 것이 아니라, 낯선 문화를 해석하는 데 있어서 공통적인 행동을 최소한의 해석 근거로 삼을 수밖에 없다고 주장하고 있는 것이다. 요약하면 비트겐슈타인은 다른 문화에 대한 완전한 객관주의적 해석 가능성을 거부하지만 그렇다고 해서 모든 자의적인 해석이 동등하다는 주장으로 나아가고 있는 것도 아니다.

역설적이게도 비트겐슈타인이 제시하고 있는 것 같은 타문화의 이해 불가능성 — 전적인 이해 불가능성은 아니지만 — 이야말로 사실상 해석이라는 작업 자체에 의미를 제공하는 조건이라는 점에 주목할 필요가 있다. 모든 문화, 즉 인간의 모든 행위가 산술적 알고리즘에 의해 이루어진다면 우리에게 더 이상 해석은 의미가 없다. 우리는 인간 경험의 모든 것을 예측할 수 있으며, 또 읽어 낼 수 있을 것이기 때문이다. 아마도 우리의 모든 문화적 행위에 대해 그러한 객관적 해석이 가능했다면 문화 해석과 관련된 탐구는 지속된다 하더라도 결코 지금처럼 매력 있는 탐구가 되지는 못했을 것이다. 그러한 조건에서의 문화 해석적 탐구는 건조한 테크놀로지의 한 형태에 지나지 않을 것이기 때문이다.

다양하게 확장된 경험의 양상인 문화적 변이를 객관주의자들이 원

19 Robert Kirk, *Translation Determined* (Oxford: Clarendon Press, 1986), p. 28.

하는 것처럼 '정확하게' 해석하는 길은 없어 보인다. 모든 해석은 이미 해석자 또는 행위자 자신의 문화라는 은유 체계에 의존하고 있으며, 따라서 해석의 과정에서 해석될 문화와 해석자의 문화가 어떤 방식으로 합치될 것인지에 대한 객관적 척도는 존재하지 않기 때문이다. 그러나 그렇다고 해서 모든 해석이 무제약적으로 이루어지는 것은 물론 아니다. 해리스(M. Harris)는 문화 해석이 물리적 세계의 일상적 조건들에 근거해서 이루어져야 한다는 것을 강조하면서도 그 어려움을 이렇게 말한다.

> 아주 기이하게 보이는 신앙들이나 관행들이라 해도 면밀히 검토해 보면 평범하고 진부하며 '통속적'이라고까지 할 수 있는 상황, 욕구, 활동 등에 근거를 두고 있다는 사실을 나는 이 책에서 밝히고 싶다. 진부하고 통속적인 원인들이 무엇을 의미하느냐 하면, 그것들이 성(性), 에너지, 바람, 비 등등 손으로 만질 수 있을 정도로 구체적이고 보편적인 현상들로 이루어져 있고 그런 현상들에 근거를 두고 있음을 의미한다.
>
> 이는 제시된 수수께끼의 해답이 단순한 것이라거나 명백하다는 의미와는 전혀 다르다. 인간사(人間史) 속에 내포되어 있는 상대적으로 물질적인 요인들을 확증하는 것은 언제나 어렵게 여겨진다. 실제의 생활은 항상 여러 가지 가면들을 쓰고 있다. 모든 생활양식들은 비실제적이고 초자연적인 조건들에 주의를 돌리게 하는 신화와 전설로 덮여 있다. 생활양식이 신화와 전설로 덮여 있음으로 해서 사람들이 사회적 동질감과 사회목적 의식을 갖게 될 수는 있겠지만 그로 말미암아 적나라한 사회적 삶의 진실들이 감추어져 있게 된다. 문화의 세속적인 원인들을 감추는 기만 행위는 납덩어리처럼 일반 사람들의 의식을 억누른다.[20]

이러한 관점에서 해리스는 북아메리카 인디언인 콰키우틀(Kwakiutl)족의 '포틀라치'(potlatch) 관습에 관해 서구사회에 널리 유포되어 온 해석의 문제점을 지적한다. 콰키우틀족의 추장들은 왜 적대적인 이웃 부족들을 불러 잔치를 열고, 자신이 매우 아끼는 값진 물건을 손님들에게 선물로 주며, 심지어 때로는 손님들 앞에서 그것들을 부수거나 불사르는 것일까? 콰키우틀족의 문화를 처음 서구 세계에 상세하게 소개했던 베네딕트(R. Benedict)의 기술은 이들의 포틀라치라는 기이한 관습을 인류학적으로 해석 불가능한 '비합리적' 행위의 한 전형으로 인식하도록 이끌어 갔다.[21] 베네딕트는 자신의 관찰을 토대로 다음과 같은 주장으로 나아간다.

> [주니, 도부, 콰키우틀 문화는] 상이한 목표를 따라 상이한 길을 가고 있으며, 한 사회의 목표나 수단은 다른 사회의 목표나 수단의 관점에서 판단될 수 없다. 왜냐하면 그것들은 본질적으로 공약 불가능하기 때문이다.[22]

베네딕트의 이러한 기술은 급진적인 문화상대주의를 대변하고 있다. 이러한 시각에 따르면 콰키우틀의 포틀라치는 서구인의 시각에서 '기이하고 비합리적인' 관행으로 평가되거나 아니면 베네딕트의 제안을 따라서 우리가 이해할 수는 없지만 자신들만의 기준을 갖는 고립된 문화로 남게 된다.

대신에 해리스는 본래 포틀라치가 인디언 부족들 사이에 관행처럼

20 마빈 해리스, 『문화의 수수께끼』, 박종렬 역 (서울: 한길사, 2000), p. 17.

21 Ruth Benedict, *Patterns of Culture* (Boston, Mass.: Houghton Mifflin Company, 1989; 초판은 1934), 특히 6장 참조.

22 같은 책, p. 223.

이루어졌던 분배의 한 방식이었을 것이라고 추정한다. 그것은 신비도 아니고 비합리도 아니며, 초기 인디언 부족들의 매우 현실적인 삶의 문제인 식량난을 해결하기 위한 호혜적 관행이었을 것이라고 주장한다. 해리스는 포틀라치가 한 부락이나 종족이 전쟁이나 자연재해 등으로 위기에 처했을 때 식량이나 귀중품을 분배하는 역할을 했을 것이라고 추정한다. 대신에 시혜를 베푸는 부족은 그 대가로 부족들 사이에서 권위 또는 영향력을 얻었다는 것이다.[23] 여기에서 해리스는 기이한 관행들에 대해 공약 불가능이라는 결론에 이르는 대신에 그 문화적 관행의 근거를 일상적이고 물리적인 조건에서 찾으려고 시도함으로써 완전하거나 정확한 해석은 아니라 하더라도 최소한 부분적으로 합리적 설명이 가능한 해석을 찾으려 한다. 물리적 경험과 기호적 경험의 중층적 구조에 대한 체험주의적 해명은 해리스의 이러한 회귀적 해석의 시도가 왜 적절한 것인지를 훨씬 더 구체적인 방식으로 보여 준다.

의미 있는 문화 해석을 위해 요구되는 기본적 가정은 모든 문화가 인간의 흔적이라는 사실이며, 따라서 그것들이 삶과 관련된 어떤 본성적 열망의 표현이라는 사실이다. 아무리 정교하고 기이하게 보이는 것이라 하더라도 만약 그것이 먹이를 찾아 이동하는 개미떼의 흔적이었거나 빙하기 말에 흘러내렸던 빙하의 흔적이었다면 우리의 해석은 적어도 더 이상 문화 해석으로서 진전될 가능성도 필요성도 없다. (그것은 아마도 지질학이나 생물학의 중요한 탐구 대상이 될 수는 있을지도 모른다.) 문화 해석에서 우리가 궁금하게 여기는 것은 바로 그 문화 구성원의 의도와 그러한 의도를 불러일으킨 자연적/문화적 상황이다.

문화 해석에서 우리의 핵심적 과제는 그 의도와 표현 방식 사이의

23 해리스, 『문화의 수수께끼』, pp. 111, 114–19 참조.

구체적 연관 관계를 해석하는 문제이며, 그 연관 관계는 항상 다양한 기호적 확장이라는 과정을 포함한다. 따라서 문화 해석의 어려움은 단지 우리와 그들 사이에 놓인 시간과 공간의 거리에서 비롯되는 것이 아니라 그 기호적 확장 구조의 복합성에서 비롯된다. 이러한 난점에도 불구하고 낯선 문화는 그저 '신비'는 아니다. 우리가 주목해야 할 것은 그들이 우리가 이해하기 힘든 기호적 경험을 구성하고 있다 할지라도 그것이 우리와 유사한 생물학적 조건을 가진 종(種)으로서의 인간의 경험 확장의 주된 방식이라는 점이다. 이러한 믿음이 전제되지 않은 해석은 전혀 다른 의미 지반을 갖게 되며, 따라서 전혀 다른 의미를 산출하게 될 것이다.

인간이라는 동일한 종의 상이한 의도와 욕구가 문화 해석이라는 문제의 두 줄기를 이루고 있다. 우리는 한 문화를 해석하기 위해서 이러한 모순적 측면의 공존을 전제해야만 한다. 동일한 종과 상이한 의도와 욕구 사이에 생기는 다양한 변이들이 바로 우리의 해석의 영역인 셈이다. 전통적인 객관주의나 자포자기적 신비주의는 모두 이러한 한 문화의 중층적 구조를 해명하는 데 적절한 시각이 될 수 없다. 문화의 이러한 중층성을 받아들일 때 문화의 다양한 변이들에 대한 적절한 해명은 그 변이들의 지반이 되는 물리적 경험 영역이라는 지반으로의 회귀적 해석을 통해서만 가능해 보인다. 이러한 접근은 결코 하나의 완전한 해석을 보장해 주지는 않지만, 적어도 편향된 이론적 요청이 불러온 혼동과 왜곡을 넘어서는 경험적 문화 해석의 길을 열어 줄 것이다. 그것이 다원주의적 문화 해석의 새로운 길이다.

4. 회귀적 문화 해석

문화 해석을 포함한 해석 문제의 핵을 이루고 있는 것은 해석을 위한 법칙 지배적 알고리즘의 존재 여부다. 객관주의적 해석 이론들은 문화 해석을 포함한 모든 텍스트 해석에 모종의 알고리즘이 존재한다고 주장한다. 그러나 이러한 객관주의적 주장은 그 자체로 입증되기보다는 그러한 믿음이 거부되었을 때 우리가 해석의 가능성을 잃게 될 것이라는 우려에 의해 정당화되어 왔다. 즉 객관주의는 객관주의적 해석이 가능하거나 아니면 해석 불가능성을 인정해야만 한다는 이분법적 선택을 우리에게 강요해 왔던 것이다.

문화 형성의 기본 구조에 관한 새로운 해명은 이러한 이분법적 구도가 순수하게 이론적인 층위에서 제기된 그릇된 요구라는 점을 드러내 준다. 한 문화는 물리적 층위와 그 층위에 근거한 기호적 확장의 구조를 가지며, 따라서 문화 해석은 이러한 중층적 구조에 대한 적절한 해명을 요구한다. 이러한 구도 안에서 해석은 기호적 층위로 갈수록 다양한 변이를 드러내며, 물리적 층위로 갈수록 현저한 공공성을 드러낼 것이라고 예상할 수 있다. 다른 문화들의 해석 가능성은 그 문화들이 공유하는 물리적 층위의 지반으로의 회귀를 통해 열릴 수 있겠지만 그것이 결코 객관주의자들이 요구하는 하나의 올바른 해석을 의미하는 것은 아니다.

이처럼 중층적으로 구성된 문화들 사이에 객관적 해석은 불가능한 것으로 보인다. 그러나 그것이 해석 자체의 불가능성을 의미하는 것은 아니다. 문화들 간의 해석은 불가피하게 특정한 문화 안에서의 해석이며, 이 때문에 다른 문화들에 대한 해석은 결코 일의적인 방식으로 이루어지지 않는다. 즉 문화 중립적 해석은 가능하지 않다. 그러나 우리가 한 문화 구성원들의 의도와 욕구에 근접하기 위한 하나의 길은 그 지반을 이루고 있는 신체적/물리적 층위로의 회귀적 해석을 시도하는 것이다. 그러한 해석은 다시 해석자 자신의 문화에 대한 새로운 이해를 확장해 가는 노력의 일부가 된다.

제11장

신체화된 경험의 미학적 구조*

존슨은 『몸의 의미』에 이르러 지금까지의 체험주의적 논의를 미학적 층위로 확장하고 있다. 『마음 속의 몸』에서 존슨의 핵심적 주장은 우리의 사고와 이해가 기본적인 층위에서부터 '상상적' 이라는 것이었다. 존슨은 지적 · 도덕적 영역을 포함해서 모든 의미의 형성에 '상상적 구조' 가 중심적 역할을 한다는 사실을 근거로 우리의 전 경험의 본성을 '미학적' (aesthetic)으로 규정한다.[1] 이것은 서구의 지적 · 도덕적 전통 안에서 주변적인 것으로 자리 잡아 왔던 상상력의 위상의 역전을 의미하며, 그것은 다시 객관성, 보편성, 통일성, 완결성을 추구하는 모든 객관주의적 전통과의 결별을 의미한다. 경험의 미학적 구조라는 논제는 법칙적 탐구 가능성에 대한 근원적 거부를 의미하기 때문이다.

그러나 객관주의를 거부하면서도 어떻게 허무주의적 상대주의를

---

* 이 장은 2009년 9월 전남대학교 인문학연구소 인문주간 특별강의 내용을 부분적으로 수정한 것이다.

1 Mark Johnson, *The Meaning of the Body: Aesthetics of Human Understanding* (Chicago: University of Chicago Press, 2007) 참조. / 마크 존슨, 『몸의 의미: 인간 이해의 미학』, 김동환 · 최영호 역 (서울: 동문선, 2012). 이하 『몸의 의미』 인용은 원문의 페이지를 제시하며, 우리말 번역서의 페이지를 괄호 안에 제시한다.

비켜설 수 있는지를 보여 준다는 점에서 제3의 시각으로서의 체험주의는 독자성을 드러낸다. 존슨의 이러한 주장은 마음 중심의 지적 전통에 대한 정면 도전이며, 언어, 의미, 진리, 도덕, 미학 등 핵심적인 철학적 주제들에 대한 새로운 논의의 필요성과 가능성을 열어 준다. 이러한 관점에서 존슨은 철학의 주된 임무가 '의미 만들기' (meaning making)로 특징지어지는 경험의 구조에 대한 해명이 되어야 한다고 주장하며, 그러한 해명의 체계를 '인간 이해의 미학' (aesthetics of human understanding)이라고 부른다.

1. 은유와 상상력

체험주의의 가장 큰 철학적 기여는 경험의 구조를 신체적/물리적 층위의 경험과 정신적/추상적 층위의 경험으로 구분하고 이 두 층위의 관계에 대해 새로운 해명의 가능성을 열어 준다는 점일 것이다. 체험주의에 따르면 전통적 이론들은 이 두 층위의 어느 한쪽에 초점을 맞추는 방식으로 구성되어 왔으며, 그것은 경험의 일부를 무시하거나 억압하는 '편향된 이론' 으로 나타난다. 체험주의는 다양한 경험적 탐구들이 제시하는 수렴적 증거를 토대로 경험의 구조에 대한 포괄적 해명을 시도한다.

존슨의 이러한 해명은 우리의 전 경험이 '상상적 구조' 를 통해 형성된다는 것을 함축한다. 여기에서 '상상적' 이라는 말은 법칙적 해명이 불가능하다는 것을 함축한다. 존슨의 상상력 이론은 그 출발점에서 칸트의 상상력 이론에 크게 빚지고 있다. 그러나 존슨에 따르면 칸트는 상상력에 관한 탁월한 통찰력에도 불구하고 그것을 자신의 인식 이론

체계와 적절히 화해시키는 데 실패했다. 존슨은 칸트 상상력 이론에 대한 섬세한 분석을 통해 그 난점의 원천을 다음과 같이 지적한다.

> 이 문제들은 모두 칸트의 철학 체계의 구조 안에서 동일한 뿌리를 갖는다. 두 문제는 모두 칸트가 특정한 종류의 형이상학적 분리 — 그는 실재가 근원적으로 상이하며, 근원적인 두 영역으로 구분된다고 본다 — 를 가정하기 때문에 생겨난다. 그 한편에는 엄밀한 결정론적 자연법칙에 지배되는 물리적 또는 질료적 영역이 있다. 이것은 우리의 신체적 존재의 영역이며, 감각의 영역이며, 감정의 영역이며, 공간 안의 물리적 대상들의 영역이다. 다른 한편에는 물리적인 것을 넘어선 영역이 있는데, 거기에서 자유가 가능하다. 이것은 지성의 영역이며, 이성의 영역이며, 우리의 자발적 행위 능력의 영역이다.[2]

존슨은 상상적 구조가 칸트가 생각했던 감성/오성 구분에 앞서 작동하고 있다는 사실에 주목함으로써 칸트와는 매우 다른 해명에 이르게 된다. 칸트는 감성/오성의 구분을 자명한 것으로 받아들였으며, 따라서 이 두 영역을 연결해 주는 또 다른 능력을 필요로 한다. 칸트는 상상력이 바로 감성과 오성을 연결해 주는 포괄적 능력이라고 생각했다. 존슨은 상상력이 감성과 오성을 넘어서는 제3의 능력이 아니라 감성과 오성의 구분에 앞서 작동하는 근원적인 능력이라고 본다. 여기에서 존슨은 칸트와 화해될 수 없는 새로운 길로 접어들게 되며, 이후의 존슨의 논의는 점차 듀이적 실용주의에 근접하는 양상을 띠게 된다.

---

2 마크 존슨, 『마음 속의 몸: 의미, 상상력, 이성의 신체적 근거』, 노양진 역 (서울: 철학과현실사, 2000), p. 304.

경험의 상상적 본성은 『몸의 의미』에서 전혀 새로운 국면으로 접어든다.

> 우리가 의미 있는 것으로 경험하고 인식하는 것, 그리고 우리가 그것에 관해 사유하는 방식은 모두 우리 경험을 규정해 주는 상상력의 구조들에 의존한다는 단순한 이유 때문에 상상력은 인간의 의미와 합리성에 중심적이다. 이 견해에 따르면 의미는 단지 명제들 안에만 놓여 있는 것이 아니다. 대신에 의미는 신체화되고, 시·공간적이며, 문화적으로 형성되고, 또 가치 의존적인 우리의 이해에 침투해 있다.[3]

우리의 전 경험이 상상적 구조를 갖는다는 존슨의 해명이 옳은 것이라면 이성을 축으로 이루어져 왔던 철학적 논의는 필연적으로 새로운 국면에 접어들 수밖에 없다. 경험의 본성이 상상적이라고 말하는 것은 경험의 구조에 대한 법칙적 해명이 불가능하다는 것을 함축하기 때문이다. 이성 개념에 의존해 왔던 객관주의적 이론들은 언어, 사고, 지식, 의미 등 경험의 다양한 국면에 대한 법칙적 해명을 자임해 왔다. 그러나 경험의 상상적 본성과 구조에 대한 존슨의 해명에 따르면 경험에 대한 법칙적 해명은 근원적으로 불가능한 기획이 되고 말았다.

2. 경험의 미학적 구조

서구 지성사를 통해 예술 또는 미학적인 것의 철학적 위치는 지속

---

3 같은 책, p. 312.

적인 왜곡으로 이어져 왔다. 플라톤 이래로 예술의 본질은 '모방'(*mimesis*)으로 간주되었으며, 따라서 예술은 실재적인 것의 직접적 표상이 될 수 없다. 플라톤의 존재론적 지도 안에서 현상의 세계는 이데아의 그림자이며, 다시 이 그림자의 모방이 판타스마(*phantasma*)이다. 따라서 예술이 바로 이 판타스마를 다루고 있는 한 그것은 지적 · 도덕적 진리로 나아가는 데 가장 멀고도 험한 길이다. 근세에 접어들면서 예술의 위상은 더 나쁜 것이 되었다. 17~18세기의 능력심리학(faculty psychology)은 감정, 상상력, 오성, 이성 등을 각각 고유한 능력으로 구분했으며, 여기에서 예술은 또다시 감정이라는 하위적 능력과 묶이게 된다. 예술은 또다시 인지적 이해나 지식, 진리로부터 멀어지고 말았다.[4]

20세기에 들어서도 상황은 크게 다르지 않다. 20세기 초반의 '언어적 전환' 이래로 분석적 전통의 언어철학은 '언어적 의미'를 유일한 의미로 받아들이며, 나아가 참/거짓을 결정할 수 있는 문장만이 '인지적 의미'(cognitive meaning)를 갖는다고 주장한다. 여기에서 한 문장의 의미를 안다는 것은 그 문장의 '진리조건'을 안다는 것을 의미한다. 그것을 '진리조건적 의미 이론'이라고 부른다. 이러한 구도 안에서 '예술' 또는 '미학적인 것'은 인지적 의미의 영역을 벗어난 상상력이나 미학적 정서의 문제로 간주되었다. 예술적인 것이 모종의 의미를 갖는다는 사실을 인정한다 하더라도 그것은 문장이 갖는 명제적 또는 인지적 의미와는 다른 유형의 의미라는 것이 표준적인 견해로 자리 잡게 되었다.

이러한 지적 전통을 감안할 때, 우리의 전 경험을 '미학적'이라고

---

4 Johnson, *The Meaning of the Body*, pp. 210–11(323–34) 참조.

규정하려는 존슨의 시도는 도발적인 것이다. 그러나 이러한 시도가 철학사적 전례가 없는 것은 아니다. 그 윤곽은 듀이의 철학을 통해 훨씬 더 포괄적으로 그려졌지만, 듀이의 시대에는 그의 제안을 뒷받침하는 충분한 경험적 증거가 주어지지 않았다. 20세기에 들어서 '분석철학'의 쇄도와 함께 듀이의 생각은 정교하지 못한 과거의 교설로 밀려나고 말았다. 그러나 존슨은 제2세대 인지과학의 수렴적 증거들에 의존함으로써 듀이보다 훨씬 더 구체적인 방식으로 자신의 주장을 전개하고 있다.

존슨이 사용하는 '미학적' 이라는 말은 다분히 칸트적인 맥락을 갖고 있지만, 그 귀결은 칸트와는 매우 다른 국면을 향하게 된다.[5] 존슨은 의미의 신체적 뿌리를 탐색하는 과정에서 자신이 전개하는 상상력 이론이 경험의 비법칙적 구조를 다루고 있으며, 나아가 그것이 다양한 경험의 바탕에서 작동하는 공통적 구조라는 생각에 이르게 된다. 이 때문에 존슨은 모든 경험이 미학적이라는 주장으로 나아가게 된다. 이러한 맥락에서 존슨이 말하는 '미학적' 이라는 말은 오히려 '상상적' 또는 듀이가 말하는 '창발적' 이라는 말에 더 가까운 것으로 이해할 수 있다.

듀이의 시대에는 오늘날 우리에게 알려진 경험적 증거들이 주어지지 않았다. 그러나 인지과학의 경험적 발견에 의존하고 있는 존슨은

---

5 '미학' (aesthetics)이라는 용어는 그 개념적 역사가 그다지 길지 않다. 18세기 중엽에 바움가르텐(A. Baumgarten)이 처음 사용했던 이 용어는 때로는 '지각론' (theory of perception)이라는 말로, 때로는 '예술철학' (philosophy of art)이라는 말로 혼용되었다. 이러한 혼용은 칸트(I. Kant)에게서도 이어져 『순수이성비판』에서 '미학' 은 '감성학' 을 가리키는 반면, 『판단력비판』에서는 '미에 대한 철학적 분석' 이라는 의미를 갖는다. 유럽의 미학적 전통은 대체로 『판단력비판』에서의 칸트의 용례를 이어받고 있으며, 존슨의 논의 또한 이러한 흐름에서 출발한다.

이 창발의 개념을 해명하는 데 듀이보다 훨씬 더 유리한 입장에 있다. 듀이와 존슨에게 전통 철학의 결정적 잘못은 우리의 경험의 국면들을 분리하는 데 있다. 몸과 마음의 분리, 이성과 상상력의 분리, 사실과 가치의 분리 등이 그것이다. 이러한 분리 속에서 미학적인 것은 독립적인 경험 영역으로 인식되며, 그것은 다시 미학적 경험에 대한 부적절한 해명으로 이어진다. 존슨은 경험의 본성과 구조에 대한 포괄적 해명을 통해 그 분리를 극복하려고 한다. 존슨의 상상력 이론이 바로 그 성과라고 할 수 있다.

이러한 상상력 이론을 통해 드러나는 존슨의 주된 관심사는 예술의 의미를 정상적인 의미의 일부로 복원하는 일이다. 그것은 전통적인 의미 이론의 기본적 가정에 대한 근원적인 수정을 요구한다. 존슨은 이렇게 말한다.

> 단어만이 의미를 가질 수 있다는 생각은 인간의 의미 만들기의 방대한 풍경을 무시하고 있다. 그것은 언어적으로 부호화될 수 없는 모든 것을 배제하며, 우리 의식의 저변, 그리고 표상적 구조들의 저변에서 발생하는 의미 만들기의 대부분에 대해 의미의 위상을 거부한다. 이 견해에 따르면 의미를 찾기에 가장 부적절한 영역은 예술이다.[6]

존슨은 예술의 의미를 복원하기 위해 예술 또한 언어적 의미 만들기에서 핵심적으로 작동하는 일상적인 요소와 층위들을 사용한다는 사실을 밝히려고 한다.[7] 존슨은 이러한 시도가 예술이 의미 만들기의

---

6 Johnson, *The Meaning of the Body*, p. 207(320). (고딕은 원문의 강조.)

7 같은 곳 참조.

일상적인 자원을 사용함으로써 고양되고, 강화되고, 고도로 통합적인 의미 경험을 제공한다는 듀이의 생각에 합치하는 것이라고 본다. 여기에서 미학은 의미 만들기와 관련된 모든 것에 대한 탐구가 되며, 그것은 철학적 탐구의 본성에 대해 새로운 시각으로 이어진다.

> 우리에게는 21세기를 위한 듀이가 필요하다. 말하자면, 우리에게는 미학을 단지 예술, 미, 취향에 관한 것이 아니라 인간의 의미를 경험하고 산출하는 방식에 관한 것으로 보는 철학이 필요하다. 미학은 의미에 포섭되는 모든 것 — 형식, 표현, 의사소통, 성질, 정서, 느낌, 가치, 의도 등 — 에 관련되어 있다. '미학적인 것'을 단지 경험의 한 자율적 차원 또는 단지 판단의 한 형식으로 분리하는 대신 미학이 경험 자체의 조건들에 관한 것이며, 예술이 경험 안에서 의미 가능성의 정점이라는 사실을 깨달아야 한다.[8]

존슨은 음악이나 그림 같은 예술품이 명제적 · 인지적 의미를 산출하지 않지만, 여전히 중요한 의미들을 산출한다고 주장한다. 명제적 · 인지적 의미를 신봉하는 언어철학자들에게 예술이 주는 것은 의미의 일종이 아니며, 고작해야 정서적 표현이거나 효과일 뿐이다. 반면에 존슨은 예술적 표현이 주는 의미가 다른 모든 의미들과 마찬가지로 신체적 근거를 갖고 있으며, 의미의 중요한 일부라고 주장한다.

> 시가나 산문에는 개념이나 명제들을 넘어서는 의미가 있다. 시각 예술에서 의미의 운반자는 영상, 패턴, 성질, 색, 또는 지각적 리듬이다. 우리가 일상적으로 예술품을 통해 경험하는 것을 언어화할 수 없다는 사실이

---

8 같은 책, p. 212(326). (고딕은 원문의 강조.)

신체화되고 지각적인 의미를 의미의 결여로 만들지는 않는다. 음악, 특히 가사와 상관없이 음악에 관심을 돌리게 되면, 이 신체화된 의미가 어떻게 단어나 명제적 내용 차원의 저변에서 작동하는지를 알게 될 것이다.[9]

예술은 상상적 활동의 전형으로 인식되어 왔다. 존슨의 해명에 따르면 예술적 경험은 고도로 추상화된 층위의 경험이다. 음악, 회화, 건축, 조각, 무용, 영화 등 다양한 예술 활동은 신체화된 경험의 기호적 확장을 통해 설명될 수 있다. 전통적인 의미 이론은 인지적 · 명제적 의미만을 의미로 간주했으며, 이 때문에 예술적인 것이나 미학적인 것은 의미의 영역으로부터 배제되어 있었다. 그러나 존슨의 해명에 따르면 예술적 의미 또한 신체화된 의미의 일부이며, 일상적인 경험과 마찬가지로 상상적 구조를 통해 형성된다.

존슨은 『몸의 의미』에 앞선 일련의 저작을 통해 진리론적 이해뿐만 아니라 도덕적 이해 또한 인지의 '상상적 구조화'에 의존하고 있다는 사실을 설득력 있게 보여 주었다. 체험주의 은유 이론에 따르면 모든 진리는 특정한 이해의 체계 안에서의 진리이며, 항상 은유적 구조화를 포함한다. 그래서 진리는 우리의 이해에 상대적이다. 레이코프와 존슨은 "**어떤 진술에 대한 우리의 이해가 어떤 주어진 상황에 대한 우리의 이해와 우리의 목적에 충분히 긴밀하게 합치할 때 우리는 그 상황에서 그 진술을 참이라고 이해한다**"[10]고 말한다.

도덕적 경험 또한 일반적 인지와 다르지 않다. 보편적 도덕원리를 추구하는 절대주의적 도덕 이론을 넘어서면 윤리학은 이제 우리의 도

---

9 같은 책, p. 234(360).

10 G. 레이코프 · M. 존슨, 『삶으로서의 은유』, 수정판, 노양진 · 나익주 역 (서울: 박이정, 2006), p. 296. (고딕은 원문의 강조.)

덕적 경험에 대한 해명이 되어야 한다. 이러한 탐구는 순수한 실천이성의 문제가 아니다. 도덕적 평가와 판단은 항상 '상상적 구조들'을 통해 구조화되는 도덕적 맥락 안에서 이루어진다. 그것들은 순수한 명제적 구조물이 아니며, 따라서 순수한 실천이성의 논리로 해명될 수 없다. 이러한 관점에서 존슨은 윤리학의 중심적 과제가 보편적 도덕원리의 발견이 아니라 '도덕적 이해'(moral understanding)에 관한 이론이 되어야 한다고 주장한다.[11]

진리론적 이해와 도덕적 이해가 모두 '상상적 구조화'에 의존하고 있다면 이제 인간 이해의 구조를 포괄적으로 해명할 수 있는 유일한 길은 '미학적'인 길이다. 존슨에게 '미학적'이라는 용어는 경험의 특정한 영역을 가리키는 말이 아니라 우리 경험의 일반적 특성을 가리키는 말이다. 다른 능력과 분리된 것으로서 상상력의 배타적 영역으로 간주되어 왔던 '미학적인 것'은 근세적 인식론이 만들어 낸 철학적 가상이다. 진리나 도덕에 관한 우리 경험의 구조는 우리가 '예술적'이라고 부르는 것들에 대한 경험의 구조와 다르지 않다. 우리의 모든 경험은 출발에서부터 '상상적 구조'를 통해 구성되고 확장되며, 이러한 관점에서 미학적 구조 안에 있다.

3. 경험의 복원과 열린 철학

'상상력'은 오랫동안 '이성'과 대비되는 특수한 능력으로 인식되어

11 Mark Johnson, "How Moral Psychology Changes Moral Theory," in Larry May et al., eds., *Mind and Morals: Essays on Ethics and Cognitive Science* (Cambridge, Mass.: MIT Press, 1996), p. 66 참조.

왔다. 근세 이래로 서구의 철학적 논의는 크게 지적 · 도덕적 · 미학적 영역으로 구분되는데, 지적 · 도덕적 영역은 이성의 영역이며, 미학적 영역이 바로 상상력의 영역이라고 보았다. 그러나 존슨은 『몸의 의미』에서 지적 문제와 도덕적 문제가 결코 순수이성 또는 실천이성의 문제가 아니라는 점을 반복적으로 지적하고 있다. 우리의 모든 이해는 상상적으로 구조화되며, 따라서 우리의 지적 · 도덕적 이해는 순수한 이성의 문제가 아니라 포괄적인 상상력의 문제라는 것이다.

존슨에 따르면 마음은 독립적인 영역이 아니라 몸의 정교한 활동을 통해 드러나는 새로운 국면이다. 존슨이 제시하는 '신체화된 마음'이라는 논제는 몸으로부터 출발하는 우리 경험은 상상적 구조를 통해 확장되며, 그 확장적 국면이 마음을 구성한다는 것이다. 이러한 관점에서 존슨은 "우리의 모든 의미와 사고, 언어가 이 신체화된 활동의 미학적 차원에서 창발한다"[12]는 주장으로 나아간다. 존슨의 상상력 이론은 바로 이러한 창발적 구조에 대한 체계적 해명이라고 할 수 있다.

존슨은 모든 의미의 구성이 기본적으로 '미학적'이라고 주장한다. 따라서 '예술'이야말로 의미 추구의 완성이며, 경험의 미학적 층위에 대한 탐구가 의미의 신체적 근거를 밝히는 결정적 열쇠가 될 것이라고 주장한다. 그래서 존슨은 미학이 단순히 예술이나 미적 경험에 관한 탐구가 아니라 의미를 산출하고 경험하는 인간적 능력과 관련된 모든 것에 대한 탐구가 되어야 한다고 주장한다. 나아가 이러한 주장은 '인간 이해'(human understanding)의 미학이 형이상학, 지식론, 논리학, 심리철학, 언어철학, 가치론 등 모든 철학의 근거가 되어야 한다는 것을 함축한다.[13]

---

12 Johnson, *The Meaning of the Body*, p. 1(27).

경험의 신체화된 본성으로부터 분리된 지식과 도덕, 예술 이론은 필연적으로 삶으로부터 괴리됨으로써 '소외된 이론'을 낳게 된다. 이러한 주장은 우리 자신의 자리를 몸으로부터 분리된 마음에서 찾으려는 이성 중심의 정신주의적 전통에 대한 급진적 도전일 수밖에 없다. 정신주의적 이론들은 우리에게 인식, 도덕, 예술 등 각각의 문제를 다루는 독립적인 능력이 있다고 가정해 왔기 때문이다. 이러한 급진성을 감안할 때, 체험주의의 새로운 제안은 존슨의 말처럼 "동요시키는 동시에 해방시키는"(unsettling and liberating)[14] 시각이라고 할 수 있다.

경험의 체험주의적 해명은 서구의 정신주의적 전통에 대해 급진적 해체를 요구하지만, 프랑스를 중심으로 성행하는 해체론적 이론들과는 철학적 방향을 달리한다. 해체론적 이론들은 과거의 정신주의적 전통을 깨뜨리는 데 집중함으로써 또 다른 극단으로 나아간다. 로티나 데리다(J. Derrida), 들뢰즈(G. Deleuze) 같은 포스트모던 철학자들에 따르면 이론들이 사라진 자리는 '우연'이나 '놀이'로 채워진다. 그것은 우리의 갈 길을 제안하지 않으며, 따라서 허무주의라는 우려에 직면한다. 그러나 체험주의적 몸의 철학이 오늘날 성행하는 포스트모더니즘과 다른 것은 포스트모더니즘이 일체의 '이론화'를 원천적으로 거부하는 반면, 체험주의는 여전히 경험적 지식의 성장에 근거한 건설적 탐구와 논의의 가능성을 제안하기 때문이다.

그러나 체험주의적 탐구가 또 다른 완결된 이론이나 체계를 꿈꾸는 것은 아니다. 경험적 지식이 본성상 완결될 수 없다는 사실을 받아들인다면 경험적 지식에 의존하는 체험주의적 탐구 또한 완결되지 않는

---

13 같은 책, p. x(16) 참조.

14 존슨, 『도덕적 상상력』, p. 27.

'열린 탐구'의 한 유형이다. 우리의 경험이 열려 있는 것처럼 그것을 해명하려는 철학 또한 열리게 된다. 전통적인 객관주의의 궁극적 목표는 진리, 선, 옳음 등의 객관적 기준을 발견하는 일이었다. 객관주의자에게 객관적 기준을 확보하지 못하는 것은 허무주의에의 굴복을 의미한다. 체험주의는 이러한 객관주의가 우리 자신에 대한 해명의 체계가 아니라 객관성을 향한 열망의 표현이라고 본다. 그러한 열망을 벗어나면 우리가 실제적으로 도달할 수 있는 객관성은 종(種)으로서의 인간이 공유하는 '경험의 공공성'을 넘어설 수 없다. 그 공공성의 뿌리에 우리의 '몸'이 있다.

제2부

제12장 실용주의와 체험주의

제13장 포스트모더니즘을 넘어서

제14장 인지언어학과 체험주의

제15장 유학과 체험주의

제16장 불교와 체험주의

제17장 노자와 체험주의

제12장

실용주의와 체험주의

1. 체험주의는 실용주의적인가?

체험주의는 실용주의적이다. 그렇지만 체험주의가 그 형성 과정에서 전통적인 미국의 실용주의자들로부터 직접적인 영향을 받은 것은 아니다. 레이코프는 매사추세츠공과대학(MIT)에서 '생성문법'의 창시자인 촘스키(N. Chomsky)에게서 배웠으며, 존슨은 시카고대학교에서 칸트학자인 코언(T. Cohen)에게서 배웠다. 실용주의와의 유사성은 체험주의의 출발점에서 나타난 것이 아니라, 그 확장 과정에서 점차적으로 드러나게 된 귀결이라고 할 수 있다.[1]

물론 한 세기 전의 실용주의 철학자인 듀이의 시대에는 오늘날 우리에게 알려진 인지과학적 성과가 주어지지 않았다. 그러나 듀이는 마

---

1 존슨은 1995년 오리건대학교로 옮기기 전까지 15년여 동안 서던일리노이대학교에서 가르치면서 듀이 연구자인 알렉산더(T. Alexander) 교수와의 지속적인 대화를 통해 체험주의적 시각이 듀이적 실용주의와 매우 유사한다는 사실을 점차적으로 깨닫게 된 것으로 보인다. 알렉산더는 조부와 아버지에 이어 3대에 걸친 듀이 철학 연구자로 알려져 있다. 알렉산더의 『듀이의 예술, 경험, 자연』은 자신의 박사학위 논문을 재구성한 것으로 이제 듀이 철학, 특히 듀이 미학 분야의 고전이 되었다. Thomas Alexander, *John Dewey's Theory of Art, Experience, and Nature: The Horizons of Feeling* (Albany, N.Y.: SUNY Press, 1987) 참조.

음에 관한 탐구가 사변적인 방법이 아니라 경험적 방법을 통해서만 성공적으로 이루어질 수 있을 것으로 믿고 있었다. 듀이는 이미 "자연 안에서의 유기체, 그 유기체의 신경계, 신경계 안의 두뇌, 두뇌의 피질을 이해하는 것이 철학을 사로잡고 있는 문제들에 대한 답이 될 것"[2]이라고 예견했다. 이러한 관점에서 체험주의는 듀이적 실용주의가 현대의 경험적 탐구, 특히 인지과학의 탐구 성과와 융합함으로써 훨씬 더 구체화된 것이라고 말할 수 있다.

잘 알려진 것처럼 실용주의는 전형적인 미국의 철학이다. 퍼스에서 출발했던 실용주의는 제임스, 듀이, 미드 등을 거치면서 점차 폭넓은 철학 사상으로서의 모습을 갖추게 되었다.[3] 실용주의는 전통적인 사변적 관념을 거부하고 주어진 것으로서의 현실 세계에 대한 관심에서 출발한 것으로 알려져 있다. 이 때문에 실용주의는 흔히 미국적 '현실주의'의 요약이라는 폄하적인 평가를 받기도 한다.

---

2 John Dewey, *Experience and Nature: The Later Works, 1925–1953*, Vol. 1, ed. Jo Ann Boydston (Carbondale, Ill.: Southern Illinois University Press, 1981), p. 224 참조.

3 퍼스의 철학은 제임스나 듀이가 제창했던 실용주의와 중요한 측면에서 차이가 있다. 퍼스는 여전히 칸트적인 의미에서 실재론적 시각과 선험적 구도에 대한 미련을 버리지 못하고 있다는 점에서 제임스나 듀이의 철학과 구별된다. 이 때문에 로티는 오히려 퍼스를 철저한 칸트주의자라고 주장한다. 리처드 로티, 『실용주의의 결과』, 김동식 역 (서울: 민음사, 1996), p. 336. 여기에서 로티는 이렇게 말한다. "실용주의에 대한 [퍼스의] 기여는 단지 그것에 대해 어떤 이름을 주었던 것과 제임스에게 자극을 주었던 것이 고작이다. 퍼스 자신은 사상가들 중에서도 가장 두드러진 칸트주의자였다. 그는 그 속에서 여타의 담론들이 적절한 위치와 등급을 부여받게 되는 모든 것을 포괄하는 비역사적인 맥락을 철학이 제공한다고 철저히 확신하는 칸트주의자로 남아 있었다. 제임스와 듀이가 반발을 했던 것은 그와 같은 맥락이 존재한다는 것, 그리고 인식론과 의미론이 그것을 발견해 낼 수 있을 거라는 바로 그 칸트적인 가정이었다."

실용주의의 철학적 성격을 규정하는 일차적 특징으로 '자연주의'를 들 수 있다. 자연주의는 흔히 '환원주의'나 '과학주의'를 가리키는 말로 오해되곤 한다. 그러나 실용주의적 자연주의는 추상적인 모든 것이 물리적 용어로 환원될 수 있다고 주장하는 환원주의도 아니며, 과학이 궁극적 진리를 제공해 줄 것이라고 믿는 과학주의도 아니다. 대신에 실용주의적 자연주의는 인간의 문제를 자연 세계의 문제로 보며, 따라서 이러한 인간의 삶에 관한 탐구에 어떤 초월적인 관점도 필요치 않다는 입장을 가리킨다.

자연주의적 시각에 따르면 우리의 경험적 지식과 분리된 순수한 철학적 문제는 존재하지 않는다. 존재, 진리, 좋음, 아름다움 등 고전적인 철학적 문제들은 경험적 지식의 문제이며, 따라서 다양한 경험적 지식과의 지속적인 교호 속에서 탐구되어야 할 문제다. 이러한 시각은 서구의 고대와 중세를 지배했던 플라톤적 초월주의는 물론 선험에 의지했던 칸트의 합리주의와도 정면으로 배치된다.

체험주의는 철학적 문제들이 우리의 '인지'(cognition)의 본성에 대한 새로운 경험적 지식에 근거해서 다루어져야 한다고 본다. 이러한 관점에서 체험주의가 주목하는 것은 '제2세대 인지과학'이 제공하는 수렴적 증거들이다. 마음의 본성에 관한 학제적 탐구인 인지과학이 마음에 관해 우리가 알고 싶어 하는 모든 지식을 제공하는 것은 아니다. 그렇지만 다양한 경험적 탐구들이 교차적 검증을 통해 제시하는 수렴적 증거들은 그 어떤 것보다도 견고하고 안정적이다. 그것은 전통 철학이 의지하는 마음에 대한 기본적 가정의 근원적 수정을 요구한다.

2. 체험주의는 고양된 정신적 가치를 부정하는가?

자연주의의 한 유형인 체험주의가 고양된 인간적 가치를 설명할 수 없을 것이라는 생각은 매우 소박하고도 단편적인 것이다. 철학자뿐만 아니라 일상인에게도 인간의 삶에서 정신세계의 중요성에 관해 이야기하는 것은 새삼스러운 일이다. 체험주의가 말하는 '몸의 중심성'은 우리 인지의 발생적 측면에서 말하는 '우선성'이다. 우리의 모든 정신적 활동은 몸과 몸의 활동을 중심으로 형성되는 신체적 층위의 경험으로부터 확장되어 나온다는 것이다. 따라서 신체적 층위의 경험 없이 정신적 층위의 경험은 존재하지 않는다. 동시에 정신적 층위의 경험은 신체적 층위의 경험으로부터 확장된 것이며, 또 신체적 층위의 경험에 의해 강하게 제약된다. 이런 의미에서 마음은 신체화되어 있다.

체험주의의 해명에 따르면 추상적 개념과 이론은 대부분 은유적이다. '사랑' '진리' '정의' '자유' 등 모든 추상적 개념은 은유적으로 구성된다. 이것은 우리가 그 개념들에 '관한' 은유를 사용한다는 것을 의미하는 것이 아니라 인지적 과정의 측면에서 그 개념들 자체가 은유적으로 형성되었다는 것을 의미한다. 예를 들면 우리는 모두 '사랑'에 관해서 이야기하지만 어느 누구도 '사랑'을 명확하게 정의할 수 없다. '사랑'은 처음부터 추상적인 개념이며, 그것을 정의하는 단일한 방식은 없다. 사랑뿐만 아니라 모든 추상적 개념은 다양한 은유들을 통해 매우 불안정한 방식으로 규정된다. 그래서 동일한 문화권이나 언어권의 구성원들조차도 '사랑' 개념에 대해 다양한 이해를 갖는다. 그러나 한 문화의 구성원들이 다른 문화의 구성원들에 비해 훨씬 더 유사한 이해 방식을 공유할 가능성이 크다.

추상적 개념에 대한 이러한 은유적 분석은 종종 정신적으로 고양된 가치에 대한 거부로 오해되기 쉽다. 그러나 개방적 자연주의든 과학적 자연주의든 모든 자연주의가 현실적인 것만을 중시한다는 생각은 지나칠 정도로 소박한 것이며, 심각한 오해이기도 하다. 철학사를 통해 현실적인 것만이 중요하다는 믿음이 '철학'이라는 이름을 갖게 된 역사도 없으며, 또 그럴 가능성도 없어 보인다. 예를 들어 자연주의를 표방하는 실용주의가 이러한 오해를 불러오는 것은 실용주의가 진리와 의미의 척도로 사용하는 '유용성'(utility), '실제적 효과'(practical effect), 또는 제임스가 종종 사용하는 '현금 가치'(cash value)와 같은 어휘 때문일 것이다.[4] 즉 실용주의는 실제적 효과가 없는 것은 어떤 의미나 진리도 산출할 수 없다고 말한다.

스스로 실용주의를 표방하지 않지만 후기 비트겐슈타인이 제시하는 예는 실용주의의 실제적 효과라는 개념을 설명하는 데 적절해 보인다. 실재론자와 관념론자는 매우 다른 방식으로 세계를 해명하며, 따라서 매우 다른 주장으로 나아간다. 비트겐슈타인은 묻는다. 세미나에 두 개의 의자가 더 필요할 때 과연 실재론자와 관념론자는 다른 방식으로 의자를 가져올까? 만약 두 사람이 '동일한' 방식으로 의자를 가져오고, 그렇게 해서 세미나 진행을 위한 문제를 마찬가지로 해결했다면 적어도 이 상황에서 실재론과 관념론은 아무런 차이도 없다. 실제적 결과가 다르지 않기 때문이다.

> 그러나 [관념론자]는 '의자'라는 낱말은 어쨌든 아이들에게 가르칠 것이다. 왜냐하면 그는 그들에게 이런저런 것을 하도록, 예컨대 의자를 가져오

---

4 윌리엄 제임스, 「실용주의의 진리 개념」, 『실용주의』, 정해창 편역 (서울: 아카넷, 2008) 참조.

도록 가르치고자 원하기 때문이다. 그럼 [관념론적]으로 교육된 아이들이 말하는 것은 [실재론적] 아이들이 말하는 것과 어디에서 구별되는가? 그 차이는 단지 전투적 함성의 차이가 되지 않을까?[5]

흔히 말하는 것처럼 '실제적 효과'나 '유용성' 개념이 고양된 가치의 가능성을 거부한다는 생각은 이 개념에 대한 단순한 오해에서 비롯된다. '실제적 효과'나 '유용성'은 고전적인 의미에서의 가치 서열을 평가하려는 객관적 척도가 아니다. 더 근원적으로 실용주의는 그런 척도가 있을 것이라는 믿음 자체를 거부한다. 좀 더 구체적으로 말하자면 실제적 효과는 우리 경험 안에서 실제적 적용 가능성이 없는 '가치 자체'에 대한 믿음을 거부하려는 부정적인 논제일 뿐이다.[6]

필자는 전통적 실용주의의 이러한 입장이 가치의 본성에 대한 적극적 해명이라기보다는 과거의 사변적 가치 이론들에 대한 반박으로서 더 큰 의미를 갖는다고 본다. 이러한 관점에서 필자는 가치의 본성에 대한 더 구체적인 해명이 필요하다고 보았다. 필자는 가치가 가치 객

5 루트비히 비트겐슈타인, 『쪽지』, 이영철 역 (서울: 책세상, 2006), 414절.

6 실용주의의 비판자들은 실제적 결과만을 중시하는 실용주의가 추상적이고 정신적인 차원으로 고양된 가치를 무시하거나 또는 해명할 수 없다고 주장할지도 모른다. 하지만 이러한 비판 또한 근거가 없다. 아무리 고양된 가치라 하더라도 그것이 어떤 실제적 결과를 불러오지 못한다면 그것은 무의미한 것이다. 예를 들면 법정 스님은 평생 세속적 가치에 연연하지 않고 매우 고양된 정신적 가치를 추구한 것으로 보인다. 그러나 정작 법정 스님의 선택이 자신에게든 타인에게든 아무런 실제적 결과도 불러오지 못한다면 그것은 가치의 높고 낮음을 떠나 무의미한 것이다. 법정 스님은 현실적인 가치를 넘어선 고양된 가치를 알렸으며, 많은 사람들이 법정 스님의 뜻에 감동하고 주목하며, 나아가 때로는 자신의 가치를 수정하는 것이 바로 법정 스님이 제시한 '무소유'라는 가치의 실제적 결과다. 만약 그 실제적 결과가 '우리의' 경험을 통해 드러나지 않거나 드러날 가능성이 없다면 그것은 아무리 고양된 것이라 하더라도 '우리에게' 무의미한 것이다.

관주의가 주장하는 것처럼 사물의 속성도 아니며, 가치 주관주의가 주장하는 것처럼 마음의 속성도 아니라고 보기 때문이다. 대신에 필자는 가치가 우리 경험의 한 국면이라고 보았으며, 그것은 우리가 의미 있게 이야기할 수 있는 모든 가치가 '살아진 가치'(lived value)라는 것을 의미한다. 이러한 관점에서 필자는 가치가 사물이나 마음의 속성이 아니라 '경험의 방식'을 가리키는 이름이라고 제안했다.

> "X는 가치가 있다" 또는 "X에는 Y라는 가치가 있다"라는 문장은 "우리는 X에 대해 Y라는 방식으로 경험한다"라고 번역될 수 있다. 이때 '경험'이란 물리적 대상은 물론 추상적 대상과의 모든 상호작용을 포괄한다. 가치 있는 것에 대한 전형적인 상호작용 방식으로 그것을 원하거나 원하지 않는 것, 존경하거나 존경하지 않는 것, 획득하거나 빼앗기는 것 등을 들 수 있는데, 우리는 그러한 상호작용의 대상들을 '가치 있다'고 부르는 것이다.[7]

이러한 체험주의적 해석 안에서 고양된 가치란 우리 경험의 창발적 확장을 통해 정교화된 가치들을 의미하지만, 그렇게 확장된 가치들을 평가하는 단일한 상위적 원리는 없다. 가치들은 열려 있는 경험의 창발적 갈래들이다. 고전적인 가치 이론들은 이 모든 가치들을 수렴하는 최고선을 발견함으로써 그것에 근거한 가치표를 건설할 수 있을 것이라고 믿었다. 보편적 도덕원리를 추구하는 도덕적 절대주의가 그 전형이다. 그러나 체험주의에 따르면 다양하게 확장된 가치들을 평가할 수 있는 실제적인 보편적 근거는 그 모든 확장들을 넘어선 곳에 있는 것

---

7 노양진, 「경험으로서의 가치」, 『범한철학』, 제39집 (2005 겨울), p. 19.

이 아니라 그 모든 확장의 터전이 되는 삶의 원형적 조건에 있다.

3. 체험주의는 상대주의인가?

절대적 진리 개념을 거부하는 체험주의는 본성상 '상대주의적' 일 수밖에 없다. 그러나 체험주의가 허무주의적 상대주의를 지향하는 것도 아니며, 허무주의적 상대주의에 빠져드는 것도 아니다. 체험주의는 전통적인 객관주의와 허무주의적 상대주의의 이분법적 대립을 넘어서는 제3의 관점을 유지한다.

체험주의뿐만 아니라 20세기 후반 객관주의와 상대주의 사이의 혼란스러운 논란을 거친 대부분의 철학자들은 제3의 관점의 정당성과 필요성에 동의할 것이다.[8] 그러나 중요한 것은 "나는 제3의 입장을 지향한다"라는 '선언' 이나 "제3의 입장이 필요하다"는 '요청' 이 아니라 상대성이 실제적으로 어떻게 제약되고 있는지 '해명' 하는 것이다. 상대적 분기가 어떻게든 제약되어야 한다는 선언이나 요청만으로 우리의 문제가 근원적으로 해소되는 것은 아니기 때문이다. 이성주의적 전통의 철학자들은 여전히 이성이 그 제약의 역할을 해야 한다고 주장할 것이다. 그러나 이성이라는 개념을 근원적으로 받아들이지 않는 사람들에게 그 주장은 '해명' 이 아니라 이론적 '요청' 일 뿐이다. 이러한

---

8 예를 들어 퍼트남(H. Putnam)은 이러한 시각의 가능성을 듀이의 실용주의에서 찾고 있다. 퍼트남은 듀이의 실용주의를 '오류주의 겸 반회의주의' (fallibilism cum anti-scepticism)라고 특징짓는데, 이러한 퍼트남의 평가는 체험주의에도 수정 없이 적용될 수 있을 것이다. 힐러리 퍼트남, 『존재론 없는 윤리학』, 홍경남 역(서울: 철학과현실사, 2006), p. 152 참조.

상황에서 체험주의의 핵심적인 이론적 기여의 하나는 실제적으로 명백하게 주어진 상대성이 어떤 지점에서 제약되고 있는지를 밝히고 있다는 점이다.

체험주의는 상대적 분기에 대한 제약의 가능성을 신체적/물리적 층위에서 드러나는 '경험의 공공성'에서 찾는다. 이런 의미에서 몸은 다시 상대적 분기를 불러오는 원천인 동시에 상대적 분기를 제약하는 근거이기도 하다. 체험주의는 먼저 우리의 경험을 신체적/물리적 층위와 정신적/추상적 층위의 두 층위로 구분한다. 이 두 층위에서 보편성과 상대성은 다른 정도로 나타난다. 다양한 문화적 변이에도 불구하고 우리 경험은 신체적 층위에서 현저한 보편성을 드러낸다. 이 보편성이 우리가 실제적으로 의지할 수 있는 최선의 보편성이다. 그러나 우리 경험은 추상적 층위로 확장되면서 점차 큰 변이를 드러낸다. 이러한 확장은 대부분 은유적으로 이루어지며, 이때 자연적 · 사회적 · 문화적 변이가 개입되기 때문이다.

상대성은 우리 경험의 기본적 조건이다. 적어도 '해명'이라는 차원에서 본다면 우리 경험이 상대적이라는 사실은 너무나 분명해 보인다. 그러나 객관주의적 열망은 그러한 상대성을 넘어 단일한 기준이나 원리에 도달하는 것이 철학의 궁극적 목표라는 생각에 묶이게 되었으며, 그렇게 해서 제시된 수많은 객관주의적 이론들이 절대적 진리를 자처한다. 우리는 너무나 많은 절대적 진리들을 갖고 있지만, 정작 그것들 중 어떤 것이 정말 객관적인지를 식별할 방법을 갖고 있지 않다. 그 사실 자체가 객관주의가 이론적 가상이라는 점을 입증해 준다.

체험주의는 절대적 진리 개념을 거부한다. 체험주의는 설혹 절대적 진리 같은 것이 존재한다 하더라도 우리가 그것을 식별할 수 없다는 로티의 논변을 주저 없이 받아들일 것이다.[9] 절대적 진리가 거부된 자리에 두 갈래의 대안이 가능해 보인다. 아무런 진리도 없다는 것과 다수의 진리가 있다는 것이 그것이다. 첫 번째 선택은 열려 있지 않다. 그것은 철학적 사유나 논의 자체를 부정하는 길이기 때문이다. 다수의 진리가 있다는 두 번째 믿음이 열려 있지만 그 길을 선택하는 것이 이론적으로든 실제적으로든 그리 간단한 것은 아니다.

'다원주의'는 사실상 상대주의의 다른 이름이다. 전통적으로 상대주의는 그 자체로 자가당착적인 견해로 인식되어 왔으며, 이 때문에 누구도 자신을 상대주의자로 자처하지 않는다. 그렇지만 실제적으로 드러나는 상대적 현상은 모종의 상대주의적 해명을 요구한다. 이러한 상황에서 실제적인 상대적 현상을 수용하면서도 극단적인 상대주의로 빠져들지 않는 제3의 입장이 요구된다. 이러한 제3의 입장을 '제약된 상대주의'라고 부를 수 있다. 오늘날 널리 거론되고 있는 다원주의는 사실상 어떤 형태로든 제약된 상대주의를 가리키는 이름이다.

그러나 근원적으로 다원주의적 구도 자체를 수용하지 않는 한 이런 저런 방식으로 다원적 현상에 대해 관용적인 태도를 보이는 것은 대부분 '위장된 다원주의'로 귀결된다. 그것은 무대 앞에 있던 단일한 척도를 무대 뒤로 숨기는, 일종의 전략 이상의 것이 아니다. '옷을 갈아입은 그때 그 사람'이다. 다원적 현상에 대한 관용적인 태도를 내보이지만 배후에는 여전히 객관적 척도에 대한 미련을 버리지 않기 때문이다. 오늘날 전통적인 객관주의가 '후퇴한 객관주의'의 형태를 취하지만 그것은 결코 객관주의를 온전히 벗어난 것이 아니다.

이러한 복잡한 상황을 비켜서기 위해서는 경험의 다원적 구조에 대

---

9 Richard Rorty, *Philosophy and Social Hope* (London: Penguin Books, 1999), p. 82 참조.

한 새로운 해명이 필요하다. 이러한 해명을 위해 주목해야 할 것은 상대성의 원천이 되는 상이한 개념체계들이 우리의 신체적 기반을 공유하고 있다는 사실이다. 이러한 구도 안에서 신체적 층위에서 드러나는 경험의 '공공성'이 우리가 실제적으로 확인하고 도달할 수 있는 보편성의 전부다. 그렇게 주어지는 보편성은 모든 철학적 사유의 지반을 이루고 있지만 그것은 우리가 도달하려는 궁극적 목표도 아니며 확실성의 토대도 아니다.

4. 다원주의와 비판 가능성

'비판'은 철학의 본래적 기능의 하나다. 주어진 것에 대한 비판적 시각 없이 철학적 사유는 애당초 출발할 수 없다. 그러나 모든 비판은 그 근거를 요구한다. 체험주의적 구도 안에 비판을 위한 절대적 근거나 기준은 없다. 우리가 비판에 사용할 수 있는 궁극적 근거나 지반이 우리의 개념체계를 넘어서서 주어질 수 없기 때문이다. 다양한 개념체계의 가능성을 인정하는 체험주의는 다원주의의 한 형태를 띠게 된다. 그렇다면 다원주의 안에서 비판은 어떻게 가능한가?

객관주의 또는 보편주의로 불리는 전통적 철학은 우리 자신을 넘어서는 '신적 관점'을 발견하는 것이 비판의 중립적/궁극적 근거를 발견하는 일이라고 믿었으며, 그것을 위해 초월적 도약을 서슴지 않았다. 초월을 거부하는 자연주의자는 절대적 진리의 가능성을 부정할 뿐만 아니라 절대적 진리에 대한 추구 또한 그 귀결이 결코 우호적이지 않다는 사실에 주목한다. 그래서 자연주의적 탐색은 '절대' 없이 철학하는 길을 향해 열리게 된다.

예를 들면 '이성'을 객관적 비판의 기준으로 제시하는 사람들은 모두가 자신이 이성적/합리적이라고 생각한다. 그러나 정작 이성주의자들 사이에 대립적 분쟁이 생겼을 때, 그것을 해결할 수 있는 또 다른 제3의 기준은 없다. 말하자면 이성적인 사람들 사이에서 발생하는 분쟁에서는 각자가 이성적이라는 믿음을 조정해 줄 아무런 척도도 없다. 서로를 비이성적이라고 비판할 수는 있겠지만 정작 그것을 판정할 제3의 이성은 없다. 이성주의자들조차도 단일한 이성 개념을 공유하지 못하고 있는 것이다. 그래서 양편은 모두 반대편이 '잘못된' 견해를 가지고 있다고 비판한다. 그래서 이성은 누구의 것도 아니다. 그것은 이성주의적 이론을 따라 떠도는 이성이다. 그래서 이성은 동시에 누구의 것도 될 수 있다.[10] 이것이 바로 이성의 역사가 종종 폭력의 역사로 변질되는 이유이기도 하다.

이성주의적 우려의 하나는 우리가 단일한 기준을 잃을 경우 '객관적 비판'의 근거를 잃게 된다는 것이다. 이성주의의 함정은 객관적 비판의 기준을 잃는 것이 걷잡을 수 없는 허무주의적 분기를 불러올 것이라는 이분법적 가정에 있다. 반면에 다원주의자는 어느 누구도 비판을 위한 절대적 근거를 갖지 않는다는 평범한 사실에서 출발한다. 현재와 같은 몸을 가진 유기체로서 모든 인간은 시간과 공간의 파편 안에 서 있다. 그 모든 것을 넘어선 '신적 관점'에 이를 수 있을 것이라는 믿음은 오직 우리의 '상상' 안에서만 가능하다. 그러한 상상을 절대화하려는 모든 시도는 그 자체로 위험성을 안게 된다. 이러한 관점에서 다원주의자가 된다는 것은 모든 비판이 각자의 개념체계의 한계 안에서 이루어진다는 사실을 받아들인다는 것을 의미한다. 그것은 비판의

---

10 노양진, 「이성의 이름」, 『몸 · 언어 · 철학』 (파주: 서광사, 2009), p. 234 참조.

불가능성을 의미하는 것도 아니며, 비판을 막으려는 것도 아니다.

다원주의적 구도 안에서 다양한 믿음이나 이론들이 공유하는 보편적 지반은 그것들을 넘어선 메타적 층위에서 발견되는 것이 아니라 오히려 그 이론들이 출발했던 공동의 지반, 즉 신체적 층위의 경험 영역에서 가장 안정된 형태로 나타날 것이다. 우리 자신의 존재 조건에 대한 경험적 해명이 그 근거의 역할을 한다. 이러한 지반을 근거로 확장된 개념체계들은 부분적으로 중첩되며, 부분적으로 변이를 드러낸다. 따라서 교차되는 비판과 해석들이 공약 가능한 지반에 근접하기 위해서는 신체적/물리적 층위로의 반성적 회귀가 필요하다. 그렇게 도달한 지반은 객관주의가 가정했던 것처럼 절대적인 것은 아니지만 철학을 포함한 우리의 모든 담론을 유의미하게 만드는 데 필요한 정도의 안정성과 동시에 허무주의적 분기를 제약하는 데 충분한 정도의 공공성을 제공해 줄 수 있을 것이다.

'다원성' 은 다원주의적 견해들이 만들어 낸 이론적 가상이 아니라 경험적 사실이다. 객관주의적 열망을 걷어 내고 보면 다원성은 너무나 평범한 우리 경험의 본래적 국면이다. 역설적이게도 객관주의적 이론조차도 그 출발점에서 우리가 서로 다르다는 그 사실 때문에 객관적 기준의 '필요성' 을 이야기하고 있다. 이런 의미에서 다원주의는 다원성을 제시하려는 새로운 이론이 아니라 그 다원성을 가리고 억압해 왔던 객관주의적 이론들의 그릇된 가정을 비판함으로써 우리 경험의 본래적 다원성을 드러내려는 입장이다.

제13장

포스트모더니즘을 넘어서

'포스트모더니즘' (postmodernism)은 20세기 후반의 지적 지형도에 크나큰 동요를 일으킨 급진적인 지적 흐름이다. 포스트모던 철학자들의 급진성은 서구의 전통적인 이론들을 지탱해 왔던 핵심적 가정들에 대한 근원적 비판 방식에 그치지 않고, 그 이론들이 무너진 자리에 대안적인 이론이나 체계 건설의 가능성과 필요성을 부인한다는 점에서 극적으로 드러난다. 광범위한 분야나 주제에 대한 포스트모던 철학자들의 분산된 논의 양상을 감안할 때 그것을 정연하게 특징짓는 것은 사실상 불가능해 보인다. 완전한 것은 아니라 하더라도 포스트모더니즘의 특성에 대한 적절한 서술은 충분히 유용한 것일 수 있다. 이러한 관점에서 맥고원(J. McGowan)은 포스트모더니즘을 1975년을 전후해서 출발했던 급진적인 '반토대주의적 문화 비판' 으로 특징짓는다.[1]

포스트모더니즘의 핵심적 표적이 된 '토대주의' (foundationalism)

1 맥고원은 포스트모더니즘을 크게 네 갈래 경향으로 구분한다. 푸코(M. Foucault)나 데리다(J. Derrida)가 주도하는 포스트구조주의, 로티나 리오타르(J.-F. Lyotard)가 주도하는 신실용주의, 제임슨(F. Jameson)이나 이글턴(T. Eagleton), 사이드(E. Said) 등이 주도하는 포스트마르크스주의, 그리고 현대 페미니즘이 그것이다. John McGowan, *Postmodernism and Its Critics* (Ithaca, N.Y.: Cornell University Press, 1991), pp. ix-x 참조.

는 물론 서구의 근세, 특히 인식론적 전통을 특징짓는 중심축이다. 합리주의든 경험주의든 근세 인식론적 전통의 철학자들은 우리 지식의 확실한 '토대'를 밝히는 것이 집요한 회의주의를 물리치는 유일한 길이라고 생각했다. 이런 맥락에서 인식론은 흔히 '확실성의 탐구'라는 이름으로 불린다. 포스트모던 철학자들은 근세철학을 주도했던 핵심적 주제들인 이성과 진리, 주체 개념을 근원적으로 해체함으로써 근세의 토대주의적 구도의 연장선상에 있는 분석철학의 물길을 바꾸어 놓았다. 그러나 포스트모더니즘은 완고한 전통을 무너뜨리는 지적 흥분과 함께 해체 이후 철학의 불투명한 미래에 대한 우려를 불러왔다.

데리다는 '해체'라는 독특한 철학적 전략을 통해 새로운 포스트모던적 사유의 길을 열었다. 데리다의 해체는 그의 '은유론'에 근거한다. 그는 철학사를 이끌어 왔던 중심적 개념들이 스스로의 진리 주장에도 불구하고 사실상 은유의 다발일 뿐이라는 니체적 사유에 의존한다. 그래서 데리다는 "철학은 스스로를 잃어버린 은유화의 과정"[2]이라고 단언한다. 그러나 데리다는 이렇게 무너진 철학의 미래에 대해 침묵하며, 그것은 '철학적 무책임'이라는 비판과 우려에 직면한다.[3]

로티는 로크-데카르트-칸트적 전통으로 불리는 근세 인식론적 구도에 대한 급진적 비판을 근거로 근세의 경험주의적 정신을 이어받은 20세기 분석철학에 대한 해체론적 비판으로 나아간다. 이러한 로티의 시각에서 분석철학은 근세 인식론의 언어적 버전이다. 로티는 언어와 세계, 자아의 본성을 '우연성'으로 규정하며, 따라서 그 개념들을 축

2 Jacques Derrida, *Margins of Philosophy*, trans. Alan Bass (Chicago: University of Chicago Press, 1982), p. 211.

3 힐러리 퍼트남, 『과학주의 철학을 넘어서』, 원만희 역 (서울: 철학과현실사, 1998), p. 182 참조.

으로 근세가 추구했던 확실성의 탐구가 근원적으로 불가능한 기획이라고 주장한다. 그러나 로티의 급진성은 인식론 비판에 국한된 것이 아니라 더 근원적으로 대안적인 이론화나 체계화 자체를 거부한다는 데 있다.[4]

체험주의는 전통적인 토대주의 또는 객관주의에 대한 포스트모던 철학자들의 급진적 비판에 주저 없이 동조할 것이다. 그러나 토대주의의 붕괴 이후에 철학이 무엇이 되어야 하는가에 관해서 포스트모더니즘과는 다른 길로 접어든다. 그것은 경험적 탐구의 가능성에 대한 체험주의의 신뢰다. 체험주의는 경험적 지식의 상대적 안정성을 받아들이며, 경험적 지식이 본성상 완결되지 않는다 하더라도 새로운 철학적 탐구를 위한 충분한 지반이 될 것이라고 본다. 체험주의가 제안하는 '경험적으로 책임 있는 철학' 이 대안적 탐구의 방향을 말해 준다.

1. 포스트모더니즘의 몸

몸의 중심성을 강조하는 체험주의는 흔히 오늘날 유포되고 있는 포스트모던적 몸 담론과 유사한 것으로 받아들여지기 쉽다. 그러나 체험주의와 포스트모더니즘의 몸 담론 사이에는 화해될 수 없는 괴리가 있다. 포스트모던 철학자들에게 몸은 전체성이나 보편성이라는 이념에

4 대안적 이론화나 체계화를 거부하는 급진적인 철학관은 포스트모더니즘을 규정하는 특징의 하나다. 이러한 철학관은 니체에게서 찾아볼 수 있으며, 20세기에 들어서 또다시 비트겐슈타인에게서 찾아볼 수 있다. 이러한 철학관과 관련해서 푸코나 데리다와 같은 후기구조주의자들은 니체의 영향을 받았으며, 로티나 리오타르 같은 신실용주의자들은 비트겐슈타인의 영향을 받고 있다.

가려져 왔던 개별자의 복권을 향한 통로로 사용된다. 포스트모더니즘의 급진적 비판은 이성 중심의 정신주의적 견해들을 교정하는 데 효과적일 수 있지만, 그러한 비판이 몸에 대한 새로운 해명을 제시하는 것은 물론 아니다. 포스트모던 철학자들의 몸에 대한 관심은 몸 자체에 대한 새로운 해명을 위한 것이 아니라 전통적인 이성 중심 철학의 허구를 고발하기 위한 것이다.

대신에 체험주의는 몸을 실제적으로 가능한 보편성의 근거로 제시하고 있다는 점에서 포스트모더니즘의 몸 담론과 선명하게 대비된다. 체험주의가 신체적 층위의 경험에서 드러나는 '경험의 공공성'에 초점을 맞추는 데 반해 포스트모던 철학자들은 몸의 차이와 개별성에 초점을 맞추고 있다. 포스트모던 철학자들에게 몸은 경험적 해명의 대상이 아니라 토대주의 비판을 위한 기표일 뿐이다. 그래서 포스트모더니즘은 몸에 대한 경험적 '해명'보다는 우리가 몸의 존재라는 사실을 토대로 철학적 '선언'에 눈을 돌리고 있다.

극단의 길에서 몸의 위상에 대한 체험주의와 포스트모더니즘의 시각 차이는 쉽사리 좁혀질 것으로 보이지 않는다. 레이코프와 존슨은 몸에 대한 포스트모더니즘의 기본적 가정이 왜 그릇된 것인지에 관해 이렇게 말한다.

> 자신에게 모든 의미가 자의적이고, 완전히 상대적이고, 순전히 역사적으로 우연적이고, 몸과 두뇌에 의해 제약받지 않는 완전히 분산된 인간, 즉 포스트모던적 인간은 없다. 마음은 그저 신체화되어 있는 것이 아니라, 우리의 개념체계들이 몸의 공통성과 우리가 살고 있는 환경의 공통성들을 주로 이용하는 방식으로 신체화되어 있다. 그 결과는 어떤 사람에 대한 개념체계의 많은 부분이 보편적이거나, 언어들과 문화들 사이에 널리 퍼져

있다는 것이다. 비록 어느 정도의 개념적 상대성이 존재하고, 역사적 우연성이 매우 중요하지만, 우리의 개념체계는 완전히 상대적이지도 않고, 또 전적으로 역사적 우연성의 문제도 아니다. 공유된 신체화와 신체적 경험 안에서 우리의 개념체계의 근거 짓기는 하나로 통제된 자아가 아니라, 대체로 집중된 자아를 형성한다.[5]

2. 상대주의의 제약

포스트모던 철학자들은 철학의 주된 소임이 과거의 이론들을 넘어서서 새로운 대안적 체계를 제시하는 것이 아니라 과거의 이론들이 불러온 문제들을 근원적으로 치유하는 것이라고 본다. 이러한 '치유로서의 철학' (philosophy as therapy) 개념은 20세기 초 비트겐슈타인을 통해 극적인 방식으로 제기되었다. 비트겐슈타인은 과거의 철학이 '혼동' 에 사로잡혀 있었으며, 그것은 '언어의 논리에 대한 오해' 에서 비롯되었다고 진단한다.[6] 비트겐슈타인은 이제 철학의 중심적 역할은 마치 의사가 질병을 치유하는 것처럼 이 철학적 혼동을 '치유' 하는 것이며, 그것은 언어의 논리에 대한 명료한 해명을 통해 이루어진다고 보았다. 프레게, 러셀, 비트겐슈타인 등이 선도했던 이러한 새로운 철학관은 20세기 초반 영어권의 철학적 흐름을 이끌었으며, 그것은 '언어적 전환' 이라는 이름으로 불린다.

---

5 G. 레이코프 · M. 존슨, 『몸의 철학: 신체화된 마음의 서구 사상에 대한 도전』, 임지룡 외 역 (서울: 박이정, 2002), p. 29. (고딕은 원문의 강조.)

6 루트비히 비트겐슈타인, 『논리-철학 논고』, 이영철 역 (서울: 책세상, 2006), 「서문」 참조.

로티의 철학관은 비트겐슈타인의 제안을 훨씬 더 극적인 방식으로 표현한다. 포스트모더니즘에 대한 핵심적 비판은 그것이 지적 · 도덕적 논의에 더 이상 객관적 기준을 제시할 수 없으며, 결과적으로 허무주의적 상대주의를 불러온다는 것이다. 그러나 로티는 자신이 허무주의적 상대주의를 제시하지도 않았으며, 또 그것을 옹호하는 것도 아니라고 말한다. 자신이 말하는 '자문화중심주의' (ethnocentrism)는 어떤 믿음도 자신의 문화를 넘어서서 정당화될 수 없다는 주장일 뿐이라는 것이다. 말하자면 로티는 단순히 '신적 관점' 이 존재하지 않는다는 부정적인 주장을 했을 뿐이며, 자신이 결코 적극적으로 "모든 것은 상대적이다"라거나 "모든 믿음은 그 믿음이 속하는 개념체계에 상대적이다"라는 형태의 적극적 주장을 제시한 적이 없다고 항변한다.

> 왜 '상대주의'라는 말이 실용주의자가 내세우는 자문화중심주의적인 제3의 견해에 해당되는지 분명치 않다. 왜냐하면 실용주의자는 어떤 것이 다른 것에 상대적이라는 입장을 내세우지 않기 때문이다. 대신에 실용주의자는 다만 우리가 지식과 의견의 전통적 구분 — 실재에 대한 대응으로서의 진리와 유효하게 정당화된 믿음들에 대한 권고적 어휘로서의 진리를 구분하기 위해서 만들어진 — 을 포기해야 한다는 순수하게 부정적인 주장만을 하기 때문이다.[7]

그러나 상대주의 문제는 단지 적극적인 주장을 통해서만 드러나는 것은 아니다. 스스로의 항변에도 불구하고 로티 자신이 적극적으로 상

7 Richard Rorty, *Objectivity, Relativism, and Truth: Philosophical Papers 1* (Cambridge: Cambridge University Press, 1991), pp. 23-24.

대적 분기가 멈추는 지점을 제시하지 않는 한 그의 주장은 상대주의라는 비판에서 자유로울 수 없을 것이기 때문이다.[8]

결국 객관주의를 거부하고 상대주의적 성향을 드러내는 모든 이론들이 극복해야 할 핵심적 난제는 상대주의의 논리적 비정합성을 드러내는 데 있는 것이 아니라 우리가 옹호하려는 실제적 현상으로서의 상대적 분기가 어디에서 어떻게 제약될 수 있는지를 밝히는 문제라고 할 수 있다. 제약 없는 상대주의적 주장은 더 이상 의지할 수 없는 무한한 분기를 허용하게 되며, 그것은 각자 자신의 척도를 가질 수 있다는 것을 의미한다. 거기에는 더 이상 철학의 자리가 없다. 모든 것이 파편적 개인의 문제라면 우리가 더 이상 의미 있는 방식으로 대화해야 하는 이유를 제시할 수 없을 것이기 때문이다.

포스트모더니즘은 모더니티의 기획을 지탱했던 진리, 이성, 주체 등의 핵심적 개념에 대한 급진적 해체를 시도한다. 모더니티의 옹호자들은 포스트모던 철학자들의 공격에 대한 정면 대응이 불가능하다는 점을 잘 알고 있는 것으로 보인다. 이 때문에 이성의 옹호자들은 대부분 이성 개념을 수정하거나 보완하는 방식으로 여전히 이성 개념을 유지할 수 있을 것이라고 주장한다. 하버마스, 데이빗슨, 퍼트남, 설 등이 여기에 속한다.

포스트모더니즘의 철학적 위험성이 드러난다고 해서 이성주의에 대한 포스트모던적 비판이 무화되는 것은 아니다. 포스트모더니즘이 이성의 빈자리를 채울 대안을 제시하는 데 실패했다 하더라도 이성 비판은 여전히 유효하며, 따라서 우리에게 이성주의로 되돌아갈 길은 더

8 이 문제에 관한 좀 더 상세한 논의는 노양진, 「로티의 철학 비판」, 『상대주의의 두 얼굴』 (파주: 서광사, 2007) 참조.

이상 열려 있지 않은 것으로 보인다.

이성주의는 이성이 허무주의를 막아 주는 보편성의 유일한 지반이라고 주장하며, 이 지반을 잃을 경우 초래될 허무주의적 혼란을 이유로 스스로를 정당화한다. 그러나 이성주의의 이러한 비판은 '객관주의 아니면 허무주의' 라는 그릇된 이분법에 근거한 공허한 비판이다. 이성주의는 단 한 차례도 이성의 존재를 입증하지 못한 것이 사실이지만 처음부터 객관적 진리가 있다는 가정에서 출발하며, 객관적 진리를 부정하는 것이 왜 자가당착적인지를 보이는 것으로 스스로의 입장이 정당화된 것으로 간주한다. 즉 이성주의는 스스로를 증명하는 대신에 증명의 부담을 상대방에게 떠넘기는 방식으로 유지되어 왔다. 그래서 포스트모더니즘은 이 이성 논변에 대응하는 대신에 이성 개념 자체의 허구성을 고발하는 방식을 선택한다.

흔히 유포되고 있는 논의들을 제쳐 두고 좀 더 엄밀하게 이야기한다면 사실상 포스트모더니즘은 그 자체로 허무주의도 위험한 철학도 아니다. 필자의 시각에서 포스트모더니즘의 문제는 객관주의에 대한 급진적 비판에 있는 것이 아니라 객관주의가 무너진 자리에 어떤 사유의 모형이 가능한지에 관해 의도적으로 '침묵' 한다는 데 있다. 이 침묵 자체가 허무주의를 옹호한다고 몰아가는 것은 포스트모던 철학자들에 대한 과도한 적대감 — 논리적으로는 일종의 허수아비 오류에 의존한 — 의 표현일 뿐이다. 진지한 철학적 사유에 들어선 누구에게도 허무주의는 가능하지도 않으며 존재하지도 않는다.[9] 허무주의는 객관

9 '허무주의' 라는 개념은 그 자체로 의미화할 수 없는 비정합적인 개념이다. 허무주의는 공약 불가능한 차이들의 공존을 의미한다. 그러나 모든 차이는 그 차이를 의미화해 주는 공통지반을 필요로 하며, 그 지반 위에서만 비로소 하나의 차이로 의미화된다. 필자는 그 공통지반을 '의미지반' (meaning base)이라고 부른다. 의미

주의자가 스스로를 방어하기 위해 고안한 '이론적 덫' 일 뿐이다.

포스트모더니즘의 급진적 비판 속에서도 여전히 이성주의자들은 포스트모더니즘의 물결이 가라앉기를 기다리고 있는지도 모른다. 그러나 이성은 부활을 기다리는 개념이 아니라 그 수명이 다한 서양철학사의 유산이다. 필자는 이성 개념이 이제 더 구체적이고 실질적인 개념으로 대체될 수 있으며, 또 대체되어야 한다고 생각하기 때문이다. 이러한 시각을 '이성의 자연화' 라고 부르든, '이성의 해체' 라고 부르든 이성은 근원적으로 대체될 수 있는, 서구의 지적 전통을 이끌어 온 '이론적' 개념의 하나일 뿐이다. 앞서 8장에서 다루었던 것처럼 자연주의적 대체의 시도는 이미 듀이를 통해 이루어진 것이다. 듀이는 전통적인 이성 개념 대신에 '지성' (intelligence) 개념에 의지함으로써 여전히 철학적 탐구가 가능하다는 사실을 충분히 보여 주었다. 오늘날 경험적 지식의 성장은 철학적 재구성의 가능성을 현실적으로 제시하고 있으며, 이 가능성은 체험주의를 통해 훨씬 더 적극적이고 구체적인 방식으로 진전되어 나타나고 있다.

지반이라는 개념은 흔히 허무주의를 특징짓는 것으로 말해지는 '공약 불가능한 차이' 가 근원적으로 의미화될 수 없는 공허한 개념이라는 것을 의미한다. 이 문제에 관한 좀 더 상세한 논의는 노양진, 「의미와 의미지반」, 『몸 · 언어 · 철학』 참조.

제14장

인지언어학과 체험주의

'인지언어학' (cognitive linguistics)과 체험주의는 동전의 양면처럼 상보적 관계를 유지하고 있다. 존슨과 함께 체험주의를 창도한 레이코프가 인지언어학의 주도적 인물일 뿐만 아니라, 체험주의의 핵심적 논제들도 인지언어학적 탐구 성과에 크게 의존하고 있기 때문이다. 물론 인지언어학적 탐구 성과가 그 자체로 철학적 이론이 되는 것은 아니다. 체험주의는 인지언어학을 포함한 다양한 경험과학적 탐구의 성과들을 포괄적으로 수렴하고 있으며, 그렇게 해서 제시되는 철학적 시각은 다시 인지언어학의 구체적 탐구의 방향을 제시해 준다.

체험주의를 '철학적' 시각이라고 부르는 이유는 체험주의가 고도의 일반성과 메타적 통찰을 요구하는 철학적 논의의 장에 깊숙이 들어서 있기 때문이다. 체험주의의 이러한 철학적 위상에 중추적 역할을 하고 있는 것은 존슨의 작업이다. 존슨은 『마음 속의 몸』에서 상상력 이론의 전반적 골격을 제시하고 있으며, 그것은 '신체화된 경험'의 본성과 구조에 대한 포괄적 해명의 시도라고 할 수 있다. 존슨은 이러한 새로운 해명을 위해 인지언어학적 증거는 물론 최근 인지과학이 제공하는 다양한 경험적 발견들을 통합하고 있다.

한 세기 정도에 불과한 비교적 짧은 언어학의 역사를 감안한다면 인지언어학은 말 그대로 신생의 학문이라고 할 수 있다. 1970년대에 출발해서 1980년대에 들어 활성화되기 시작한 인지언어학은 언어에 대해 다음과 같은 가설을 공유하고 있다.

- 언어는 자립적인 인지능력이 아니다.
- 문법은 개념화이다.
- 언어지식은 언어사용으로부터 나온다.[1]

언어가 자율적 체계를 갖는 선험적 구조라는 생각을 바탕으로 전개된 촘스키(N. Chomsky)의 언어 이론은 사실상 20세기 후반까지도 언어학적 탐구를 주도했다. '변형문법' 또는 '생성언어학'이라는 이름으로 불리는 촘스키의 언어 이론은 소수의 원리로 이루어진 통사적 구조가 일정한 규칙을 따라서 무한히 확장될 수 있다고 주장한다. 우리는 이러한 원리를 사용할 수 있는 선천적인 언어적 능력을 가진 존재로 가정된다. 이러한 구도 안에서 언어는 우리와 분리된 자율적 체계이며, 우리는 그것을 익히고 사용하는 사용자일 뿐이다. 그것은 듀이의 어법을 빌면 '방관자 언어 이론'(spectator theory of language)을 낳는다.[2] 레이코프와 존슨은 촘스키의 언어 개념을 다음과 같이 요약한다.

---

1 알란 크루즈 · 윌리엄 크로프트, 『인지언어학』, 김두식 · 나익주 역 (서울: 박이정, 2010), p. 19.

2 John Dewey, *The Quest for Certainty: The Later Works, 1925–1953*, Vol. 4, ed. Jo Ann Boydston (Carbondale, Ill.: Southern Illinois University Press, 1988), p. 19 참조. 듀이는 근세 인식론이 인식 주관과 인식 대상의 분리라는 구도 위에서 구성되었으며, 그것은 필연적으로 이 세계와 분리된 순수한 마음의 지식, 즉 '방관자 지식 이론'(spectator theory of knowledge)을 낳는다고 지적한다.

- 기억으로부터 독립적이어야 한다.
- 주의로부터 독립적이어야 한다.
- 지각으로부터 독립적이어야 한다.
- 동작과 제스처로부터 독립적이어야 한다.
- 사회적 상호작용과 문화로부터 독립적이어야 한다.
- 맥락적 지식으로부터 독립적이어야 한다.
- 대인 간 의사소통의 필요로부터 독립적이어야 한다.[3]

인지언어학은 이러한 촘스키 언어학의 기본 가정에 대한 근원적 회의에서 출발하는데, 그 출발을 알렸던 것은 래너커(R. Langacker)의 '인지문법' (cognitive grammar) 이론이다. 래너커는 주로 통사론에 대한 연구를 통해 촘스키의 통사론이 가정했던 자율적인 통사적 원소들이 존재하지 않으며, 또한 통사론이 무의미하고 미해석된 상징들로 구성되지도 않는다는 주장을 내세웠다. 『인지문법의 토대 1-2』(*Foundations of Cognitive Grammar 1-2*, 1986, 1991)[4]는 상세한 실례와 함께 인지문법의 윤곽을 개관하고 있으며, 이어서 펴낸 『개념 · 영상 · 상징』(*Concept, Image, and Symbol*, 1990)[5]은 그 내용을 압축적으로 정리한 것이다.

레이코프와 존슨의 개념적 은유 이론 등을 중심으로 제기된 새로운 언어학 운동은 촘스키 언어학의 이론적 한계를 벗어나는 확장적 동력을 제공했다. 이들의 선도적 연구를 토대로 포코니에(G. Fauconnicr),

---

3 G. 레이코프 · M. 존슨, 『몸의 철학: 신체화된 마음의 서구 사상에 대한 도전』, 임지룡 외 역 (서울: 박이정, 2002), p. 689.

4 로널드 래너커, 『인지문법의 토대 1-2』, 김종도 역 (서울: 박이정, 1999).

5 래너커, 『개념 · 영상 · 상징』, 나익주 역 (서울: 박이정, 2005).

터너(M. Turner), 깁스(R. Gibbs), 스위처(E. Sweetzer) 등 수많은 인지언어학자들이 지속적으로 증가하는 방대한 연구 성과를 내놓고 있다. 포코니에와 터너는 『우리는 어떻게 생각하는가』(*The Way We Think*, 2002)에서 개념적 혼성(conceptual blending) 이론을 전개하고 있는데, 이들은 이 책에서 레이코프와 존슨의 은유 이론이 제시하는 '은유적 사상' 이라는 기제의 작용을 훨씬 더 정교한 방식으로 확장하여 해명하고 있다.[6] 은유적으로 사상된 내용은 '정신 공간' (mental space) 안에서 이미 주어진 내용과 새로운 혼성을 이루게 된다. 이러한 혼성은 원천영역이나 표적영역에서 경험하지 못했던 새로운 개념을 산출한다. 개념적 혼성 이론은 우리가 일상적으로 말하는 상상력의 형성과 발현 구조에 대한 가장 정교한 체계적 해명이라고 할 수 있다.

인지언어학의 성숙과 함께 언어학은 이제 더 이상 과거로 돌아갈 수 없는 새로운 흐름에 들어선 것으로 보인다. 이것은 언어에 대한 다양한 견해들 중의 하나가 아니라 대부분 새롭게 발견된 경험적 사실에 근거하고 있다는 점에서 부인할 수 없는 설득력을 갖고 있다. 촘스키가 그렸던 언어는 경험적 관찰의 산물이 아니라 '우리가 원하는 것' 의 한 형태라는 점이 분명해졌다. 촘스키의 생성문법은 언어의 본성에 대한 가정으로서는 그릇된 것이며, 언어적 구조에 대한 해명이라는 차원에서는 극도로 제한된 이론이다.

인지언어학으로의 전환은 '우리가 원하는 것' 에서 '우리의 것' 으로의 전환을 의미한다. 그것은 "생각하지 말고 보라!"[7]는 후기 비트겐슈타인의 기치를 통해 제안되었던 것이기도 하다. 언어가 이 세계에 성

6 질 포코니에 · 마크 터너, 『우리는 어떻게 생각하는가』, 김동환 · 최영호 역 (고양: 지호, 2009) 참조.

7 루트비히 비트겐슈타인, 『철학적 탐구』, 이영철 역 (서울: 책세상, 2006), 66절.

공적으로 대처하려는 인간의 활동이라는 시각은 이미 19세기 후반에 제임스나 듀이의 실용주의를 통해 제안되었던 것이지만 후기 비트겐슈타인을 통해 훨씬 더 자극적이고 매력적인 방식으로 표현되었다. 실용주의적 언어관은 20세기 중·후반에 들어 광범위하게 확산된 화용론적 탐구를 뒷받침해 주었으며, 인지언어학은 그 가장 성공적이고 체계적인 표현이라고 할 수 있다.

체험주의가 새로운 철학적 시각으로 정립되는 과정에서 인지언어학적 탐구에 결정적인 빚을 지고 있지만 체험주의의 논의는 언어학의 영역에 묶여 있지 않다. 체험주의가 앞으로 어떤 방향으로 확장될 것인지에 관해 모든 것을 예단할 수 없지만, 적어도 현재까지의 이론적 진전을 조망할 때, 체험주의는 과거 이론들의 부분적인 수정이나 보완이 아니라 철학적 논의 전반에 걸쳐 광범위한 시각의 전환을 예고하고 있다.

국내의 상황을 보면 인지언어학 분야에서 '체험주의'는 이미 낯익은 시각이 되었지만 인지언어학 연구자들의 논의는 주로 언어학 분야에 초점을 맞추고 있다.[8] 최근 수많은 연구자들이 담화·인지언어학

---

8 인지언어학 분야 연구자들의 급속한 증가 때문에 그 축적과 성과를 여기에서 모두 열거하는 것은 이제 불가능한 일로 보인다. 대신 몇몇 선도적 연구자들을 선별적으로 언급할 수는 있을 것이다.

연세대학교 이기동 교수는 국내에 처음으로 인지언어학을 소개하는 데 중심적 역할을 했다. 그는 『인지문법에서 본 영어동사 의미와 교체현상』 『언어와 인지』 『인지언어학』 등의 저작을 통해 초창기 인지언어학의 동향을 조망했다. 특히 1970년대 말과 1980년대 초에 걸쳐 전개한 영어 전치사 의미 분석의 성과는 그가 인지언어학을 단지 국내에 소개하는 데 그친 것이 아니라 이론 형성 과정에 직접적으로 기여했다는 것을 보여 준다.

한국외국어대학교 박정운 교수는 캘리포니아대학교(버클리)에서 레이코프와 필모어(C. Fillmore), 스윗처(E. Sweetser)의 지도 아래 박사학위를 받았으며, 밀도

회를 중심으로 국제적인 수준의 활발한 논의에 참여하고 있으며, 이러한 추세는 점차 고전적 언어학을 대체하는 방향으로 확장될 것으로 보인다. 체험주의에 관한 국내의 철학적 논의가 여전히 미진한 상태로 남아 있는 상황을 감안한다면 언어학 분야에서 인지언어학의 급속한 수용과 확산은 매우 대조적이라고 할 수 있다.

인지언어학의 성장과 확산은 언어학에서의 전환에 그치지 않고 체험주의라는 철학적 시각을 낳는 데 결정적인 자양분을 제공하고 있다. 레이코프와 존슨은 인지언어학이 체험주의 철학에 지니는 함축을 다음과 같이 말한다.

있는 일련의 논문을 통해 한국의 인지언어학 연구와 논의 확산에 선도적 역할을 하고 있다. 박정운 교수는 나익주, 김주식과 함께 스윗처의 『어원론에서 화용론까지』를 번역했다.

경북대학교 임지룡 교수는 왕성한 연구와 번역을 통해 인지언어학 분야에 가장 활발한 성과를 내놓고 있다. 『인지의미론』 『말하는 몸』 『국어의미론』 『의미의 인지언어학적 탐색』 등의 저서가 있으며, 크루스(D. A. Cruse)의 『언어의 의미』(김동환과 공역), 테일러(J. Taylor)의 『인지문법』, 리(D. Lee)의 『인지언어학 입문』, 페냐(S. Pena)의 『은유와 영상도식』(김동환과 공역) 등 수많은 번역서를 통해 인지언어학 분야의 지반을 다지는 데 핵심적 역할을 하고 있다.

전남대학교 나익주 박사는 필자와 함께 『삶으로서의 은유』를 우리말로 옮겼으며, 테일러(J. Taylor)의 『인지언어학이란 무엇인가?』, 레이코프와 존슨의 『몸의 철학』(임지룡 등과 공역), 깁스(R. Gibbs)의 『마음의 시학』, 래너커의 『개념, 영상, 상징』 『문법과 개념화』(김종도와 공역), 레이코프의 『프레임 전쟁』 『자유는 누구의 것인가?』 『폴리티컬 마인드』, 크루즈와 크로프트(D. A. Cruse and W. Croft)의 『인지언어학』(김두식과 공역) 등 인지언어학 분야의 주요 저서들을 우리말로 옮겼다.

해군사관학교 김동환 교수의 연구와 번역 작업 또한 주목할 만하다. 『개념적 혼성 이론』 『인지언어학과 의미』 등을 썼으며, 코베체쉬(Z. Kövecses)의 『은유와 문화의 만남』, 히라가 마사코의 『은유와 도상성』(최영호와 공역), 포코니에와 터너의 『우리는 어떻게 생각하는가』(최영호와 공역), 존슨의 『몸의 의미』(최영호와 공역), 페냐(S. Pena)의 『은유와 영상도식』(임지룡과 공역) 등을 번역했다.

대부분의 경우에, 우리에게 현재와 같은 방식으로 사물들을 경험하도록 해 주는 것은 바로 우리의 숨은 개념적 기제들, 예를 들어 영상도식, 은유, 다른 신체화된 상상적 구조 등을 비롯한 기제들이다. 달리 말하면 우리의 인지적 무의식은 개념화할 때뿐만 아니라 우리가 경험하는 바로서의 우리의 세계를 창조할 때도 또한 중심적인 역할을 한다. 이것이 사실이라는 것은 중요한 경험적인 발견이었으며, 이 현상이 정말로 얼마나 광범위한지를 발견하는 것도 미래의 연구에 똑같이 중요한 영역이다.[9]

철학은 한때 '학문의 여왕'이라는 '사실상 걸맞지 않은' 이름으로 불렸다. 철학은 스스로 절대적 진리의 주인으로서 모든 학문적 지식을 최종 판정하는 특권적 위치에 있다고 자임했다. 분과학문적 탐구가 특정한 가정으로부터 출발하지만 철학은 모든 전제를 넘어서서 절대적 진리로 나아갈 수 있다고 믿었기 때문이다. 이러한 철학의 꿈은 무너졌지만 그것이 절망적 회의주의에 대한 예고는 아니다.

절대적 진리라는 이상이 거부된다면 철학이 더 이상 경험적 지식과 분리되어야 할 이유는 없어 보인다. 절대적 진리의 꿈을 지탱해 주었던 초월이나 선험의 길을 비켜서면 이제 철학 앞에 열려 있는 유일한 통로는 자연주의적 통로이기 때문이다. 자연주의적 시각 안에서 철학적 탐구는 메타적 사유와 고도의 일반성이라는 특성을 제외하고는 다른 탐구와 본성적으로 구별되어야 할 이유가 없기 때문이다. 그래서 심리학적 탐구가 고도의 일반성에 이르게 되면 '심리철학'이라는 이름을 얻게 될 것이며, 언어학적 탐구가 고도의 일반성에 이르게 되면 '언어철학'이라는 이름을 얻게 될 것이다. 이러한 상보적 관계는 몇몇

---

9 레이코프 · 존슨, 『몸의 철학』, p. 737.

특정한 탐구 분야에 국한된 것이 아니라 오늘날 전문화라는 이름으로 격자화된 모든 분과적 탐구에도 마찬가지로 적용된다. 이러한 연계의 필요성과 중요성은 오늘날 다양한 학제적 탐구의 성과를 통해 더 분명하게 드러나고 있다.

제15장

유학과 체험주의

공자(孔子)와 맹자(孟子)에서 출발한 유학(儒學)은 본성상 '도덕학'으로 규정될 수 있다. 더 나은 삶을 위한 현실적이고 실천적인 지혜가 그 주된 내용을 이루고 있기 때문이다. 흔히 '내성외왕'(內聖外王)이라는 이념으로 특징지어지는 공맹유학은 정교한 철학적 이론이라기보다는 '경세론'의 모습으로 후대에 전승되었다. 그러나 유학적 전통은 송대에 들어 점차 형이상학적 이론화의 길로 접어들었으며, 그것은 주돈이(周敦頤)와 장재(張載), 정호(程顥), 정이(程頤) 등을 거치면서 주희(朱熹)에 이르러 '성리학'(性理學)이라는 체계로 확립되었다.

성리학적 체계 안에서 인의예지(仁義禮智)라는 전통적인 유학적 덕목들은 형이상학적 원리인 '리'(理)에 의해 정당화된다. 유학적 가치에 대한 형이상학적 정당화는 당대에 성행했던 불교와 노장사상의 해체론적 경향에 대한 이론적 대응의 한 방식이었던 것으로 보인다. 주희는 유학의 도덕적 덕목이 단순히 시대적 경험의 구성물이거나 이론적 가상일 뿐이라는 노불(老佛)의 해체론적 도전에 대응하기 위해 그 절대적 보편성을 뒷받침해야 할 필요성을 인식했을 것이다. 유학사라는 맥락에서 본다면 성리학적 체계의 확립은 유학의 이론적 완성으로 간주되었을 것이다. 그러나 역설적이게도 형이상학적 원리가 도입됨으로써 유학은 전형적인 절대주의적 도덕 이론으로 변모하면서 '과도한 이론화'의 함정에 빠지게 되었으며, 그것은 오늘날 탈형이상학적인 철학적 흐름 안에서 그 현재적 생명력을 옹호하는 데 결정적인 장애로 드러나게 되었다.

성리학의 이론적 과도성은 서양철학 이론들에 대한 분석과 마찬가지로 성리학이 의존하고 있는 핵심적 은유들에 대한 분석을 통해 드러나게 될 것이다. 이러한 관점에서 성리학에 대한 은유적 분석의 핵심적 표적이 되는 것은 물론 '리'(理)이다. 다른 모든 추상적 개념과 마찬가지로 리 또한 은유적으로 정의될 수밖에 없으며, 따라서 리와 관련된 복합적인 논의는 사실상 다양한 은유들의 갈래에 관한 것이 될 수밖에 없다.

그러나 리의 은유론적 해체가 유학에 관한 체험주의적 논의의 전부는 아니다. 유학의 장구한 전통 안에서 성리학적 이론화의 철학적 성격을 분석할 수 있다면 그것은 오히려 형이상학화 이전 유학의 핵심적 요체가 무엇인지를 구획해 내는 결정적인 근거를 제시할 수 있을 것이다. 그것은 다시 '과도한 이론화'라는 비판을 벗어난 유학의 본래적 모습이 어떤 형태로 재구성될 수 있는지에 관한 현대적 논의의 교두보를 마련해 줄 수 있을 것이기 때문이다.[1]

---

1 유학 분야에서 체험주의적 연구는 최근에 들어 비교적 활발하게 확장되어 가고 있다. 전남대학교 이향준 박사는 이러한 새로운 흐름에 선도적 역할을 하고 있다. 그는 특히 한국유학을 중심으로 성리학의 이론적 축을 이루고 있는 리기 개념에 대한 은유적 분석을 통해 성리학적 논의의 갈래와 논란의 소재를 선명하게 밝히고 있다. 이향준, 『조선의 유학자들, 켄타우로스를 상상하며 理와 氣를 논하다』(서울: 예문서원, 2011) 참조.

중국 연변대학교 장수 교수는 박사학위 논문을 통해 공맹유학과 성리학의 이론적 구도를 체험주의적 시각에서 대비하고 있다. 그는 이 논문에서 성리학의 형이상학적 이론화를 거부하고, 공맹유학의 자연화된 회귀적 재구성의 필요성과 가능성을 탐색하고 있다. 장수, 「유가 도덕 이론의 체험주의적 해석」, 전남대학교 대학

1. 리의 도덕학

유학뿐만 아니라 특정한 철학적 전통에 묶여 있는 연구자들을 사로잡고 있는 가장 흔한 오류의 하나는 자신이 의지하는 이론적 체계가 '자족적'(自足的)이라는 믿음이다. 말하자면 유학은 그 자체로 완결된 체계이며, 따라서 다른 학문적 전통의 도움 없이도 인간과 세계의 본성을 완전히 해명할 수 있다는 것이다. 이것은 물론 유학 안에서만 통용되는 논리는 아니다. 다른 모든 형이상학적 체계들이 동일한 논리를 앞세우고 있다. 이 논리는 성리학을 조선의 배타적 '관학'(官學)으로 확립하는 데 결정적인 역할을 했을 것이다. 그러나 오늘날 우리의 철학적 상황은 매우 다른 것이 되어 있다. 이제 그것은 교조주의를 부추기는 '닫힌 철학'의 위험한 논리인 동시에 유학을 철학사라는 거대한 수장고에 유폐시키는 불운한 논리가 되어 버린 것이다.

유학사라는 측면에서 본다면 이러한 교조주의적 시각이 공맹유학의 본령을 이루고 있었던 것은 아니다. 유학이 절대주의적 도덕 이론으로 변형된 것은 훨씬 후대의 일이며, 그 변형은 인간적 덕목을 이론적으로 절대화하려는 시도의 산물이라고 할 수 있다. 그것은 대부분의 유학자들에게 학문적 완성으로 인식되고 있지만 대신에 치러야 할 대가는 결코 작지 않다. 그 대가는 조선의 역사를 통해 부인할 수 없는

원 철학과 박사학위 논문 (2012) 참조.

전남대학교 서영이 박사는 박사학위 논문을 통해 조선후기의 대표적 실학자들인 유형원과 이익, 정약용, 최한기의 철학에 대한 체험주의적 분석을 시도하고 있다. 서영이 박사는 이 작업을 통해 조선후기의 실학이 성리학에 대한 비판적 시각을 견지하면서도 성리학을 규정해 왔던 형이상학적 구도를 벗어나지 못하고 있음을 밝히고 있다. 서영이, 「조선후기 실학의 도덕 이론에 대한 체험주의적 해명」, 전남대학교 대학원 철학과 박사학위 논문 (2012) 참조.

방식으로 드러났다. 절대적 도덕은 지배층에게 절대 권력을 정당화하는 무기로 변질되었으며, 동시에 다수의 피지배층을 규정하는 원리가 되었다. 경험적 영역을 넘어선 형이상학적 원리는 원리적으로 '모두의 것' 이지만 현실적으로는 '누구의 것' 일 수도 있다. 지성사를 통해 반복적으로 드러나는 것처럼 이 때문에 형이상학적 이론은 현실적 권력을 뒷받침하는 가장 강력한 무기로 변질될 수 있다. 더 곤혹스러운 것은 '완전성' 을 자임하는 형이상학적 이론 자체에는 이 위험성을 비켜설 장치가 없다는 점이다.

주희의 리는 전통적으로 전승되어 온 유학적 가치들을 정당화하는 이론적 근거가 되지만 주희의 체계 안에서 리는 전적으로 초월적 원리도, 순수하게 내재적인 원리도 아니다. 그래서 주희의 성리학에는 이 두 가지 유형의 은유들이 혼란스럽게 뒤섞여 있으며, 그것은 후대 성리학적 논란의 핵심적 주제를 이루고 있다. 장원목은 리가 적어도 천지 자연 만물의 본체, 세계의 변화를 설명하는 것으로서의 사물의 규율, 본체의 리를 구유한 주체 의식, 도덕원리라는 네 가지 의미를 지니고 있다고 지적한다.[2] 이처럼 많은 것을 담고 있는 리는 이후 성리학자들의 집요한 해석과 재해석의 역사로 이어지지만 정작 리 자체의 철학적 정당성에 관한 근원적 물음은 적어도 유학적 전통 안에서는 제기되지 않은 채로 남아 있었다.[3] 리에 의문을 제기하는 것은 바로 유학 자

---

2 장원목, 「조선 전기 성리학 전통에서의 리와 기」, 송영배 · 금장태 외, 『한국유학과 리기철학』(서울: 예문서원, 2000), 특히 pp. 25–26 참조.

3 이향준 박사의 논의는 필자가 제시한 '그림자 개념' 이 성리학적 초월 개념인 '리' 의 탄생과 어떤 이론적 연관을 가질 수 있는지에 대한 체험주의적 해명의 한 사례를 보여 준다. 그는 경험적 개념과 그림자 개념이 「그릇」 도식을 통해 분리되고, 다시 이 양자가 개념적 혼성에 의해 부분적으로 합성될 때 '비경험적인 동시에 경험적' 이라고 주장되는 리와 같은 초월적 개념이 나타날 수 있다고 제안한다. 이향

체, 나아가 도덕 자체를 거부하는 것으로 간주되었기 때문이다.

성리학뿐만 아니라 초월적 질서에 관한 모든 이론은 먼저 자연 또는 우주의 질서를 확인해야 하며, 그것이 인간의 도덕적 조건을 어떻게 규정하는지를 해명해야 한다. 주희는 리에 관해 이렇게 말한다.

> 태극은 다만 천지만물의 리일 뿐이다. 천지로 말하면 천지 가운데 태극이 있고, 만물로 말하면 만물 가운데 각기 태극이 있다. 천지가 생기기 이전에 틀림없이 리가 먼저 있었다. 움직여서 양(陽)의 기를 낳는 것도 리일 뿐이며, 고유하여 음(陰)의 기를 낳는 것도 리일 뿐이다.[4]

> 천지가 생기기 이전에는 틀림없이 리만 있었다. 리가 있으면 천지가 있게 된다. 만약 리가 없었다면 역시 천지도 없었을 것이고 사람도 없었을 것이니, 실을 것이 전혀 없었을 것이다. 리가 있으면 곧 기가 유행하여 만물을 길러 준다.[5]

> 천도가 유행하여 조화로써 모든 만물을 발육하는데, 무릇 소리, 냄새, 모양, 형상을 갖고 천지 사이에 가득 차 있는 것은 모두 사물[物]이다. 이미 사물이 존재하면 이 사물이 만들어지는 이유에 각각 당연한 법칙이 없을 수 없기에 만물 스스로가 그만둘 수 없다. 이것은 모두 하늘이 부여한 것을 얻은 것이지 사람이 어떻게 할 수 있는 것이 아니다.[6]

준, 「성리학적 초월의 탄생: 그림자 개념(shadow concept)에 대한 한 논평」, 『범한철학』, 제63집 (2011 겨울) 참조.

4 주희, 『주자어류』, 이주행 외 역 (서울: 소나무, 2001), 1-1.

5 같은 책, 1-2.

6 주희, 『大學或問』, 『朱子全書』, 제6권 (上海: 上海古籍出版社, 2002), p. 526. (이 책의 인용은 이향준 박사의 번역을 따랐다.)

주희는 리가 단지 세계에 앞서 있으며, 그것을 모든 도덕원리의 출발점이라고 '선언'하고 있다. 주희는 리의 연원에 관해 논증의 필요성을 느끼지 않았던 것으로 보인다. 오히려 공맹의 사유에서 자연스럽게 드러나는 도덕의 원천으로서의 '천'(天)을 '리'라는 원리로 개념화하는 것으로 충분하다고 믿었을 것이다. 이 때문에 서양철학 진영의 연구자들은 종종 성리학적 체계가 '논증'이라는 측면에서 허술한 이론이라고 지적한다. 그러나 형이상학적 원리는 훨씬 더 정교한 논증 — 서양철학자들이 자랑하는 유형의 — 을 통해 뒷받침된다고 하더라도 여전히 형이상학적 사유 자체가 안고 있는 근원적인 난점을 비켜설 수는 없을 것이다.

2. 사변을 넘어서

다양한 시대적 변형 속에서도 유학적 사유를 지탱하고 있는 기본 가정의 하나는 도덕이 우리 삶의 모든 가치를 수렴하는 최고의 가치라는 '도덕주의'다. 도덕주의는 인간이 도덕성을 통해 다른 유기체와 명확히 구분된다고 보며, 이 때문에 도덕성을 인간의 '본질'로 규정한다. 이러한 도덕주의는 동아시아뿐만 아니라 서양철학사를 통해서도 익숙한 믿음이기는 하지만, 그 이론적 근거를 찾을 수 없는 소박한 통속 이론의 하나다.

유학적 전통 안에서 다양한 이론적 변형은 공통적으로 인의예지(仁義禮智)라는 사덕(四德)의 규범성을 정당화하는 방식의 변화로 나타난다. 이러한 측면에서 공맹유학의 가장 큰 변형은 주희의 성리학이라고 할 수 있다. 그러나 사덕의 우선성은 유학적 전통을 통해 일관되게 유지된다. 주희는 인의예지의 우선성이 어디에서 비롯되는지를 입증하는 대신에 다음과 같이 말하고 있다.

> 천도(天道)로 말하면 원 · 형 · 이 · 정이고, 네 계절로 말하면 봄 · 여름 · 가을 · 겨울이며, 인도(人道)로 말하면 인 · 의 · 예 · 지이고, 기후로 말하면 따뜻함 · 서늘함 · 건조함 · 습함이며, 사방으로 말하면 동 · 서 · 남 · 북이다.[7]

이것은 주희가 보여 주는 소박한 유비추리의 한 단면이다. 유학적 전통에 익숙한 동아시아인에게 이러한 유비는 너무나 자연스러운 것일 수 있다. 그러나 오늘날 동아시아인이라 하더라도 더 이상 이러한 추리에 의존해서 철학적 사유를 전개하지 않는다. 그것은 동아시아라는 특정한 시대나 지역의 지적 전통의 문제가 아니라 철학적 이론 일반의 문제다.

이러한 관점에서 모든 도덕적 개념과 이론이 은유적이라는 체험주의의 분석은 주희의 리기론에도 예외 없이 적용된다. 절대주의 도덕 이론의 절대성 주장이 그 자체로 근거를 제시하지 못한다는 것은 그렇게 구성된 이론이 '철학적 열망'의 산물이라는 점을 보여 준다. 주희의 리기론 또한 전형적인 절대주의 도덕 이론의 한 형태로서 서양의 초월적 절대주의 이론들과 유사한 은유적 구조를 드러낸다.

도덕 이론이 은유들로 구성되어 있다는 것은 그 이론이 자임하는 '절대성'이 근원적으로 근거가 없다는 것을 의미한다. 그러나 모든 도덕 이론의 절대성을 부정하는 것이 도덕 이론의 불가능성을 의미하는

7 주희, 『朱子語類』, 권68, 『朱子全書』, 제16권, p. 2264.

것은 아니며, 도덕적 경험의 불가능성을 의미하는 것은 더더욱 아니다. 도덕은 여전히 인간 삶의 핵심적 일부를 이루고 있으며, 우리는 삶의 전 과정을 통해 다양한 도덕적 가치와 덕목을 추구한다. 체험주의적 분석은 은유적 통로를 통해 구성된 어떤 이론도 본성상 절대적일 수 없다는 사실을 보여 준다. 이러한 관점에서 유가 도덕의 핵심을 이루고 있는 인의예지의 우선성은 인간 삶의 경험적 구조에 의해 정당화되어야 한다. 그렇게 정당화된 도덕적 가치는 더 이상 절대성에 호소하지 않으며, 또 호소해야 할 이유도 없다.

지난 세기 서양철학적 논의가 우리에게 전해 준 지적 성과의 하나는 '탈형이상학'이다. 20세기 초반 탈형이상학적 흐름을 선도했던 것은 '분석철학'이다. 분석철학은 1960년대에 들어 지적 주류의 권위를 잃었지만 분석철학의 붕괴와 함께 붕괴된 형이상학이 되살아나는 것은 아니다. 분석철학은 형이상학이 의미론적 근거를 제시할 수 없다는 점에서 '무의미'라는 지적에서 멈춘다. 그러나 형이상학의 더 큰 시련은 오히려 1970년대에 등장한 '포스트모더니즘'이라는 급진적 기류에서 온다. 포스트모던 철학자들은 형이상학적 믿음의 뿌리와 함께 그 귀결을 더 노골적인 방식으로 고발한다.

이러한 지적 기류 속에서 형이상학으로 되돌아가거나 그 안에서 온존하려는 사람들은 이 두 갈래의 도전에 의미 있는 방식으로 답해야 하지만 그 어떤 길도 열려 있는 것으로 보이지 않는다. 이 지점에서 많은 연구자들은 일종의 '지적 공황'을 경험한다. 더 이상 형이상학을 옹호하는 것이 불가능해 보이지만, 그렇다고 해서 형이상학을 떠났을 때 새롭게 선택해야 할 길이 선명하게 떠오르지 않기 때문이다.

어떤 사람들은 이러한 지적 딜레마 앞에서 고민하기보다는 오히려 완고한 '태도'를 통해 그것을 비켜서는 길을 택한다. 그러나 도전에 직면하는 대신에 그 도전 자체를 외면하는 것은 '교조적 태도' 이상도 이하도 아니다. 그것은 한 이론이 불러올 수 있는 가장 위험한 귀결의 하나이며, 동시에 철학적 사유가 경계해야 할 가장 큰 위험성이기도 하다. 여전히 한국의 한 노유학자는 확신에 찬 목소리로 이렇게 말한다.

> 유교는 유일하게 완벽한 세계관입니다. 서양은 이 우주적 원리에서 벗어났기 때문에 범죄, 마약 등에 시달리고 있는 거예요. 유교는 특수한 장소나 계층에만 어울리는 것이 아니라 보편적인 것이기 때문에 오직 유교만이 세상을 바로잡을 수 있습니다.[8]

오늘날 유학에 열려 있는 길은 유학적 가치를 새로운 방식으로 옹호하는 길이다. 그것은 초월적 원리를 새로운 방식으로 옹호하는 것이 아니라, 오늘날 우리에게 주어진 최선의 경험적 지식에 근거해서 이 가치들의 중요성을 새롭게 정당화한다는 것을 의미한다. 체험주의에 따르면 그것은 유학을 '경험적으로 책임 있는 철학'으로 재구성한다는 것을 의미한다. 세상이 변해도 인간의 본성은 바뀌지 않으며, 유학은 인간의 본성에 대한 통찰에 근거한 것이라는 주장은 다른 철학적 전통 또한 동일하게 사용하는 논변이라는 사실에 주목해야 한다.

순수한 이론적 측면에서만 본다면 주희의 리기론은 유학의 이론적 체계화이며 정교화라는 점에서 유학의 이론적 발전이라고 말할 수 있다. 그러나 오늘날 탈형이상학이라는 시각에서 본다면 그것은 유학을

8 프레드 앨퍼드, 『한국인의 심리에 관한 보고서』, 남경태 역 (서울: 그린비, 2000), p. 51에서 재인용.

몰락으로 몰아간 길이었다. 성리학이 유학의 형이상학화라는 점에 주목한다면 역설적이게도 오늘날 유학은 오히려 그 형이상학적 틀을 벗어나 과거의 유학으로 회귀함으로써 새로운 재구성의 가능성을 모색할 수 있을 것이다.

'목욕물과 함께 아이도 버리기' 라는 소박한 논리적 오류가 있다. 그것은 물론 오류다. 성리학적 형이상학을 거부하기 위해 유학이라는 내용물을 버리는 것이 그 오류가 될 것이다. 그러나 역설적이게도 오늘날 일부 유학 연구자들은 유학적 가치를 구하기 위해 형이상학도 지켜야 한다는 주장으로 대응한다. 그것은 또 다른 오류다. 필자는 그것을 '아이와 함께 목욕물도 구하기' 오류라고 부를 것이다. 만약 오늘날 유학이 이런 오류에 묶여 있다면 그것은 '철학적' 이라고 부르기에 거북한 나쁜 논리 게임에 지나지 않는다.

유학의 재구성을 시도하는 사람들에게 절실하게 필요한 것은 서구 윤리학의 방법론적 반성의 역사에 대한 통찰이다. 동아시아의 유학이 서구의 도덕학과는 근본적으로 다른 본성과 구조를 갖는다는 논변은 스스로를 유폐시키는 자가당착적 논변이다. 만약 그것이 사실이라면 유학은 '보편적' 도덕 이론으로서의 가능성을 스스로 부인하는 셈이기 때문이다. 유학이 동아시아인만을 위한 '맞춤형 도덕' 으로 남으려는 것이 아니라면 동 · 서양의 모든 도덕 이론이 교차하는 자리에서 스스로의 위상을 재구성해야만 한다.

3. 권고의 도덕으로

도덕적 경험을 다른 경험과 구분해 주는 일차적 특성은 '규범적 강제성'이다. 따라서 도덕 이론의 일차적 과제는 이 규범적 강제성을 정당화하는 문제라고 할 수 있다. 형이상학적 정당화를 포기했을 때, 도덕 이론이 제시하는 덕목들의 '규범적 강제성'의 근거는 매우 다른 방식으로 제시되어야 한다. 성리학의 초월적 형이상학을 벗어나게 되면 유학적 덕목들 또한 규범적 강제성을 정당화해야 하는 새로운 과제를 피할 수 없다. 우리는 왜 인의예지를 실현해야 하는 것일까?

오늘날 우리에게 주어진 자유주의적 사회 안에서 유학의 사덕은 더 이상 규범적 강제성을 규정하는 덕목이 아니다. 오늘날 현실적인 규범적 강제성은 유학뿐만 아니라 다른 모든 이론들을 수렴하는 방식으로 규정되어 있기 때문이다. 이러한 상황에서 유학적 이상은 '권고의 도덕' 영역에서 열리게 될 것이며, 그것은 다시 새로운 가치로서 우리에게 제시될 것이다. 초월적 정당화를 포기하면 다른 모든 덕목들과 마찬가지로 인의예지라는 덕목 또한 형이상학적 원리에 의해 정당화되는 것이 아니라 인간적 삶의 근원적 조건에 의해서만 정당화되어야 하며, 또 정당화될 수 있다는 사실에 주목해야 한다.

초월적 절대성을 벗어난 유학적 덕목의 자리는 어디일까? 이 물음에 답하기 위해 필자가 구분했던 두 가지 도덕은 중요한 실마리를 제공할 수 있을 것이다. 금지의 도덕과 권고의 도덕이 그것이다.[9] 금지의 도덕은 규범적 강제성을 수반한다. 도덕적 경험을 규정하는 핵심적인 특성은 규범적 강제성이다. 보편적 도덕원리를 추구하는 절대주의적 도덕 이론은 이 강제성의 원천을 모종의 보편적 원리에서 찾으려고 했다. 동·서양의 전통적인 도덕 이론들은 바로 이 절대적 원리를 확립

9 이 문제에 관한 좀 더 상세한 논의는 노양진, 「도덕의 영역들」, 『범한철학』, 제47집 (2007 겨울) 참조.

하기 위해 흔히 '초월' 이나 '선험' 으로 나아갔다. 주희의 리는 또 다른 초월의 길이다.

그러나 도덕적 경험을 특징짓는 것이 규범적 강제성이라는 사실을 상기한다면 권고의 도덕은 더 이상 '도덕' 으로서의 실질적인 의미를 가질 수 없다. 규범적 강제성을 정당화할 수 없는 모든 덕목들은 개인의 선택으로 주어진 사적 가치의 문제가 된다. 그것을 여전히 '도덕' 이라고 부르는 것조차도 사실상 '좋은 것의 윤리학' 이라고 불릴 수 있는 도덕적 전통의 후유증일 뿐이다.

필자는 앞서 9장에서 논의했던 것처럼 윤리학의 핵심적 주제가 '규범적 강제성' 을 정당화하는 문제가 되어야 한다고 보았으며, 그것은 다시 '타인에 대한 해악' 을 규정하는 문제라고 보았다. 타인에 대한 해악은 초월적이거나 선험적인 원리에 의해 규정되는 것이 아니라 우리의 경험적 조건과 사회적 합의를 통해 규정된다. 절대주의적 도덕이론은 도덕이 사회적 합의에 내맡겨질 경우, 도덕적 허무주의에 이를 수 있다고 우려한다. 물론 사회적 합의는 시대적 · 문화적 조건에 다양하게 영향받는다. 그러나 사회적 합의가 단순히 시대적 요소들에 의해서만 이루어지는 것은 아니다. 현재와 같은 몸을 가진 유기체로서 인간의 신체적/물리적 조건은 우리의 도덕적 경험을 강하게 제약한다.

'해악' 이라는 범주 또한 다른 모든 범주들처럼 '원형 효과' (prototype effect)를 드러낸다.[10] '해악' 이라는 개념에는 중심적 구성원과 주변적 구성원이 있다. 체험주의적 시각에서 원형적 구성원들은 비교적

10 로쉬(E. Rosch)와 그녀의 동료들이 전개한 범주화의 원형 이론에 관한 전반적인 소개는 George Lakoff, *Women, fire and Dangerous Things: What Categories Reveal about the Mind* (Chicago: University of Chicago Press, 1987), 특히 2–3장 참조.

큰 공공성을 드러내며, 대체로 신체적/물리적 경험 층위에서 드러난다. 이 층위는 전통적인 의미의 '절대성'은 아니지만 우리가 실제로 도달하고 의지할 수 있는 수준의 '실제적 보편성'의 소재다. 인류가 기록하고 기억하는 대부분의 금지의 도덕에서 일차적 해악은 생명과 몸, 재산에 대한 침해이며, 그것들이 도덕체계의 우선적 항목을 구성한다. 이것은 고조선의 팔조금법(八條禁法)이나 함무라비 법전, 모세의 십계명에서도, 또한 오늘날 대부분 문명국가의 실정법에서도 다르지 않다. 이렇게 드러나는 보편성은 단순히 시대적 우연이 아니라 원형적 해악에 대한 인간의 이해가 놀라울 정도로 유사하다는 사실에 근거한 것이다. 그것이 바로 우리 자신이 현재와 같은 몸을 가진 유기체라는 사실에서 비롯되는 공공성의 문제이며, 동시에 우리가 실제적으로 의지할 수 있는 보편성의 근거다.

이렇게 드러나는 유사성은 특정한 이론에 의해 부과된 것이 아니라 매우 평범한 자연적 · 사회적 조건에서 비롯된다. 특정한 신분이나 계층의 사람들에 대한 예외적 침해는 도덕 담론의 출발점에서 수립된 신분이나 계층에 대한 선결적 규정에 근거해서 행해진다. 그렇게 배제된 이들은 당대의 도덕 담론 안에서 원형적 구성원이 아니다. '시민'이라는 사회적 지위를 부여받지 못하기 때문이다. 고대의 노예가 그 전형적인 사례다. 이들은 도덕적 구성원으로 간주되기 위한 예비적 절차에서 배제된 존재이며, 도덕 담론의 참여자가 아니다. 오늘날 우리는 그런 전제를 만들지 않는다. 오늘날 도덕은 '모두의 도덕'이 되었기 때문이다.

이러한 분석에 따르면 유학적 가치들의 많은 부분이 '좋은 것의 윤리학'을 이루고 있으며, 그것은 오늘날 권고의 도덕 영역, 즉 사적 영역으로 편입되어야 한다.[11] 여전히 유학적 가치가 금지의 도덕이 되어야 한다는 주장은 '관학'으로서의 영광에 대한 미련이며, 그것은 결과적으로 유학을 과거의 기록으로 유폐시키는 일이 될 것이다. 유학적 가치가 단지 철학사의 일부가 아니라 여전히 살아 있는 덕목이라고 주장하려는 사람들은 오늘날 우리가 우리 자신을 이해하는 방식에 부합하는 방식으로 그것을 재구성해야 한다.

11 유학이 도학(道學)과 속학(俗學)이라는 이중적 본성을 지니고 있으며, 이제 속학으로서의 역할을 포기해야 한다는 한형조의 주장은 접근의 방식에서 차이를 보이지만 필자의 제안과 궤를 같이하는 것으로 생각된다. 한형조는 이렇게 말한다. "분명한 것은 유교가 더 이상 속학으로 기능할 가능성은 영원히 없다는 사실이다. 다시 말하면 그 학문을 통해 권력과 성공의 사다리를 보장하며, 지식과 담론을 장악할 중심으로서의 유교는 더 이상 없다. 유교가 누렸던 그 세속적 영광과 권력은 영원히 옛이야기가 되었다." 한형조, 『왜 동양철학인가?』(서울: 문학동네, 2001), p. 234.

제16장

불교와 체험주의

불교의 사유는 세계는 물론 언어와 사유의 본성에 대한 급진적 통찰에서 출발한다. 많은 사람들이 불교적 사유가 난해하다고 말하는 것은 바로 철학적 사유의 일차적 도구인 언어의 본성에 대한 불교의 이러한 메타적 접근 때문일 것이다. 불교는 우리의 사유와 언어 자체의 본성에 주목함으로써 사유와 언어를 통해 주어진 모든 것을 근원적으로 해체하려고 한다. 수천 년에 걸친 해석과 재해석 속에서 불교의 가르침은 때로는 과장되고, 때로는 왜곡된 언어로 전해 오면서 점차 더 난해하고 심오한 사유로 인식되어 왔지만, 그 핵심적인 철학적 골격이 흐트러진 것은 아니다.

놀라운 것은 불교의 핵심적 통찰들, 특히 용수(龍樹, Nāgārjuna)가 집약한 중관불교(中觀佛敎)의 통찰들이 현대 인지과학의 새로운 발견들과 중요한 국면에서 양립 가능하다는 점이다. 바렐라(F. Varela) 등은 인지과학의 핵심적 성과인 '신체화된 마음'이라는 논제를 중심으로 인지과학과 중관불교의 유사성을 섬세하게 밝히고 있다.[1] 바렐라 등은 레이코프나 존슨의 시각을 '창발주의'(emergentism)로 구획하

1 프란시스코 바렐라 외, 『인지과학의 철학적 이해』, 석봉래 역 (서울: 옥토, 1997), 특히 10장 참조.

고, 자신들의 입장을 '발현'(enaction)이라는 낯선 이름으로 묶고 있다. 필자는 바렐라 등의 이러한 구분이 창발과 발현 사이에 근원적인 시각의 차이를 선명하게 제시하는 것으로 보지 않으며, 나아가 중관불교에 대한 해석에 결정적인 차이를 불러올 것으로 생각하지 않는다.[2] 필자는 여기에서 '공(空)사상'으로 집약되는 용수의 중관불교를 중심으로 불교적 사유의 특성을 체험주의적 시각에서 조망하고, 이 두 시각을 이어 주는 철학적 접점이 우리 자신의 원형적 조건을 향한 '회귀적 성찰'이 되어야 한다고 제안할 것이다.

1. 공의 철학

용수는 붓다의 핵심적 가르침을 '공' 개념을 중심으로 집약하고 있다. 용수는 자아든 세계든 우리의 일상적 인식에 주어진 모든 것의 공성(空性)을 깨닫는 것이 붓다의 가르침의 요체라고 해석한다. 이러한 깨달음에 이르는 것이 바로 우리 삶의 모든 고통을 넘어서 열반(涅槃)에 이르는 길이다. 공은 붓다가 말한 무상성(無常性)에 대한 중관불교적 해석이라고 할 수 있다. 공은 '연기설'(緣起說)을 통해 설명되며, 그 핵심은 자아와 세계의 자성(自性, *svabhāva*), 즉 실체성을 부정하려

---

2 같은 책, p. 46 참조. 바렐라 등은 여기에서 "[발현이라는] 이름은 인지는 이미 주어진 세계에 대한 이미 완성된 마음의 표상이 아니라 세계 내에서 한 존재가 수행하는 다양한 행위의 역사에 기반을 두고 마음과 세계가 함께 만들어 내는 것이라는 점차 강해지는 확신을 강조하기 위해 제안된 것"이라고 자신들의 입장을 규정하고 있다. 석봉래는 이 책에서 'enaction'을 '발제'라는 낯선 말로 옮기고 있는데, 필자는 그것을 '발현'이라는 말로 대신한다.

는 것이다.[3] 즉 자아든 세계든 모든 것은 연기의 과정 속에 있으며, 따라서 스스로 존재하는 어떤 것도 없다.

필자는 용수의 '공'을 '그림자 개념'(shadow concept)으로 특징지었다. 그림자 개념은 낯선 가르기다. 그림자 개념은 경험적 개념과 초월적 개념 사이에서 독특한 성격을 드러낸다. 그림자 개념은 우리의 경험 세계를 넘어서 있다는 점에서 초월적 개념의 일종이지만 우리가 흔히 말하는 초월적 개념과는 매우 다른 종류의 것이다. 공은 텅 빈 곳으로 말해지지만 인지적 측면에서 볼 때 이 개념은 스스로 개념화될 수 없는 특수한 성격을 지니고 있다. 그림자 개념은 이 세계의 경험적인 모든 것이 무화된 어떤 지점을 가리킨다. 그림자 개념은 어떤 경험적인 것도 담고 있지 않으며, 어떤 경험적 언어로도 이를 수 없는 텅 빈 지점이다.

그러나 공은 경험적인 모든 것에 대한 모종의 인식이 없이는 처음부터 형성될 수도 이해될 수도 없는 지점이다. 그래서 그것은 경험적인 것의 그림자다.[4] '공'을 개념화하기 위해서 우리는 「그릇」(Con-

---

3 Jan Westerhoff, *Nāgārjuna's Madhyamaka: A Philosophical Introduction* (Oxford: Oxford University Press, 2009), 특히 p. 19 참조. 베스터호프는 이러한 관점에서 용수의 『중론』을 현대철학적 언어로 재해석해 내고 있다. 베스터호프는 용수의 연기설이 세계의 실체성을 부정한다는 점에서 세계가 우리의 구성물이라는 굿맨(N. Goodman)의 비실재론(irrealism)과 유사성을 갖는다는 점에 주목한다. 비실재론은 이 세계는 모두 우리가 구성한 '버전들'이며, 그것들의 배후에 원형에 해당하는 실재 세계란 존재하지 않는다고 주장한다. 이러한 해석은 다양한 버전들 사이에 극단적인 상대성의 가능성을 함축한다. 그러한 구성이 각자의 무제약적인 구성의 산물이라면 그 구성물들 사이에 극단적인 상대주의가 생겨날 수 있다. 베스터호프는 이 우려에 대해 '역사적 축적'이라는 모호한 제약을 제안하지만, 그것은 역사적 축적 또한 극단적으로 상대적일 수 있다는 점에서 여전히 상대주의적 우려를 불식하지는 못하는 것으로 보인다.

4 노양진, 「그림자 개념에 관하여」, 『범한철학』, 제59집 (2010 겨울) 참조. 필자는

tainer)이라는 영상도식(image schema)에 의존해야 한다. 영상도식은 존슨의 개념이다. 영상도식은 신체적 활동을 통해서 직접 발생하는 소수의 인식 패턴들이다. 우리는 영상도식을 물리적 대상이나 추상적 대상들에 은유적으로 사상함으로써 그것들을 구체적인 사물로 인식한다. 예를 들어 「그릇」 도식은 '안'과 '경계', 그리고 '밖'이라는 세 가지 요소로 구성된다. 영상도식은 신체적 활동을 통해 직접 발생한다. 나는 외부 세계와의 지속적인 상호작용을 통해 나의 몸을 하나의 그릇으로 인식한다. 그렇게 형성된 영상도식은 다양한 물리적 대상이나 추상적 대상에 사상되며, 그렇게 해서 나는 수많은 대상들을 일종의 그릇으로 인식하게 된다.

'공'이라는 개념이 이해되기 위해서 우리는 먼저 경험적인 모든 것을 하나의 경계선 안에 담을 수 있어야 한다. 이러한 사고실험을 위해서는 「그릇」 도식이 필요하다. 공은 그 경계선 밖의 모든 곳, 또는 어떤 곳에 설정된다. 이처럼 공은 경험적인 모든 것의 비어 있음으로 특징지어진다. 이 개념의 성격을 더더욱 어렵게 만드는 것은 그것이 공 자체를 가리키기 위한 것이 아니라 경험적인 것의 실체성을 부정하기 위한 사고실험의 산물이라는 점 때문이다.

공사상은 흔히 언어에 대한 불신이라고 말해진다. 언어에 대한 불신은 우리의 사고와 개념화에 대한 불신을 말한다. 이 세계를 경험하는 방식들은 우리의 것이며, 따라서 그렇게 주어진 세계 또한 '우리의' 산물이며, 결코 그 자체의 모습이 아니다. 대신에 사람들은 자신에게 드러나는 세계를 세계 자체의 모습으로 받아들임으로써 수많은

이 논문에서 데리다의 '차연', 노자의 '도'(道)를 그림자 개념으로 구분했다. 그것들은 공통적으로 해체론적 특성을 드러내지만 그 철학적 함축과 귀결은 각각 다른 방식으로 나타난다.

허망한 개념과 이론들에 집착한다. 용수는 이 모든 것의 '공성'을 깨닫는 것이 붓다의 가르침이라고 보았다. 흔히 이러한 깨달음에 이르는 것을 '열반'이라고 부른다. 열반은 종종 종교적 색채를 띠면서 또 다른 세계라는 의미로 말해지며, 그것을 향한 수행의 근거를 제시하기도 하지만 그러한 종교적 함축을 걷어 낸다면 불교적 깨달음은 우리 자신의 근원적 존재 조건에 대한 메타적 이해의 한 갈래일 뿐이다.

체험주의와 중관불교를 이어 주는 체계적인 논의는 아직 이루어지지 않고 있지만 이론적 구도라는 측면에서 볼 때 체험주의적 시각과 중관불교적 통찰 사이에 근원적인 충돌은 없어 보인다. 바렐라 등의 최근 연구는 이러한 추정에 강력한 근거를 마련해 준다. 바렐라 등은 『인지과학의 철학적 이해』(1991)에서 인지과학적 탐구의 성과와 중관불교의 유사성을 비교적 상세하게 다루고 있는데, 그것은 체험주의적 시각과 양립 가능한 해석의 갈래로 보이기 때문이다. 중관불교와 체험주의 사이에 차이가 있다면 그것은 중관불교가 '그림자 개념'이라는 사고실험에 의존하고 있는 데 반해 체험주의는 인지과학의 경험적 발견들에 의존하고 있다는 점일 것이다.

2. 연기와 깨달음

붓다는 세계든 자아든 일체의 실체성을 부정한다. 세계의 모든 것은 '연기'의 과정 속에 있다. 물리적인 것이든 추상적인 것이든 그 자체로 고착된 것은 아무것도 없으며, 모든 것이 끊임없이 일어나고 스러지는 과정 속에 있다. 산이든 강이든, 동물이든 식물이든, 모든 것은 우리의 언어를 통해 실체화된 것이며, 따라서 그것은 세계의 참모습이 아니다. 붓다의 통찰은 우리가 언어로 물든 일상적 세계를 구성하는 데 사용하는 기본적 개념들, 즉 존재, 시간, 공간, 운동, 인과 등에 대한 해체에서 시작된다.

> 발생하지도 않고 소멸하지도 않으며, 상주하지도 않고 단멸(斷滅)하지도 않으며, 같지도 않고 다르지도 않으며, 오지도 않고 가지도 않네.[5]

이 세계를 지배하는 실체성이 무너진 세계 안에서 원인이나 결과라고 불릴 수 있는 독립적인 사건은 없다. 사건이라고 불리는 모든 것이 그 자체로 다른 모든 것의 원인이면서 결과이기 때문이다. 우리가 알고 있는 모든 것의 생성소멸은 상호 의존적인 관계성 속의 국면들일 뿐이다. 모든 것은 연기한다. 이러한 관점에서 메이시(J. Macy)는 연기를 '의존적 상호발생'(dependent co-arising)이라고 부른다.[6]

체험주의는 우리 경험이 상호작용적 구조 안에 있다는 것을 받아들이지만 이 문제에 대해 구체적인 논의를 전개하지는 않는다. 그러나 듀이가 제시하는 '연속성'(continuity)의 원리를 상기하는 것은 체험주의적 시각을 이해하는 데 도움이 될 것이다. 연속성은 듀이의 전 철학을 지탱해 주는 핵심적 논제다. 연속성의 원리는 그 자체로 기술되기 힘들지만 이 세계에 어떤 형태의 '단절'도 없다는 주장으로 요약될 수 있다.[7]

---

5 용수, 『중론』, 박인성 역, 『한글대장경』 (서울: 동국역경원, 1993), 1장. 이하 이 책의 인용은 장과 절의 번호를 본문에 표시한다.

6 조애너 메이시, 『불교와 일반시스템이론』, 이중표 역 (서울: 불교시대사, 2004) 참조.

7 John Dewey, *Logic: The Theory of Inquiry: The Later Works 1925–1953*, Vol.

자아든 세계든 모든 것은 연속적인 과정 속에 있지만, 우리의 경험은 그것들을 불연속적인 사물이나 사건들로 가른다. 이 가르기를 통해 나와 너, 철수와 영수, 산과 강, 개와 고양이, 빨강과 노랑, 세련된 것과 투박한 것, 선한 것과 악한 것이 구분된다. 이러한 가르기를 통해 비로소 산과 강 사이에 새로운 '불연속성'이 경험된다. 가르기는 처음부터 나와 세계와의 지속적인 상호적 교섭을 의미한다. 마찬가지로 연기하는 세계 안에는 그 자체로 존립하는 것은 아무것도 없다. 연기는 이 세계가 우리에게 주어지는 방식에 관한 문법이며, 나아가 우리의 일상적 인식을 무너뜨리는 부정적 문법이다. 이러한 관점에서 필자는 듀이의 '교호작용'(transaction)이나 데리다의 '차연'을 불교적 '연기'와 유사한 현대적 개념들로 보았다.[8]

체험주의는 자아와 세계의 본성에 대한 듀이의 생각을 자연스럽게 받아들일 것이며, 그것은 다시 중관불교와의 유사성으로 이어진다. 그러나 이러한 사유의 유사성이 우리를 어떤 논의로 이끌어 갈 것인지는 여전히 열려 있는 가능성이다. 실제로 불교적 전통 안에서 다양한 견해들이 엇갈리는 것처럼 체험주의적 논의 또한 접근의 방향에 따라 다양한 변이를 드러낼 것이기 때문이다.

12, ed. Jo Ann Boydston (Carbondale, Ill.: Southern Illinois University Press, 1986), 특히 pp. 26, 30 참조.

8 듀이는 주관과 객관의 분리를 가정하는 근세 인식론적 구도를 거부하고 주관과 객관의 지속적인 '상호작용'(interaction)을 자신의 철학적 사유의 출발점으로 삼는다. 그러나 듀이는 후기에 들어 상호작용이라는 개념이 이미 그 자체로 존립하는 주관이나 객관 사이의 작용이라는 오해를 불러온다는 점에 주목하고 훨씬 더 근원적인 개념으로 '교호작용'(transaction)이라는 개념을 택한다. 교호작용이란 주관이나 객관 자체가 상호 침투적인 방식으로 구성된다는 사실을 포괄하기 위한 개념이다.

3. 무아

불교의 무아설(無我說)은 우리의 일상적 언어를 통해 이해되고 있는 '자아'의 공성[我空]을 가르친다. 일상적으로 "나는 ~이다" "나는 ~한다" "나는 ~을 갖고 있다" 등과 같은 언어적 표현을 통해 자아는 모든 성질이나 행위, 관계에 앞서 존립하는 어떤 것처럼 받아들여진다. 그러나 자아는 그 자체로 고립적이거나 확정적인 실체가 아니다. '나' 또한 지속적으로 연기하는 세계의 또 다른 국면이다. 독립적인 나는 '너와 나' '나의 생각' '나의 소유'와 같은 생각을 낳으며, 그것이 바로 모든 삶의 괴로움을 부르는 집착의 뿌리가 된다.

그러나 사람들이 가정하는 완결체로서의 나는 존재하지 않지만 그것이 우리의 원초적인 지각 활동마저도 부정하는 것은 아니다. 보고, 듣고, 맛보고, 만지고, 냄새 맡는 것 자체를 부정하는 것은 불가능하다. 여기에서 이 지각하는 '몸'은 더 이상 거부할 수 없는 출발점이 된다. 몸이 지각을 낳으며, 개념을 낳으며, 언어를 낳는다. 해체든 초월이든 과도한 철학적 열망이 아니라면 우리가 몸을 넘어서 더 이상 거슬러 올라갈 곳은 없으며, 또 그래야 할 이유도 없어 보인다.

체험주의는 중관불교와 마찬가지로 확정적이고 독립적인 자아 개념을 거부한다. 자아라는 개념은 두뇌와 몸, 세계의 지속적인 상호작용 과정에서 생겨나지만 근세가 가정했던 몸/마음의 분리도, 실체로서의 자아도 없다. 자아는 몸의 지속적인 활동을 통해 드러나는 일련의 과정에 대한 서사적 이해를 통해 구성된다. 존슨은 이러한 자아를 '과정적 자아'(self in process)라고 부른다.[9]

---

9 마크 존슨, 『도덕적 상상력: 체험주의 윤리학의 새로운 도전』, 노양진 역 (파주:

무아설은 우리 자신의 존재 자체를 부정하는 가르침이 아니라 우리 자신의 근원적 조건에 대한 반성적 성찰에 대한 권고다. '나'에 대한 급진적 부정은 허무주의에 이르게 된다. 무아설의 요체는 나를 거부하는 데 있는 것이 아니라 오히려 언어와 개념에 의해 오염된 자아의 상을 깨뜨리려는 데 있을 것이다. 종종 무아설에 대한 과도한 해석은 우리 스스로의 존재성마저도 부정하는 극단으로 나아감으로써 허무주의를 불러올 수 있지만 그것은 결코 불교의 가르침도 체험주의의 제안도 아니다.

모든 개념과 이론의 가상이 무너진 후에도 '나'는 여전히 현재와 같은 몸을 가진 존재로 살아간다. 모든 경계를 무너뜨리는 해체론적 논란 속에서도 나는 현재와 같은 몸을 가진 유기체로 존재하며, 각자의 신경체계 안에서 스스로의 통합성을 유지한다. 이런 의미에서 몸은 '나'와 관련된 모든 이야기에서 물러설 수 없는 경험적 조건이다. 이 원형적 조건을 넘어서 그 근원에 대한 탐색에 눈을 돌리는 것은 또 다른 사변의 길을 예고한다. 나는 '몸으로서의 나'이며, 그것은 우리의 모든 담론이 출발하는 점이며, 동시에 모든 담론을 의미화해 주는 궁극적 의미지반이다.

4. 회귀

언어의 본성은 중관불교와 체험주의를 이어 주는 핵심적 주제가 된다. 중관불교의 해체론적 특성은 언어의 본성에 대한 급진적인 해명에

서광사, 2008), pp. 304-308, 328 참조.

서 비롯된다. 언어는 인간적 욕망의 표출이며, 본성적으로 인간의 의도와 욕구에 의해 오염되어 있다. 우리는 언어적으로 구성된 세계를 실재의 세계로 받아들이고 있으며, 그것을 참된 실재라고 믿는다. 이 때문에 불교는 언어에 오염된 모든 것을 '무명'(無明)이라고 부른다. 공은 바로 이 무명을 바라보기 위한 메타적 조망점이다.

그러나 불교의 통찰은 그저 언어에 대한 불신에서 멈추지 않는다. 우리는 처음부터 그처럼 부실한 언어와 함께 살아가도록 운명 지워진 존재이기 때문이다. 그래서 우리는 언어의 가상성에 대한 근원적 성찰에도 불구하고 결국 지금의 언어로 되돌아와야 한다. 현재와 같은 몸을 가진 유기체로서 우리에게 "언어에 대한 불신은 가능하지만 언어를 근원적으로 거부하는 길은 …… 열려 있지 않다."[10] 언어를 거부하려는 것이 아니라 그 언어의 '크기'를 되돌아봄으로써 우리 자신의 조건에 대한 깨달음과 함께 살아가는 것이 붓다의 진정한 통찰이었을 것이며, (필자가 믿고 있는 것처럼) 그것이 사실이라면 체험주의는 붓다의 통찰에 주저 없이 동의할 것이다.

붓다의 통찰은 거듭되는 변형과 해석 속에서 종종 극단화되거나 신비화되거나 절대화된다. 그것은 붓다의 통찰을 또 하나의 적극적 강령으로 받아들임으로써 교조화를 불러오는 불운한 행보다. 한편 반대편에 서 있는 비판자들은 불교가 이 세계의 모든 실재와 가치를 거부함으로써 궁극적으로 허무주의나 회의주의에 이르게 될 것이라고 우려한다. 이 두 갈래의 어느 것도 불교의 철학적 통찰에 대한 온당한 해석으로 보이지 않는다. 우리의 개념화와 언어화에 대한 근원적 반성을 거치는 것은 우리의 본래적 조건으로서의 이 세계를 떠나기 위한 것도

---

10 노양진, 「언어와 경험: 괴리와 거리」, 『철학연구』, 제116집 (2010 겨울), p. 74.

아니며, 이 세계를 거부하기 위한 것도 아니다. 오히려 그것은 새로운 자기성찰의 출발점에 대한 가르침이다. 붓다의 통찰이 가리키는 새로운 출발점은 '공'이 아니라 우리의 본래적 조건에 대한 '회귀적 성찰'이다.

앞서 지적했던 것처럼 이론적 혼선으로부터 벗어나 우리 삶으로부터 출발하면 '공'은 우리의 언어로는 그 무엇이라고 규정하기에도 부적절한 '그림자'다. 공은 존재하는 어떤 것의 이름이 아니며, 비어 있음 자체를 가리킨다. 그것은 모든 언어와 사고를 넘어선 어떤 지점을 가리킨다. 이러한 그림자는 스스로 말하지 않는다. 설혹 그림자가 말한다 하더라도 그것은 사람의 목소리가 미치지 않는 지점이며, 또 그곳으로부터 생겨난 어떤 목소리도 우리에게 이르지 못한다. 누군가 거기에 이르렀다면 그는 이미 우리의 종(種)이 아니며, 설혹 그의 목소리가 우리에게 들린다 해도 우리는 그 의미하는 바를 읽을 수 없다. 공을 바라보든 깨달았든, 누군가 그곳에 관해서 말한다면 그것은 여전히 사람의 목소리일 뿐이다. 그러나 그것은 새로운 목소리일 것이다. 용수는 이렇게 말한다.

> 열반은 세간과 어떤 차이도 없네. 세간은 열반과 어떤 차이도 없네(『중론』, 25.19.).

> 열반의 한계와 세간의 한계, 이 두 한계는 아주 작은 차이도 없네(『중론』, 25.20.).

불교와 체험주의는 우리 자신의 근원적 조건에 대한 회귀적 성찰을 향하고 있다는 점에서 다르지 않아 보인다. 이 두 사유가 향하는 근원적 조건이란 모든 언어와 이론이 도달하려는 지점이 아니라 모든 이론이 출발하는 지반이다. 거기에 모든 이론과 언어로부터 해방된 '몸'이 있다. 종종 불교가 '허무와 적멸의 학'이라고 불리게 된 이유는 이 회귀적 지반에 대한 불투명한 해석에서 비롯된 것으로 보인다.

붓다의 시대든 21세기든, 또는 먼 미래든 경험적 지식은 결코 완결되지 않을 것이다. 제한된 경험적 사실들을 토대로 우리 자신의 전체적인 모습을 그려야 하는 것이 철학적 사유의 본성이다. 경험적 지식은 그 자체로 철학적 이론을 구성하지 않는다. 철학적 사유는 항상 경험적 지식을 넘어 확장된다. 그러나 중요한 것은 경험적 지식을 적절하게 포괄하지 못하는 철학적 사유는 명백하게 반박된다는 점이다. 수천 년 전의 사유가 오늘날 성장한 경험적 지식과 충돌하지 않는다는 것은 불교적 통찰의 엄밀성을 극적으로 예증해 준다.

지난 수천 년 동안 불교가 수많은 변형과 해석을 거듭하게 되었던 이유는 불교가 우리 자신과 철학적 문제들에 대한 근원적인 통찰을 담고 있기 때문이다. 불교는 또 다른 이론이 아니라 이론들을 조망하고 우리 자신의 근원적 조건을 조망하게 해 주는 메타적 시각이다. 이러한 관점에서 필자는 불교와 체험주의를 새로운 꼭짓점을 향한 사유가 아니라 오히려 모든 꼭짓점 이론으로부터 우리를 해방시키려는 '열린 철학'으로 묶으려고 한다.[11]

---

11 필자는 니체와 듀이, 메를로 퐁티, 후기 비트겐슈타인의 철학을 회귀적 성찰을 권고하는 '열린 철학'의 범주에 묶을 수 있다고 본다. 이러한 관점에서 틸레만(T. Tillemans)의 중관불교 해석은 주목할 만하다. 틸레만은 중관불교의 요체를 베스터호프와 마찬가지로 일체의 자성(自性)에 대한 거부로 해석하며, 더 구체적으로 '덧씌우기'(superimposition or projection)의 거부로 해석한다. 덧씌우기의 거부 이후에 우리에게 남는 것은 '일상적 진리'(ordinary truth)로의 회귀다. 일상적인 것에 대한 틸레만의 이러한 회귀적 해석에는 비트겐슈타인적 특성

이러한 메타적 해체를 넘어서서 우리가 어디로 가야 하는가라는 물음은 여전히 열려 있다. 필자는 체험주의적 시각을 따라 '이론의 크기(size)'가 해체론적 동요 속에서 다시 주목해야 할 핵심적인 주제라고 생각한다.[12] 중관불교를 단지 급진적인 해체의 한 갈래로 해석하려는 것이 아니라면 '공'의 메시지는 바로 '우리와 함께 살아가게 될 이론의 크기'를 향한 회귀적 성찰의 권고로 읽을 수 있다. 그것이 바로 '산은 다시 산'이라는 가르침의 요체일 것이다.

이 선명하게 드러난다. 톰 틸레만, 「중관불교는 무엇을 거부하는가?」, 해외석학 초청강연 (전남대학교 철학과 BK사업단, 2011) 참조.

12 이 문제에 관한 좀 더 상세한 논의는 노양진, 「비트겐슈타인과 철학의 미래」, 『몸 · 언어 · 철학』 (파주: 서광사, 2009), pp. 335-44 참조.

제17장

노자와 체험주의

노자(老子)의 사유는 흔히 장자(莊子)의 사유와 한데 묶여 '노장사상'으로 불리며, 때로 '도가철학'이라는 이름으로 불리기도 한다. 필자가 이 책에서 주목하는 것은 『도덕경』(道德經)으로 집약되는 노자 사상의 철학적 국면이다. 노자의 『도덕경』은 수천 년의 해석과 재해석의 역사 속에서도 그 핵심적 골격을 잃지 않고 우리에게 전해 오는 것으로 보인다. 이 장에서 분석하려는 것처럼 『도덕경』 읽기의 어려움을 불러오는 핵심적 이유는 텍스트 자체의 심오함 때문이라기보다는 오히려 이론적 층위의 교착(交錯) 때문이라고 할 수 있다.

서구적 시각에서 노자 철학은 종종 '신비'라는 이름을 얻게 되었지만 그것은 말 그대로 서구적인 시각일 뿐이다. 노자의 사유는 난해하며 낯선 것일 수 있지만 거기에 신비 같은 것은 없다. 서구의 지적 전통이 말하는 '신비'는 대체로 밀교적 직관이나 형이상학적 현학에나 적절한 말이다. 노자의 사유에는 복잡하게 뒤섞인 형이상학적 요소는 있지만 밀교적인 요소는 없다. 노자 철학은 그 출발점이 메타적이라는 점에서 평면적인 이론의 구도를 비켜서고 있지만 그것은 신비가 아니라 정교한 메타적 사유의 한 갈래다.

필자는 노자의 사유를 이끌어 가는 핵심적 개념인 '도'(道)를 데리다의 '차연', 그리고 용수의 '공'과 한데 묶어 '그림자 개념'이라고 부른다.[1] 이 세 갈래의 사유는 공통적으로 그림자 개념을 축으로 이루어진다. 그림자 개념에 의존한다는 점에서 이 세 갈래의 사유는 종종 '해체론적'이라는 이름으로 묶일 수 있지만, 그 철학적 결론은 매우 다른 길을 향하고 있다. 그러나 이론적인 이유든, 이론 외적 이유든 적어도 우리에게 전승된 『도덕경』은 그림자 개념과 초월적 개념 사이를 오가면서 화해될 수 없는 내적 정합성 문제를 드러내고 있다. 말하자면 『도덕경』 안에서 초월적 개념을 온전히 제거해 낼 수 있다면 그림자 개념에 의존하는 『도덕경』의 사유는 데리다가 전개했던 전형적인 해체론의 한 형태로 읽을 수 있을 것이다.

1. 도의 언어

노자 철학은 도의 철학이다. '도'는 개념화되거나 언어화될 수 없는 메타적 개념이며, 이 도를 통해 현상의 언어와 개념의 본성을 꿰뚫어 보려는 것이 노자 사유의 요체다. 이 때문에 노자 철학은 본성상 해체론적 성격을 드러낸다. 종종 존재론적 함축이 덧붙여지면서 '도체'(道體)라는 말이 사용되기도 하지만 그것은 도를 모종의 초월적 실체로 간주하려는 시도에서 비롯된 것이다. 김형효의 지적처럼 해체론적 해석의 갈래를 따라 노자 철학을 비추어 본다면 도를 실체적 원리로 접근하는 것은 도의 사유에 대한 '피상적' 해석의 산물이라고 할 수 있다.[2]

---

1 노양진, 「그림자 개념에 관하여」, 『범한철학』, 제59집 (2010 겨울) 참조.

2 '피상적'이라는 말이 과연 노자 해석의 전반적인 현 상황에 대해 어느 정도 적절한지 필자가 섣불리 가늠할 수는 없지만 적어도 해체론적 노자 해석이 전통적인

적어도 『도덕경』의 전반부에서 드러나는 도는 '그림자 개념'이다. 도는 우리의 개념과 언어를 벗어난 어떤 지점을 가리킨다. 이 가상의 지점에서 본 언어와 개념은 바로 우리의 구성물이며, 따라서 언어와 개념은 결코 실상을 드러낼 수 없다. 도의 사유는 적어도 이 사고실험의 출발점에서 데리다의 해체나 중관불교와 매우 유사한 국면을 드러낸다. 그림자 개념은 경험적인 일체의 것을 비워 낸 '비어 있음' 자체를 가리키며, 그것은 경험적인 모든 것의 본성을 읽어 내기 위한 개념적 장치다. 그래서 도는 비어 있다. 도의 사유는 급진적인 사고실험이며, 그 자리에서 바라본 이 세계가 무엇으로 어떻게 구성되어 있는지를 보여 주려는 가상의 지점이다.

도에 대한 과도한 해석의 교차 속에서 도는 종종 해명될 수 없는 신비적 층위나 수행을 통해 도달해야 할 초월적 경지로 이해되기도 한다. 그것은 결코 '철학적'이라고 불릴 만한 해석은 아니다. 도는 비어 있음이다. 노자는 그 비어 있음을 기점으로 언어적으로 구성된 모든 것이 우리의 인위적 구성물이라는 점을 드러내려고 하며, 그 인위를 넘어선 새로운 시각을 보여 주려고 한다. 그것이 무위(無爲)의 사유이며, 그것은 다시 부정과 해체의 사유다.

체험주의적 시각에서 본다면 다른 모든 추상적 이론들과 마찬가지로 『도덕경』의 잠언적 문장들 또한 은유들의 묶음이다. 지난 수천 년 동안 노자 철학에 관해 반복된 논란의 역사는 (그 참여자들이 스스로 의식하지 못하고 있었다 하더라도) 사실상 '은유들'에 대한 해석과 재해석의 역사라고 할 수 있다. 이런 관점에서 최근 『도덕경』에 대한 체

노자 해석의 궤를 벗어난, 김형효 교수의 독창적 접근법이라는 사실은 분명해 보인다.

험주의적 은유 분석은 노자 철학의 이론적 층위에 대한 새로운 논의의 가능성을 향한 예비적 작업이라고 할 수 있다.[3]

노자의 사유를 구성하는 핵심적 은유들은 공통적으로 이 세계의 완고한 구성물들이 언어적 구성물이며, 따라서 언어적 미혹을 벗어나기 위해서는 언어적 본성에 대한 근원적 성찰이 요구된다고 주장한다. 『도덕경』의 이러한 사유는 일상적인 믿음과 가치를 전도시키려는 '역전'(逆轉)의 사유라기보다는 일상적 사유의 지반 자체를 와해시키려는 '해체론적' 사유의 한 유형이다.

---

3 알란(S. Alan)은 『공자와 노자, 그들은 물에서 무엇을 보았는가?』에서 동아시아의 사유를 이끌어 왔던 유가와 도가의 이론적 특성을 규명하기 위해 체험주의적 은유 이론을 도입하고 있다. 알란은 유가와 도가의 중심적 은유를 「물」 은유와 「뿌리」 은유로 규정하고, 그것을 동아시아적 사유의 특징으로 해석해 내고 있다. 사라 알란, 『공자와 노자, 그들은 물에서 무엇을 보았는가?』, 오만종 역 (서울: 예문서원, 2000) 참조.

한편 슬링거랜드(E. Slingerland)가 노자 철학에 대한 본격적인 은유 분석을 시도한 것은 비교적 최근의 일이다. 물론 슬링거랜드는 이 책에서 노장뿐만 아니라 공맹의 무위 개념을 포괄적으로 다루고 있다. 슬링거랜드는 체험주의적 은유 이론을 통해 노장의 은유는 물론 공맹의 은유들을 분석하지만 그 분석은 대부분 경전 해석을 위한 도구로 사용되고 있으며, 노장철학의 이론적 본성에 대한 메타적 해석으로 나아가고 있는 것은 아니다. Edward Slingerland, *Effortless Action: Wu-Wei as Conceptual Metaphor and Spiritual Ideal in Early China* (Oxford: Oxford University Press, 2003) 참조.

정석도는 체험주의 은유 이론을 통해 노자 철학의 이론적 구도를 분석한다. 노자 철학의 중심적 은유를 「뿌리」 은유, 「길」 은유, 「그릇」 은유의 세 갈래로 나누고 그 전체적인 철학적 구조를 조망한다. 이러한 시도는 국내의 고전적인 노장철학 연구의 흐름에 비추어 본다면 새로운 시도라는 점에서 주목할 만하다. 그러나 정석도가 의지하는 논의의 기본 구도는 체험주의적인 것이지만 그 구체적 분석은 대부분 인지언어학적 시각에 국한되어 있다는 점에서 노자 철학의 해체론적 층위에 대한 적극적인 철학적 논의로 나아가지 못한 아쉬움이 있다. 정석도, 『하늘의 길과 사람의 길: 노자 철학의 은유적 사유문법』 (서울: 아카넷, 2009) 참조.

2. 해체와 초월 사이

노자 철학에 대한 은유적 분석은 노자 철학의 이론적 층위와 구조를 드러내 준다. 필자는 「그림자 개념에 관하여」에서 노자의 도가 그림자 개념의 한 유형이라는 사실을 밝혔으며, 이를 근거로 『도덕경』이 심각한 내적 정합성 문제를 안고 있는 저작이라는 점을 지적했다. 즉 『도덕경』의 언급들이 그림자 개념과 초월적 개념 사이의 교착을 드러냄으로써 내적 정합성 문제를 불러온다는 것이다. 이 문제는 단지 문헌학적 국면에 국한되지 않고 후대의 노자 해석에도 결정적인 혼선을 불러온다.

이러한 혼선은 최근 『도덕경』에 대한 해체론적 해석을 거치면서 더 더욱 복잡한 형태로 드러난다. 김형효는 데리다의 해체론을 도입함으로써 노장철학에 대한 새로운 해석의 갈래를 제시하고 있다. 박원재의 지적처럼 김형효의 시도는 기존의 노장철학 연구에 참신한 충격과 위기의식을 동시에 불러온 중요한 학술적 기여로 보인다.[4] 김형효는 노자를 해체론적 사유의 한 형태로 읽고 있으며, 이것은 노자 사유의 이론적 층위를 이해하는 데 결정적인 계기를 제공한다. 예를 들면 김형효는 '무명천지지시'(無名天地之始)를 '무욕의 도'로 보려는 전통적인 해석에 반대해서, 도를 무욕/유욕을 포괄하는 양가성(兩價性)의 원리로 해석함으로써 도를 더 근원적인 원리로 해석한다.

---

4 박원재는 김형효의 시도를 출발점으로 노장-해체 논의의 폭을 넓히는 데 기여한 학자들로 이승종, 김상환, 최진석, 정세근, 박원재 등을 들고 있다. 박원재, 「노장철학과 해체론: 그 만남에 대한 성찰적 회고」, 『오늘의 동양 사상』, 제14집(2006), p. 126 참조.

'무명은 천지지시'라는 말은 그런 무형무명(無形無名)한 도가 유형유명(有形有名)한 천지의 창조나 시발이라는 것이 아니라, 무형무명한 도가 유형유명한 '천/지'의 차이와 접목의 순환반복을 가능케 하는 에너지요 힘이라는 것이다. …… 그런 반 순환 운동의 힘과 에너지, 즉 기가 무형무명의 도인데, 그 도는 시작이 없는 시작에서부터 상합(相合)·상리(相離)하는 유형유명한 천지 속에 이미 상감(象嵌)되어 있었다. 이것이 노자가 말한 "무명은 천지지시"의 해독이다.[5]

김형효는 여기에서 노자의 도를 이중성과 양가성을 아우르는 해체론적인 사유 문법으로 해석하는데, 그것은 물론 데리다의 차연의 사유를 통해 드러난 것이다. 데리다는 이렇게 말한다.

모든 개념은 본질적·법칙적으로 차이의 체계적 놀이에 의해 타자, 다른 개념들을 지시하는 사슬 또는 체계 안에 새겨진다. 따라서 그런 놀이, 즉 차연은 단순히 개념이 아니라 오히려 개념화의 가능성, 개념적 과정과 체계 일반의 가능성이다.[6]

김형효는 노자의 도가 유/무, 고/저, 장/단 등 우리의 모든 가르기를 무화시키는 데리다 식 보충대리(*le supplémentarité*)의 논리를 담고 있다고 본다. 이런 의미에서 도는 유와 무에 앞서 그것들을 가능하게 하는 근원적 문법이다. 이러한 김형효의 해석에서 도는 유도 아니며

5 김형효, 「데리다를 통해 본 노장의 사유문법」, 한국도가철학회 편, 『노자에서 데리다까지: 도가 철학과 서양 철학의 만남』 (서울: 예문서원, 2001), p. 274.

6 Jacques Derrida, *Margins of Philosophy*, trans. Alan Bass (Chicago: University of Chicago Press, 1982), p. 11.

무도 아닌, 유무에 앞서 있으며 그것을 함께 안고 있는 양가성과 이중성의 층위에 있다. 도는 세계와 사유의 구조를 규정하는 문법이며 조건이다. 김형효는 이렇게 말한다.

> 노자는 이처럼 도의 양가성(兩價性)을 설명하면서 '무욕(無欲)/유욕(有欲)'의 두 개념을 구사하고 있다. 따라서 단순히 노자 사상을 무욕의 도를 세상에 설파한 것이라고 일의적(一義的)으로 해석해서는 안 되리라. 우리는 너무나 오랜 세월 동안 노자의 철학을 무욕(無欲), 무위(無爲), 무용(無用)의 도라고 즐겨 해석해 왔다. 그래서 무욕을 '욕심을 없애는 것'이라는 표피적 의미로만 보아 왔다. …… 노자는 분명히 '유욕'이라는 개념을 쓰고 있는데, 노자의 도를 단순히 무욕(욕심을 없애는)의 도라고만 한다면 저 '유욕'을 어떻게 읽을 것인가?[7]

> 노자는 도(道)를 이중성의 의미로 보았다. 마치 빛을 보거나 인지하기 위해서는 먼지와 그림자가 필요하듯이, 또 모든 선(善)이 그 자체로서 절대적인 선의 실체로 간주될 수 없고 그 선을 선이라고 집착할 때 이미 그것은 악(惡)으로 회전하듯이, 노자는 그러한 양가성의 동봉법칙으로 이루어져 있다고 보고 그 법칙을 도라고 보았다.[8]

도의 근원성을 언어와 개념 이전의 층위까지 이끌어 가는 것은 도를 해체론적으로 해석할 수 있는 결정적인 근거가 되며, 노장철학 해석에 새로운 전기를 마련해 준다는 점에서 중요한 동시에 옳은 행보로

---

7 김형효, 「데리다를 통해 본 노장의 사유문법」, p. 271.

8 김형효, 「도가 사상의 현대적 독법」, 한국도가철학회 편, 『노자에서 데리다까지』 (서울: 예문서원, 2001), p. 22.

보인다. 그러나 해체론적 노장 읽기를 거쳐 김형효 자신이 제시하는 '사실성(facticity)의 철학'은 해체론이라는 이름을 앞세우며 또 다른 '초월의 길'로 나아가고 있다.[9] 필자는 김형효의 이러한 불운한 철학적 귀결이 그림자 개념과 초월적 개념 사이에 자리 잡고 있는 화해될 수 없는 개념적 괴리에 대한 불투명한 인식에서 비롯된 것으로 본다.[10]

이러한 난점에도 불구하고 김형효는 '사실성의 철학'과 함께 한국 현대철학사에서 자신의 독자적인 철학적 갈래를 수립한 최초의 현대 철학자의 한 사람으로 기록될 것이다.[11] 김형효는 동·서양의 다양한 철학적 이론들이 사실상 세 갈래의 철학소로 구성되어 있다고 본다. 그것은 유위적 현실성[實學]과 당위적 이상성[心學], 무위적 사실성[物學]이다. 나아가 그는 마르셀(G. Marcel)에서 출발해서 에카르트(J. Eckhart), 하이데거(M. Heidegger), 베르그송(H. Bergson), 메를로 퐁티, 데리다를 거쳐 양명학적 유학, 화엄사상, 노장철학을 아우르는 철학적 흐름을 '무위의 사실성'으로 수렴하고 있으며, 그것을 21세기의 대안적 사유로 제안하고 있다. 방대한 철학적 사유의 역사에 대한

9 김형효는 이러한 해석을 통해 그것을 자신이 제안하는 '사실성의 철학'의 한 형태로 간주하는 듯하다. 필자는 김형효가 지난한 지적 여정 끝에 '사실성'이라는 또 다른 형이상학으로 되돌아가고 있다는 사실에 큰 실망을 감출 수 없다. 그것은 철학사라는 측면에서 본다면 '되돌아간 것'이지만 우리의 입장에서 본다면 되돌아오지 않고 '또다시 떠나간 것'이다. 그는 아리아드네의 실도 남기지 않고 사실성이라는 이름으로 다시 떠나간 초월적 철학자들과 합류하려고 하는 것일까? 김형효, 『철학적 사유와 진리에 대하여 1-2』 (서울: 청계, 2004) 참조.

10 이 문제에 관한 좀 더 상세한 논의는 노양진, 「김형효와 사실성의 철학」, 『철학』, 제108집 (2011 가을) 참조. 필자는 김형효 교수의 '사실성의 철학'에서 드러나는 이러한 개념적 교착이 의도적인 것인지 확신할 수 없으며, 또 필자의 이 의문에 대한 김형효 교수의 답변을 들을 기회도 없었다.

11 같은 논문, p. 2 참조.

독자적인 가르기를 통해 자신의 새로운 철학적 갈래를 제안하고 있는 것이다.

도에 대한 해체론적 분석은 분명히 노자 철학을 새롭게 해석하는 계기를 마련해 주지만 거기에는 복잡한 문제들이 수반된다. 결정적인 문제는 『도덕경』의 모든 구절이 해체론적 '도' 개념에 정합적인 방식으로 수렴되지 않는다는 데 있다. 모든 경험적인 것과 절연된 그림자 개념으로 출발했던 '도'는 『도덕경』의 많은 구절들에서 알려지지 않은 방식으로 스스로의 '목소리'를 얻게 된다. 즉 비어 있는 도는 알 수 없는 지점에서 경험적 언명으로 변형되어 있거나 경험적 언명을 정당화하는 근거 — 그것도 규범적인 함축을 지닌 — 로 변형되어 있는 것이다.

> 큰 나라를 다스릴 때는 작은 생선 삶듯 부서지지 않도록 조심조심하며, 도로써 천하에 임하면 귀신도 영험스럽지 못하게 된다. 그 귀신이 영험하지 못한 것이 아니라 신이 사람을 해치지 못하는 것이요, 그 신만 사람을 해치지 못하는 것이 아니라 성인도 사람을 상하게 하지 않는다.[12]

> 옛날에 도를 잘 행했던 분들은 백성을 영리하게 만들지 않고 오히려 우직하게 만들었으니 똑똑한 이가 많아지면 백성들을 다스리기 어려워지기 때문이다. 그러므로 지모로 나라를 다스리는 것은 나라를 해치는 것이요, 지모로 나라를 다스리지 않는 것이 나라에 복이 되지, 이 두 가지를 알아야 법도에 맞는다.[13]

---

12 왕필, 『왕필의 노자주』, 임채우 역 (서울: 한길사, 2005), 60장.

13 같은 책, 65장.

'도'에 대한 해체론적 해석이 옳은 것이라면 도는 순수한 '비어 있음'이며, 거기에는 어떤 경험적인 것도, 규범적인 것도 포함되어 있지 않다. 도는 텅 빈 그림자 개념이며, 그것은 우리가 이해할 수 있는 어떤 언어로도 규범성을 전할 수 없다. 규범성을 담은 『도덕경』의 목소리들은 '도'에서 오는 것이 아니라 또 다른 어떤 곳에서 온다. 그것은 그림자인 도의 목소리가 아니라 사람의 목소리다.

이러한 상황에서 우리의 의구심은 『도덕경』의 내적 정합성을 향한다. 만약 『도덕경』이 단일 저자의 작품이라면 그것은 개념적 정합성을 잃은 투박한 사유의 산물이다. 더 신빙성이 있어 보이는 또 다른 추정은 『도덕경』이 '도'의 개념적 층위를 명료하게 읽어 내지 못한 무임승차자들의 그럴듯한 가필을 포함하고 있다는 것이다. 이 물음에 대한 답은 철학자들이 아니라 전문적인 주석학자들의 몫이지만 그 답이 어떤 경우라 하더라도 필자의 이 철학적 분석은 달라지지 않는다. 적어도 우리에게 전해지는 『도덕경』에 대한 분석만으로 이 물음에 적절히 답할 수 있는 길은 없어 보인다.

이러한 도의 딜레마는 전통적인 초월적 개념들이 안고 있었던 딜레마와 다르지 않다. 초월적인 것은 경험적인 모든 것을 초월하면서도 여전히 경험적인 것에 개입해야 하는 역설을 불러온다. 이 문제는 플라톤 이래로 '관여'(*methexis*)라는 이름으로 제기되었으며, 결코 해결되지도, 또 해결될 수도 없는 역설이다. 앞서 1장에서 언급했던 것처럼 필자는 그것을 '초월의 역설'이라고 부른다. 그림자 개념에 의지하는 해체론이 초월 이론의 이러한 문제들을 비켜서려는 시도의 하나라면, 그림자 개념은 스스로 초월의 길을 비켜서야 한다.

그림자 개념에서 멈추는 철학은 경험적으로 주어진 모든 것을 되돌아보는 새로운 창을 열어 주지만 정작 스스로의 향배를 결정할 동력이 없다. 경험적인 모든 것을 벗어나 있기 때문이다. 데리다가 차연에서 멈출 수밖에 없었던 이유가 그것이다. 위태로운 철학적 모험이라는 비판과 우려 속에서도 사실상 데리다는 스스로의 개념에 대해 엄격한 이론적 정합성을 유지한 것으로 보인다. 초월로의 회귀도 그림자에서의 정지도 아니라면 우리에게 열려 있는 길은 하나뿐이다. 그것은 우리 자신의 세계로 되돌아오는 길이다. 체험주의적 시각에서 본다면 모든 초월적 사유는 도달해야 할 종착점이 아니라 되돌아와야 할 가상의 반환점이다. 우리가 되돌아와야 할 곳은 바로 우리의 출발점이며, 그곳에 현재와 같은 몸을 가진 유기체적 존재인 우리의 삶이 있다. 되돌아올 기약이 없는 여정을 '여행'이라고 부르지 않는다. 그것은 단지 사라진 것일 뿐이다.

후기

철학은 어떻게 열려 있는가?

철학이란 무엇인가? 이 황망한 물음은 철학에 대해 아무것도 모르는 어린아이의 물음일 수도 있으며, 철학의 본성을 꿰뚫어 보려는 급진적인 철학자의 물음일 수도 있다. 철학연구자에게는 이 두 갈래의 물음 모두 당혹스럽다. 지난 세기는 이러한 급진적인 물음으로 어느 때보다도 철학적 당혹과 혼란이 가중되던 세기였다. 분석철학자들은 초월적인 것의 의미론적 근거를 무너뜨렸으며, 포스트모던 철학자들은 이론화나 체계화의 가능성 자체를 거부하고 나섰다. 전통 철학에 익숙한 철학자들에게 그것은 안식의 터전이 무너져 내리는 지적 재난이었을 것이다.

교차되는 철학관의 다툼 속에서도 철학적 사유에는 부인할 수 없는 특징이 있다. 그것은 철학적 사유가 '메타(*meta*)적'이라는 점이다. 궁색하지만 그럭저럭 거부감 없이 유포되고 있는 이 외래어의 가장 적절한 의미는 '자기성찰'일 것이다. 사실상 '~ 이후에' '~ 다음에'를 의미하는 그리스어 '메타'라는 말의 어원에는 그다지 심오하다 할 것이 없지만, 철학에서 그 쓰임새는 상당히 현학적인 것이 대부분이다. 그저 '자기성찰'이라는 말로 충분치 않은 것은 메타적 사고가 '사고 층위의 전환'이라는 의미를 함축하고 있기 때문이다. 메타적 사고는 평면적 층위를 넘어서는 또 다른 층위의 자기성찰적 사고를 의미한다.

'메타' 라는 말이 또다시 중요한 철학적 함축을 갖게 된 것은 분석철학이 철학사의 전면에 등장했던 20세기 초반의 일이다. 비트겐슈타인은 전통적인 철학의 물음들이 "언어의 논리에 대한 오해"[1]에서 비롯되었다고 선언하며, 그 물음들에 답하는 대신에 그것들의 정당성 자체에 물음을 제기한다. 이 '물음에 대한 물음' 이 바로 메타적 물음이다. 초기 분석철학자들은 이 메타적 물음을 통해 과거의 물음들을 '해결' (solve)하는 것이 아니라 '해소' (dissolve)하는 것이 철학의 주된 소임이라고 주장했으며, 이 때문에 분석철학은 그 자체가 '메타철학' 이라는 이름으로 불리게 되었다.

분석철학자들은 형이상학적 물음들이 의미의 근거, 즉 경험적 정당화의 근거를 갖지 못한다는 점을 들어 '무의미' (nonsense)로 단정했으며, 그 칼날은 전통적인 규범윤리학에도 마찬가지로 향해졌다. 규범윤리학의 명제들이 또 다른 유형의 '무의미' 라는 것이다. 분석의 물결이 가라앉은 지금도 그 메타적 사고는 여전히 유효한가? 그렇다. 메타적 사고는 고도의 일반성이라는 특성과 함께 철학적 사유의 본성을 이루고 있으며, 특정한 시대나 특정한 주제에 국한되지 않는 사고의 갈래이기 때문이다. 메타적 사고는 어떤 특정한 철학적 결론에 이르기 위한 통로가 아니라 불완전성-불안정성으로 특징지어지는 인간의 양도할 수 없는 특권이다.

그러나 메타의 길이 그 자체로 우리를 철학적 평안으로 이끌어 가는 것은 아니다. 메타에서 메타로 끝없는 사유의 도약은 언제나 가능하며, 되돌아올 기약 없는 메타적 도약은 종종 그 도약을 지탱해 주었

---

1 루트비히 비트겐슈타인, 『논리-철학 논고』, 이영철 역 (서울: 책세상, 2006), 「서문」.

던 삶의 지반조차도 무너뜨리는 과도한 믿음으로 변질된다. 모든 이론은 스스로의 의미를 얻기 위해 그 지반을 필요로 하며, 그 궁극적 지반은 바로 우리의 삶이다. 이 지반을 망각한 이론적 도약은 우리를 지적 아노미로 이끌어 간다. 연실이 끊긴 연은 더 이상 우리의 연이 아니기 때문이다.[2]

메타적 사고는 그저 세련된 지적 기교가 아니다. 메타적 사고는 우리 자신의 조건에 대한 반성적 이해를 위해 필수적인 통로이기 때문이다. 그러나 그러한 이해를 가로막는 것은 역설적이게도 우리 앎의 본성이다. 그래서 우리는 이제 '인지'의 본성에 대한 메타적 성찰을 따라 우리 앎의 본성을 새롭게 발견해야 한다. 그것은 서양철학의 역사를 통해 오랫동안 가려져 왔던 앎이다. 마뚜라나와 바렐라(H. Maturana and F. Varela)의 지적처럼 '앎에 대한 앎'에 무지한 것이 가장 부끄러운 무지다.

> 성찰보다 행위를 지향하는 서양문화에서는 우리가 어떻게 인식하는지를 인식한다고 하는 특별한 상황을 마주하기를 전통적으로 꺼려 왔다. 그래서 사람들은 보통 자신을 보지 못한 채 살아왔다. 이것은 마치 "앎을 알면 안 된다"라는 금기가 있는 것과도 같다. 그러나 우리의 삶에 실제로 가장 가까운 우리의 경험세계가 어떻게 구성되는지 모른다는 것은 참으로 부끄러운 일이다. 세상에 온갖 부끄러운 일이 많지만 이 무지야말로 가장 부끄러운 것에 속한다.[3]

---

2 노양진, 「비트겐슈타인과 철학의 미래」, 『몸 · 언어 · 철학』 (파주: 서광사, 2009), p. 340 참조.

3 움베르또 마뚜라나 · 프란시스코 바렐라, 『앎의 나무: 인간 인지능력의 생물학적 뿌리』, 최호영 역 (서울: 갈무리, 2007), p. 31.

과거의 위대한 철학적 사유는 예외 없이 당대를 사로잡은 사유의 근거에 대한 메타적 성찰을 통해 이루어졌다. 붓다와 노자는 세간의 모든 이론과 지식의 근거를 뿌리부터 무너뜨리는 메타적 사유의 길을 열었다. 플라톤은 현상계를 넘어 그 초월적 근거를 탐색함으로써 새로운 철학적 통로를 열었다. 칸트는 인식의 선험적 조건에 대한 비판적 탐구를 통해 새로운 사유의 전환을 이루었다. 메를로 퐁티는 지각의 본성에 대한 무지와 왜곡의 원천을 밝혀냈다. 포스트모던 철학자들은 근세적 이념들을 이끌었던 모더니티의 가정과 근거를 무너뜨리는 급진적인 해체의 통로를 열었다. 철학사에 기록된 수많은 철학자들이 메타적 사유를 통해 또 다른 사유의 갈래를 열어 주었다.

메타적 사유는 종종 대안이 없는 공허한 방법론일 뿐이라는 비판에 직면한다. 그러나 그 비판에 앞서 주목해야 할 사실은 스스로의 방법론이 불분명한 철학은 철학사를 통해 모두 '비철학'으로 걸러져 왔다는 점이다. 나아가 방법론과 방법론은 충돌하며, 더 나은 것을 탐색하는 새로운 계기를 마련해 준다. 누군가 그러한 방법론 없이도 '좋은 내용'을 정당화할 수 있다고 주장한다면 우리는 그가 제안하는 좋음을 좋음으로 인정한다 하더라도 그를 더 이상 '철학적'이라고 부르지 않을 것이다.

"나는 이런 이론이 좋아/싫어"라고 말하는 것은 이론적 입장이 아니라 사적 선호이거나 개탄이다. 좀 더 나아가 "나는 A도 아니고 B도 아닌 중간적 입장을 원한다"라고 말하는 것은 이론적 입장이 아니라 사적 희망이다. 선호와 개탄과 희망을 표출할 공간은 '철학'이라는 이름이 아니고서도 인류의 출발점부터 지금까지 항상 넓게 열려 있다. 철학적 사유의 길로 접어드는 것은 그에 비한다면 훨씬 더 좁고 험한 길이다. 과거의 것을 넘어서는 새로운 철학적 시각은 새로운 '해명'을 요구하기 때문이다.

필자가 체험주의라는 낯선 프리즘을 통해 이르게 된 확신은 철학적 사유가 본성상 열려 있는 정신적 활동이라는 것이다. 완결된 이론에는 미래가 없다. 더 나은 것을 향한 출구가 없기 때문이다. 그것은 이론의 끝을 의미한다. 필자는 그런 닫힌 이론들을 '꼭짓점 이론'이라고 부른다. 꼭짓점에는 더 이상 아무런 여백도 없다. 가능한 모든 여백이 이 꼭짓점 아래 남김 없이 포섭되었기 때문이다. 그런 꼭짓점에는 현재와 같은 몸을 가진 유기체로서의 인간이 거주할 공간이 없다. 그것은 꼭짓점 이론이 '삶으로서의 이론'(theories we live by)이 아니라는 것을 말해 준다.

꼭짓점 이론에 묶인 사람에게 남아 있는 일은 그것을 널리 유포하는 일뿐이다. 역설적이게도 꼭짓점 이론 안에서는 더 나아질 아무런 여백도 없지만 더 나빠질 수 있는 모든 가능성은 완전히 열려 있다. 그렇지만 꼭짓점 이론의 옹호자들은 설혹 꼭짓점 이론이 현실적으로 나쁜 결과를 불러온다 하더라도 (그 이론의 결함을 되돌아보는 대신에) 이 나쁜 결과를 그 이론을 받아들이지 않는 사람들의 잘못으로 돌릴 수 있다. 꼭짓점 이론의 은밀한 폭력성은 바로 여기에 있다. 우리 자신을 완전한 존재라고 받아들이지 않는 한 그 폭력성은 피할 수 없는 귀결이다. 이제 철학사는 꼭짓점을 향한 '닫힌 철학'과 꼭짓점이 사라진 '열린 철학'의 대비를 통해 다시 읽을 수 있다.

서양철학사는 새로운 이론이 과거의 이론을 비판하고 그 대안적 이론을 제시하는 것이 주류적 전통을 이루어 왔다. 흔히 서양철학사가 '아버지 살해의 역사'라고 불리는 것은 이 때문이다. 결과적으로 성공적이든 아니든 대안적 이론은 그 자체로 완결된 체계의 구성을 시도하며, 기본적으로 보편적 원리를 제시하는 것을 목표로 삼는다. 이러한 지적 태도는 대부분 '객관주의'와 맞물려 있다.

객관주의적 전통은 20세기 후반에 들어 급진적인 비판에 직면하게 된다. 특히 '포스트모던'으로 불리는 일련의 급진적 이론가들은 철학의 본령이 대안을 제시하는 것이라는 고전적인 관념 자체를 거부하고, 철학이 치유적 활동으로 그 소임을 다할 수 있다는 입장을 내세운다. 그렇지만 객관주의의 거부가 우리를 그저 자유롭게 해방시켜 주는 것만은 아니다. 그것을 무너뜨리려는 급진적 시도들은 또 다른 지적 위협에 직면하기 때문이다. 절대적 기준이 붕괴되면 허무주의에 이르게 될 것이라는 우려가 그것이다.

오늘날 많은 사람들은 전통적인 객관주의가 더 이상 온전하게 유지되기 어렵다는 사실에 동의하면서도 여전히 객관주의 부근을 서성거린다. 대안적인 방향이 주어지지 않는 한 객관주의의 집을 떠나는 순간 '지적 노숙자'가 될 수 있다는 우려가 이들을 사로잡고 있다. 그래서 우리에게는 제3의 거처가 필요하다. 필자는 그것을 '완화된 상대주의'라고 부른다.[4] 완화된 상대주의는 이론적 요청을 따라 구성된 가상의 공간이 아니라 우리의 실제적 경험에 대한 탐색을 통해 드러나는 삶의 공간을 가리키는 이름이다.

객관주의/허무주의 이분법적 구도 안에서 '완화된 상대주의'는 철학사에 기록되지 않은 '무적지'(無籍地)이다. 20세기 후반에 이르러 수많은 철학자들이 객관주의와 허무주의 사이의 중간 지대에 관해 기대와 희망을 드러냈지만,[5] 그것이 어떻게 주어지는지에 관해서는 구

---

4 노양진, 『상대주의의 두 얼굴』(파주: 서광사, 2007) 참조.

5 20세기 후반에 들어 제기된 객관주의에 대한 지속적인 비판은 자연스럽게 상대주의적 이론들을 낳는다. 그것들은 모두 반객관주의적이지만 누구도 스스로를 허무주의적 상대주의라고 규정하지 않는다. 이들은 모두 객관주의와 허무주의적 상대

체적인 논의에 이르지 못했다. 체험주의는 이 중간 지대가 바로 우리가 실제로 거주하는 경험적 세계라는 사실을 보여 준다. 그것은 새롭게 발견된 땅이 아니라 항상 거기에 있어 왔던 땅이다. 그것은 객관주의/허무주의 이분법이라는 철학적 베일에 의해 가려져 왔던 우리의 땅이다.

꼭짓점을 포기한 열린 철학은 어떤 형태의 '완결'도 받아들이지 않는다. 그것은 완결성을 자임하는 것 자체가 또 하나의 독단일 뿐이라는 반성에 근거한 것이다. 우리의 경험에 완결이 없는 것처럼, 그것을 해명하려는 어떤 이론에도 완결은 없다. 이론적 완결이란 경험적인 것을 넘어선 어떤 곳에서 그려진다. 초월과 선험이 그것이다. 초월이나 선험에 의존하는 것은 해명이 아니라 해명의 포기에 대한 '선언'이다. 그것을 정당화해 주는 것은 경험이 아니라 '철학적 열망'이다.

열린 철학은 우리 삶의 본성과 매우 닮아 있다. 삶은 결코 완성되지 않는다. 삶은 선형적 연속성을 따라 이어진다. 이런 의미에서 우리의 모든 경험은 특유하고 일회적이다. 좌절하고, 멈추고, 물러서고, 후퇴하지만 우리 삶의 구조의 일부인 시간과 공간은 반복되지 않는다. 이것이 유기체적 존재 방식의 본성이다. 시간과 공간 안에서는 동일한 사건도 동일한 경험도 없다. 대신에 우리는 항상 새로운 사건과 경험을 다양한 가르기를 따라 패턴화한다. 삶의 일부를 취소하거나 거부하는 것도 불가능하다. 그래서 삶의 문제에는 확정적인 답이 없다. 우리의 삶은 불안정성-불완전성으로 특징지어진다.

유기체의 삶은 지속적인 문제의 과정으로 나타나며, 그 문제에 대

주의 사이에 어떤 중간 지대의 필요성을 이야기하고 있다. 그러나 이러한 입장의 표명만으로 제3의 입장이 정립되거나 해명되는 것은 물론 아니다.

한 근원적인 해결이나 해소는 유기체의 삶이 소멸되지 않는 한 불가능하다. 우리가 해결한다고 말하는 '문제'는 은유적으로 구조화된 어떤 것이다. 그래서 우리가 전형적으로 '문제'라고 부르는 것은 물음의 형태로 제기될 수 있으며, 그 순간 그에 대한 확정적인 답이 있는 것으로 가정된다. 옳은 답을 제시하는 것이 그 문제에 대한 '해결'로 간주된다. 우리는 삶에 관해서도 문제들을 이야기하지만 삶의 문제는 전형적인 문제들과는 매우 다르게 나타난다. 삶의 문제는 삶의 과정에서 나타나는 불안과 동요에서 출발한다. 그러한 불안과 동요를 가라앉히는 것은 가능하지만 그 불안과 동요의 근원적 조건을 뿌리부터 제거하거나 거부하는 것은 삶 자체를 부정하는 일이다.

인간은 다른 모든 유기체와 마찬가지로 자신의 경험 안에 '유폐된'(incarcerated) 존재다. 우리는 다른 존재와 경험을 공유할 수 없으며, 나는 나의 경험 안에 갇혀 있다. 나와 타자 사이에 경험을 직접적으로 공유하는 신경적 방식은 없다. 이러한 유폐성이라는 원초적 조건을 벗어나려는 모든 노력은 기호적 활동으로 나타난다. 내가 느끼는 감각이나 감정, 나아가 기억과 상상 등 확장된 경험은 오직 내 경험 외부의 어떤 것을 매개로만 타자에게 전해진다. 기호는 내가 타자와 소통할 수 있는 유일한 통로다. 몸짓이든, 소리든, 문자든 모든 것이 기호다. 이런 의미에서 필자는 기호적 경험의 본성을 '탈유폐'(ex-carceration)로 특징짓는다.

그러나 우리는 기호화를 통해 추상적 이론을 만들며, 그 이론을 통해 스스로 또 다른 유폐로 들어선다. 거기에 항상 닫힌 이론들이 있다. 필자는 이처럼 기호적으로 구성된 세계에 또다시 스스로를 가두는 것을 신경체계적인 '원형적 유폐'와 구분해서 '기호적 유폐'라고 부른다. 우리 삶을 통해 원형적 유폐 → 탈유폐 → 기호적 유폐 → 탈

유폐의 과정은 복합적으로 중첩되고 반복되며, 이 모든 과정을 규정해 주는 어떤 알고리즘도 없어 보인다. 이 불투명성에 대처하려는 모든 유기체적 노력은 모종의 '평형'(equilibrium)을 향해서 이루어진다. 인간의 삶 또한 다르지 않다. 평형은 그 자체로 규정될 수 없는 어떤 대체적인 상태를 말하며, 따라서 그 존재와 중요성은 그 평형이 무너졌을 때 겪게 되는 상실이나 고통을 통해서만 비로소 선명하게 드러난다.

1997년 '천국의 문'(Heaven's Gate)이라는 종교집단 신도들의 집단자살은 '기호적 유폐'가 스스로의 지반까지도 무화시켜 버린 극단의 사례다. 캘리포니아 샌디에이고를 거점으로 활동하던 '천국의 문' 신도 39명은 헤일 밥 혜성이 지구에 근접하는 날을 택해 외계인의 세계 — 이들이 우리 인간 문명의 기원이라고 믿었던 — 로 가기 위해 스스로 목숨을 버렸다. 이들이 건설한 새로운 세계는 기호적 세계이며, 그것이 불러오는 기호적 유폐는 결국 우리의 세계조차도 거부하는 강력한 힘을 보여 주었다. 기호적 존재론이 유지하는 내적 정합성만이 어떤 믿음을 평가하는 유일한 척도라면, 또 초월에의 열망이 어떤 믿음의 근거에 대한 유일한 정당화라면 그 믿음의 밖에 서 있는 우리는 천국의 문을 비판할 근거를 잃게 된다.

삶의 불투명성은 오히려 '완결된 이론'의 꿈을 부추기고 있으며, 그런 측면에서 완결성에 대한 희망은 자연스러운 것이다. 그러나 그 희망은 소박한 희망으로 남아 있을 때에만 자연스럽다. '절대적 진리'를 자임하는 이론은 필연적으로 억압과 폭력을 불러온다. 절대적 진리가 우리 앞에 제시되면 그것에 미치지 못하는 모두는 '버림받은 타자'로 돌변한다. 불완전성-불안정성으로 특징지어지는 우리 자신과 세계의 모습은 이 절대적 진리에 의해 재단될 수밖에 없기 때문이다. 그래서 철학은 '우리가 원하는 것'의 부근에서 배회하는 것이 아니라, '우리의 것'에 대한 반성적 성찰로 나아가야 한다.

열린 철학은 과거의 철학으로부터 멀리 물러선 모습으로 드러날 것이다. 과거의 철학이 물러서면서 생겨난 여백은 '새롭게 태어난 살아있는 개인들'의 몫이 될 것이다. 그것은 우리 시대가 고안해 낸 특별한 이상이나 목표에 이르기 위한 전략적 후퇴가 아니라 우리의 본래 자리로 되돌아가는 일이다. 이런 제안은 과거의 수많은 철학과 철학자가 '철학이라는 이름의 무지'에서 비롯된 혼동에 빠져 있었다는 반성에 근거한 것이다. 반성적 회귀는 사유의 포기가 아니라 사유의 또 다른 진전이다.

사변의 철학자들은 우리가 도달해야 할 궁극적인 철학적 이상을 제시한다. 사변의 여행에는 시작이 있고, 경로가 있으며, 궁극적 종착점이 있다. 그러나 되돌아오지 않는 여행자는 그 여행의 끝에 무엇이 있는지를 우리에게 전해 줄 수 없다. 몸의 철학은 사변의 종착점을 밝히는 대신에 철학적 탐험이 어디에서 어떻게 출발했는지에 관해 회귀적 성찰의 길을 택한다. 그래서 우리는 모든 지적 전통에 대해 어디로 향하는지를 묻는 대신에 어떻게 회귀할 수 있는지를 물어야 한다. 그 회귀는 철학적 사유가 출발했던 삶의 땅이다. 그곳이 바로 수많은 철학적 갈래들이 마주치고 소통해야 할 공유된 지반이다. 그 회귀의 물음 속에서 우리는 처음 출발지에서 알지 못했던 많은 것을 새롭게 배우게 될 것이며, 그것이 '우리 철학'의 새로운 갈래들을 열어 줄 것이다.

| 레이코프와 존슨의 저서 목록 |

레이코프와 존슨의 공저

Metaphors We Live By. Chicago: University of Chicago Press, 1980. / 『삶으로서의 은유』. 수정판. 노양진 · 나익주 역. 서울: 박이정, 2006.

Philosophy in the Flesh: The Embodied Mind and Its Challenge to Western Thought. New York: Basic Books, 1999. / 『몸의 철학: 신체화된 마음의 서구 사상에 대한 도전』. 임지룡 외 역. 서울: 박이정, 2002.

레이코프의 저서

Women, Fire, and Dangerous Things: What Categories Reveal about the Mind. Chicago: University of Chicago Press, 1987.

More than Cool Reason: A Field Guide to Poetic Metaphor. Chicago: University of Chicago Press, 1989. (with Mark Turner)

Where Mathematics Comes From: How the Embodied Mind Brings Mathematics into Being. New York: Basic Books, 2000. (with Rafael Núñez)

Moral Politics: How Liberals and Conservatives Think. 2nd ed. Chicago: University of Chicago Press, 2002. / 『도덕, 정치를 말하다』. 손대오 역.

서울: 김영사, 2010.

Don't Think of an Elephant!: Know Your Values and Frame the Debate. White River Junction, VT: Chelsea Green, 2004. / 『코끼리는 생각하지 마』. 유나영 역. 서울: 삼인, 2006.

Whose Freedom?: The Battle over America's Most Important Idea. New York: Farrar, Straus and Giroux, 2006. / 『자유는 누구의 것인가』. 나익주 역. 웅진지식하우스, 2010.

Thinking Points: Communicating Our American Values and Vision. New York: Farrar, Straus, and Giroux, 2006. (with the Rockridge Institute) / 『프레임 전쟁』. 나익주 역. 서울: 창비, 2007.

The Political Mind: A Cognitive Scientist's Guide to Your Brain and Its Politics. New York: Viking, 2008. / 『폴리티컬 마인드』. 나익주 역. 서울: 한울, 2012.

The Little Blue Book: The Essential Guide to Thinking and Talking Democratic. New York: Free Press, 2012. (with Elisabeth Wehling)

존슨의 저서

Philosophical Perspectives on Metaphor. Minneapolis, Minn.: University of Minnesota Press, 1981. (editor)

The Body in the Mind: The Bodily Basis of Meaning, Imagination, and Reason. Chicago: University of Chicago Press, 1987. / 『마음 속의 몸: 의미, 상상력, 이성의 신체적 근거』. 노양진 역. 서울: 철학과현실사, 2000.

Moral Imagination: Implications of Cognitive Science for Ethics. Chicago: University of Chicago Press, 1993. / 『도덕적 상상력: 체험주의 윤리학

의 새로운 도전』. 노양진 역. 파주: 서광사, 2008.

The Meaning of the Body: Aesthetics of Human Understanding. Chicago: University of Chicago Press, 2007. /『몸의 의미: 인간 이해의 미학』 김동환 · 최영호 역. 서울: 동문선, 2012.

| 체험주의 관련 국내 문헌 |

고미숙. 「도덕적 상상력 함양을 위한 교육」. 『교육문제연구』, 제19집 (2003): 25–54.

국순아. 「은유와 철학적 사유: 신실용주의와 체험주의」. 『범한철학』, 제47집 (2007 겨울): 351–78.

권욱동. 「체험주의적 입장에서의 신체화된 경험과 스포츠」. 『움직임의 철학: 한국체육철학회지』, 제19권 2호 (2011): 161–73.

김동현. 「상상의 도덕교육적 함의」. 『도덕교육연구』, 제23권 2호 (2011): 217–37.

김미덕. 「도덕과 교육에서 도덕적 상상력을 기르기 위한 명화의 활용」. 『윤리교육연구』, 제22집 (2010): 87–108.

김상기. 「은유와 인지과학」. 『언어과학연구』, 제22집 (2002): 49–66.

김상미. 「수학 수업을 보는 관점으로서의 은유」. 『학교수학』, 제7권 4호 (2005): 445–67.

김재영 · 성정환. 「게임–확장 공간에서의 '게임적 신인류'의 형성」. 『한국게임학회 논문지』, 제10권 5호 (2010): 3–13.

노양진. 「다원성과 다원주의: 신체화된 경험과 다원주의의 제약」. 『철학연구』, 제89집 (2004 봄): 153–74.

______. 「규범성의 자연주의적 탐구」. 『범한철학』, 제32집 (2004 봄): 167–91.

______.「포스트모더니즘과 다원주의: 로티와 리오타르」.『범한철학』, 제34집 (2004 가을): 59–82.

______.「상상력의 윤리학적 함의」.『범한철학』, 제41집 (2006 여름): 5–27.

______.「데이빗슨의 은유 이론」.『범한철학』, 제55집 (2009 겨울): 357–77.

______.「예술의 기호」.『현대문학이론연구』, 제40집 (2010 봄): 5–25.

______.「퍼트남과 존재론 없는 윤리학」.『철학연구』, 제120집 (2011 겨울): 109–30.

노양진 · 김양현.「존슨의 칸트 해석: 상상력 이론을 중심으로」. 한국칸트학회 편.『칸트와 현대 영미철학』(『칸트 연구』, 제8집). 서울: 철학과현실사, 2001.

박노출.「은유로서의 장르: 영화장르에 대한 인지주의적 해석」.『문학과 영상』, 제12권 3호 (2011): 751–71.

박수경.「체험주의적, 인지언어학적 관점으로 본 일본어교수법과 교재분석」.『대한일어일문학회』, 제46집 (2010): 339–58.

박용혁.「미술 작품 감상 과정에서의 은유적 투사의 종류」.『미술교육논총』, 제20권 3호 (2006): 121–48.

______.「미술 작품 감상에서 은유와 환유에 의한 의미 형성」.『미술교육논총』, 제22권 2호 (2008): 173–210.

______.「미술작품 감상에서「미술적 물질의 흐름」은유에 의한 의미 형성」.『미술교육논총』, 제22권 3호 (2008): 105–29.

박진환 · 박문정.「도덕 판단에 있어서 상상력의 위상에 대한 연구」.『윤리교육연구』, 제17집 (2008): 133–50.

배상식.「도덕교육에 있어서 도덕적 상상력의 의미와 적용」.『동서철학연구』, 제49집 (2008): 417–42.

서명원.「해석과 제약: 리쾨르의 상징해석에 대한 체험주의적 해명」.『해석학연구』, 제30집 (2012 가을): 147–82.

송영민. 「상상하기를 통한 도덕적 지식의 내면화」. 『도덕교육학연구』, 창간호 (2000): 123–48.

______. 「도덕적 개념의 은유적 이해」. 『도덕교육학연구』, 제3집 (2002): 179–96.

______. 「도덕과 교육에서 습관과 이성의 관계에 대한 체험주의적 해명」. 『도덕교육학연구』, 제5집 (2004): 41–61.

______. 「은유적 이해에 근거한 도덕과 수업방안」. 『한국철학논집』, 제19집 (2006): 105–29.

오형엽. 「인지언어학적 은유론의 수사학적 고찰」. 『어문학』, 제102집 (2008): 499–528.

윤건영. 「정보사회에 윤리교육 목적으로서의 도덕적 상상력」. 『동서철학연구』, 제20권 1호 (2000): 61–83.

이경화. 「교수학적 변환 과정에서의 은유와 유추의 활용」. 『수학교육학연구』, 제20권 1호 (2010): 57–71.

이광호 · 김창우. 「신체화 개념의 심리철학적 이해」. 『한국체육철학회지』, 제13권 2호 (2005): 63–73.

이병주 외. 「레이코프와 존슨의 은유 개념을 통한 프레임 분석」. 『한국언론정보학보』, 제39집 (2007): 385–427.

이선희. 「현대 중국어 '시간'의 개념화 양상」. 『중국어문학논집』, 제57집 (2009): 51–73.

이승우. 「대안적 수학교육 철학으로서의 체험주의의 탐색」. 『수학교육학연구』, 제16권 3호 (2006): 179–98.

이승우 · 우정호. 「학교수학에서의 유추와 은유」. 『수학교육학연구』, 제12권 4호 (2002): 523–42.

이연수. 「체험주의의 초등도덕교육에 대한 함의 연구」. 『초등교육연구』, 제24권 3호 (2011): 51-72.

이종열. 「신체적 경험에 의한 '마음'의 개념화 양상」. 『한국어 의미학』, 제20집 (2006): 205-30.

이창수. 「한영번역 수업에서의 문법적 은유 교육의 필요성」. 『통역과 번역』, 제12권 2호 (2010): 207-33.

이향준. "Penetrating Clearly and Out-spreadly(豁然貫通), Eureka, and Cognitive Fluidity." 『國際版 儒教文化研究』, 제17집 (성균관대 유교문화연구소, 2012): 191-228.

_____. 「서(恕): 잔인함에 맞서서」. 『범한철학』, 제65집 (2012 여름): 1-29.

_____. 「맹자: 슬픔의 서(恕)」. 『율곡사상연구』, 제24집 (2012): 135-66.

_____. 「순자: 날카로운 서(恕)의 차가움」. 『범한철학』, 제68집 (2013 봄): 23-50.

장수. 「주희 '리일분수' 설의 체험주의적 해석」. 『역사학 연구』, 제45집 (2012): 191-214.

_____. 「주희 심성론의 체험주의적 해석」. 『동양철학연구』, 제70집 (2012): 281-307.

_____. 「주희 리욕론의 체험주의적 해석」. 『범한철학』, 제66집 (2012 가을): 2-26.

전경진. 「니체의 실천철학: 니체의 관점주의에 대한 로티의 해석」. 『니체연구』, 제17집 (2010): 115-38.

전혜영. 「언어 구성에 나타난 남녀 은유의 양상」. 『여성학논집』, 제22권 1호 (2005): 53-77.

정재찬. 「문학교육과 도덕적 상상력」. 『문학교육학』, 제14집 (2004): 41-78.

정혜윤. 「음악적 공간과 움직임, 은유인가 아닌가?」. 『음악학』, 제18집 (2010):

111-54.

주미경. 「수학적 은유의 사회 문화적 분석」. 『수학교육학연구』, 제11권 2호 (2001): 239-56.

주미경 · 권오남. 「학생들의 미분방정식 개념에 대한 수학적 은유의 분석」. 『학교수학』, 제5권 1호 (2003): 135-49.

지영은. 「언어학에서의 은유이론: 대체이론에서 개념은유까지」. 『독일문학』, 제113집 (2010): 223-49.

최종렬. 「인지언어학적 은유에 입각한 디킨슨의 시 분석」. 『영어영문학연구』, 제28권 3호 (2002): 435-56.

홍승욱. 「은유의 개념융합적 고찰」. 『영어영문학연구』, 제31권 1호 (2005 봄): 229-49.

황희숙. 「은유의 인식론」. 『시학과 언어학』, 제15집 (2008): 7-49.

| 참고문헌 |

김형효. 「데리다를 통해 본 노장의 사유문법」. 한국도가철학회 편. 『노자에서 데리다까지: 도가 철학과 서양 철학의 만남』. 서울: 예문서원, 2001.

______. 「도가 사상의 현대적 독법」. 한국도가철학회 편. 『노자에서 데리다까지』. 서울: 예문서원, 2001.

______. 『철학적 사유와 진리에 대하여 1-2』. 서울: 청계, 2004.

노양진. 「경험으로서의 가치」. 『범한철학』, 제39집 (2005 겨울): 5-28.

______. 「다원주의적 문화 해석: 체험주의적 접근」. 『철학연구』, 제101집 (2007 봄): 49-69.

______. 『상대주의의 두 얼굴』. 파주: 서광사, 2007.

______. 「도덕의 영역들」. 『범한철학』, 제47집 (2007 겨울): 329-50.

______. 『몸 · 언어 · 철학』. 파주: 서광사, 2009.

______. 「언어와 경험: 괴리와 거리」. 『철학연구』, 제116집 (2010 겨울): 59-78.

______. 「그림자 개념에 관하여」. 『범한철학』, 제59집 (2010 겨울): 379-400.

______. 「김형효와 사실성의 철학」. 『철학』, 제108집 (2011 가을): 1-23

______. 「설과 사회적 실재의 구성」. 『범한철학』, 제64집 (2012 봄): 199-221.

니체, 프리드리히. 「비도덕적 의미에서의 진리와 거짓에 관하여」. 『유고(1870-1873)』. 이진우 역. 서울: 책세상, 2001.

단토, 아서. 『일상적인 것의 변용』. 김혜련 역. 서울: 한길사, 2008.

듀이, 존. 『철학의 재구성』. 이유선 역. 서울: 아카넷, 2010.

라일, 길버트. 『마음의 개념』. 이한우 역. 서울: 문예출판사, 1994.

래너커, 로널드. 『인지문법의 토대 1-2』. 김종도 역. 서울: 박이정, 1999.

_____. 『개념 · 영상 · 상징』. 나익주 역. 서울: 박이정, 2005.

레비나스, 엠마누엘. 『시간과 타자』. 강영안 역. 서울: 문예출판사, 1996.

_____. 『존재에서 존재자로』. 서동욱 역. 서울: 민음사, 2003.

로티, 리처드. 『실용주의의 결과』. 김동식 역. 서울: 민음사, 1996.

_____. 『우연성 · 아이러니 · 연대성』. 김동식 · 이유선 역. 서울: 민음사, 1996.

마뚜라나, 움베르또 · 프란시스코 바렐라. 『앎의 나무: 인간 인지능력의 생물학적 뿌리』. 최호영 역. 서울: 갈무리, 2007.

메를로 퐁티, 모리스. 『지각의 현상학』. 류의근 역. 서울: 문학과지성사, 2002.

메이시, 조애너. 『불교와 일반시스템이론』. 이중표 역. 서울: 불교시대사, 2004.

밀, 존 스튜어트. 『자유론』. 김형철 역. 서울: 서광사, 1992.

바너드, 앨런. 『인류학의 역사와 이론』. 김우영 역. 서울: 한길사, 2003.

바렐라, 프란시스코 외. 『인지과학의 철학적 이해』. 석봉래 역. 서울: 옥토, 1997.

박원재. 「노장철학과 해체론: 그 만남에 대한 성찰적 회고」. 『오늘의 동양 사상』, 제14집 (2006).

번스타인, 리처드. 『객관주의와 상대주의를 넘어서』. 정창호 외 역. 서울: 보광재, 1996.

비트겐슈타인, 루트비히. 『논리-철학 논고』. 이영철 역. 서울: 책세상, 2006.

_____. 『철학적 탐구』. 이영철 역. 서울: 책세상, 2006.

_____. 『문화와 가치』. 이영철 역. 서울: 책세상, 2006.

_____. 『쪽지』. 이영철 역. 서울: 책세상, 2006.

서영이. 「조선후기 실학의 도덕 이론에 대한 체험주의적 해명」. 전남대학교 대학원 철학과 박사학위 논문 (2012).

송영배 · 금장태 외. 『한국유학과 리기철학』. 서울: 예문서원, 2000.

알란, 사라. 『공자와 노자, 그들은 물에서 무엇을 보았는가?』. 오만종 역. 서울: 예문서원, 2000.

앨퍼드, 프레드. 『한국인의 심리에 관한 보고서』. 남경태 역. 서울: 그린비, 2000.

에임즈, S. M. 『실용주의』. 조성술 · 노양진 역. 광주: 전남대학교 출판부, 1999.

왕필. 『왕필의 노자주』. 임채우 역. 서울: 한길사, 2005.

용수. 『중론』. 박인성 역. 『한글대장경』. 서울: 동국역경원, 1993.

윌슨, 에드워드. 『통섭: 지식의 대통합』. 최재천 · 장대익 역. 서울: 사이언스북스, 2005.

이향준. 『조선의 유학자들, 켄타우로스를 상상하며 理와 氣를 논하다』. 서울: 예문서원, 2011.

_____. 「성리학적 초월의 탄생: 그림자 개념(shadow concept)에 대한 한 논평」. 『범한철학』, 제63집 (2011 겨울): 63-91.

이황. 「동규후서」. 『퇴계선집』. 윤사순 역주. 서울: 현암사, 1993.

장수. 「유가 도덕 이론의 체험주의적 해석」. 전남대학교 대학원 철학과 박사학위 논문 (2012).

장원목. 「조선 전기 성리학 전통에서의 리와 기」. 송영배 · 금장태 외. 『한국유학과 리기철학』. 서울: 예문서원. 2000.

전경진. 「도덕적 자연주의와 나쁜 것의 윤리학: 니체 윤리학의 자연주의적 재구성」. 『철학연구』, 제121집 (2012 봄): 183-205.

정석도. 『하늘의 길과 사람의 길: 노자 철학의 은유적 사유문법』. 서울: 아카넷, 2009.

제임스, 윌리엄. 『실용주의』. 정해창 편역. 서울: 아카넷, 2008.

주희. 『주자어류』. 이주행 외 역. 서울: 소나무, 2001.

_____. 『朱子語類』. 권68. 『朱子全書』. 제16권. 上海: 上海古籍出版社, 2002.

_____. 『大學或問』. 『朱子全書』. 제6권. 上海: 上海古籍出版社, 2002.

최재천 · 주일우 편. 『지식의 통섭: 학문의 경계를 넘다』. 서울: 이음, 2007.

칸트, 임마누엘. 『순수이성비판 1』. 백종현 역. 서울: 아카넷, 2006.

_____. 『판단력비판』. 백종현 역. 서울: 아카넷, 2009.

크루즈, 알란 · 윌리엄 크로프트. 『인지언어학』. 김두식 · 나익주 역. 서울: 박이정, 2010.

틸레만, 톰. 「중관불교는 무엇을 거부하는가?」. 해외석학 초청강연 (전남대학교 철학과 BK사업단, 2011).

퍼트남, 힐러리. 『과학주의 철학을 넘어서』. 원만희 역. 서울: 철학과현실사, 1998.

_____. 『이성 · 진리 · 역사』. 김효명 역. 서울: 민음사, 2002.

_____. 『존재론 없는 윤리학』. 홍경남 역. 서울: 철학과현실사, 2006.

_____. 『사실과 가치의 이분법을 넘어서』. 노양진 역. 파주: 서광사, 2010.

포코니에, 질 · 마크 터너. 『우리는 어떻게 생각하는가』. 김동환 · 최영호 역. 고양: 지호, 2009.

플라톤. 『파이돈: 플라톤의 네 대화편』. 박종현 역주. 서울: 서광사, 2003.

한형조. 『왜 동양철학인가?』. 서울: 문학동네, 2001.

해리스, 마빈. 『문화의 수수께끼』. 박종렬 역. 서울: 한길사, 2000.

Alexander, Thomas. *John Dewey's Theory of Art, Experience, and Nature: The Horizons of Feeling*. Albany, N.Y.: SUNY Press, 1987.

Aristotle. *Poetics: The Works of Aristotle*. Vol. 11. Trans. Ingram Bywater. Oxford: Clarendon Press, 1946.

Barnes, Barry and David Bloor. "Relativism, Rationalism, Sociology of Knowledge." In Martin Hollis and Steven Lukes, eds. *Rationality and Relativism*. Cambridge, Mass.: MIT Press, 1982.

Benedict, Ruth. *Patterns of Culture*. Boston, Mass.: Houghton Mifflin Company, 1989.

Boas, Franz. *The Mind of Primitive Man*. Revised ed. New York: Macmillan, 1938.

Carnap, Rudolf. *Meaning and Necessity*. Chicago: University of Chicago Press, 1947.

Churchland, Patricia. *Brain-Wise: Studies in Neurophilosophy*. Cambridge, Mass.: MIT Press, 2002.

Damasio, Antonio. *Descartes' Error: Emotion, Reason, and the Human Brain*. New York: Avon Books, 1994.

Davidson, Donald. "A Nice Derangement of Epitaphs." In Ernest LePore, ed. *Truth and Interpretation: Perspectives on the Philosophy of Donald Davidson*. Oxford: Basil Blackwell, 1986.

Deacon, Terrence. *Incomplete Nature: How Mind Emerged from Matter*. New York: W. W. Norton & Company, 2011.

de Caro, Mario and David Macarthur, eds. *Naturalism and Normativity*. New York: Columbia University Press, 2010.

Derrida, Jacques. *Margins of Philosophy*. Trans. Alan Bass. Chicago: University of Chicago Press, 1982.

Descartes, René. *Meditations on First Philosophy: The Philosophical Works of Descartes*. Vol 1. Trans. Elizabeth S. Haldane and G. R. T. Ross. Cambridge: Cambridge University Press, 1931.

de Sousa, Ronald. *The Rationality of Emotion*. Cambridge, Mass.: MIT Press, 1987.

Dewey, John. *Human Nature and Conduct: The Middle Works, 1899–1924*. Vol. 14. Ed. Jo Ann Boydston. Carbondale, Ill.: Southern Illinois University Press, 1983.

_____. *Experience and Nature: The Later Works, 1925–1953*. Vol. 1. Ed. Jo Ann Boydston. Carbondale, Ill.: Southern Illinois University Press, 1981.

_____. *Logic: The Theory of Inquiry: The Later Works 1925–1953*. Vol. 12. Ed. Jo Ann Boydston. Carbondale, Ill.: Southern Illinois University Press, 1986.

_____. *The Quest for Certainty: The Later Works, 1925–1953*. Vol. 4. Ed. Jo Ann Boydston. Carbondale, Ill.: Southern Illinois University Press, 1988.

Dummett, Michael. *Truth and Other Enigmas*. Cambridge, Mass.: Harvard University Press, 1978.

Egginton, William and Mike Sandbothe, eds. *The Pragmatic Turn in Philosophy: Contemporary Engagements between Analytic and Continental Thought*. Albany, N.Y.: SUNY Press, 2004.

Fesmire, Steven. *John Dewey and Moral Imagination: Pragmatism in Ethics*. Bloomington, Ind.: Indiana University Press, 2003.

Gadamer, Hans-Georg. *Truth and Method*. Trans. William Glen-Doepel. 2nd ed. London: Sheed and Ward, 1979.

Gallagher, Shaun. *How the Body Shapes the Mind*. Oxford: Clarendon Press, 2005.

Geertz, Clifford. *The Interpretation of Cultures*. New York: Basic Books, 1973.

Gellner, Ernest. *Postmodernism, Reason and Religion*. London: Routledge, 1992.

Giddens, Anthony. "Reason without Revolution?: Habermas's *Theorie des kommikativen Handelns*." In Richard Bernstein, ed. *Habermas and Modernity*. Cambridge, Mass.: MIT Press, 1985.

Gouinlock, James. "Dewey and Contemporary Moral Philosophy." In John Stuhr, ed. *Philosophy and the Construction of Culture*. Albany, N.Y.: SUNY Press, 1993.

Grady, Joseph. "Foundations of Meaning: Primary Metaphors and Primary Senses." Doctoral Dissertation, Department of Linguistics, University of California at Berkeley (1997).

Hacking, Ian. "Language, Truth and Reason." In Martin Hollis and Steven Lukes, eds. *Rationality and Relativism*. Cambridge, Mass.: MIT Press, 1982.

Jarvie, I. C. *Rationality and Relativism: In Search of a Philosophy and History of Anthropology*. London: Routledge & Kegan Paul, 1984.

Johnson, Mark. "How Moral Psychology Changes Moral Theory." In Larry May et al. eds. *Mind and Morals: Essays on Ethics and Cognitive Science*. Cambridge, Mass.: MIT Press, 1996.

Kirk, Robert. *Translation Determined*. Oxford: Clarendon Press, 1986.

Lakoff, George. "The Contemporary Theory of Metaphor." In Andrew Ortony, ed. *Metaphor and Thought*. 2nd ed. Cambridge: Cambridge University Press, 1993.

Leder, Drew. *The Absent Body*. Chicago: University of Chicago Press, 1990.

Levinas, Emmanuel. *Totality and Infinity: An Essay on Exteriority*. Trans. Alphonso Lingis. Pittsburgh, Pa.: Duquesne University Press, 1969.

McGowan, John. *Postmodernism and Its Critics*. Ithaca, N.Y.: Cornell University Press, 1991.

Narayanan, Srini. "Embodiment in Language Understanding: Sensory–Motor Representations for Metaphoric Reasoning about Event Descriptions." Doctoral Dissertation, Department of Computer Science, University of California at Berkeley (1997).

Quine, W. V. O. *Word and Object*. Cambridge, Mass.: MIT Press, 1960.

_____. *The Ways of Paradox and Other Essays*. Revised ed. Cambridge, Mass.: Harvard University Press, 1976.

Reddy, Michael. "Conduit Metaphor: A Case of Frame Conflict in Our Language about Language." In Andrew Ortony, ed. *Metaphor and Thought*. 2nd ed. Cambridge: Cambridge University Press, 1993.

Rorty, Richard. "Comments on Sleeper and Edel." *Transactions of the Charles S. Peirce Society*, 21, no. 1 (1985): 39–48.

_____. *Objectivity, Relativism, and Truth: Philosophical Papers 1*. Cambridge: Cambridge University Press, 1991.

_____. *Philosophy and Social Hope*. London: Penguin Books, 1999.

Searle, John. *The Construction of Social Reality*. New York: Free Press, 1995.

_____. *Making the Social World: The Structure of Human Civilization*. Oxford: Oxford University Press, 2010.

Short, T. L. *Peirce's Theory of Signs*. Cambridge: Cambridge University Press, 2007.

Slingerland, Edward. *Effortless Action: Wu-Wei as Conceptual Metaphor and Spiritual Ideal in Early China*. Oxford: Oxford University Press, 2003.

Turner, Mark. *Reading Minds: The Study of English in the Age of Cognitive Science*. Princeton, N.J.: Princeton University Press, 1991.

Westerhoff, Jan. *Nāgārjuna's Madhyamaka: A Philosophical Introduction*. Oxford: Oxford University Press, 2009.

| 찾아보기 |

| ㄱ |

|ㄹ|

|ㅁ|

| ㅇ |

|ㅍ|

|ㅎ|